# 내셔널 노트

## 국가체제 구성론

# 내셔널 노트

김제국 지음

소피아

**내셔널 노트**

초판 펴낸날 ● 2007년 4월 20일
지은이 ● 김제국
펴낸이 ● 김종현
펴낸곳 ● 도서출판 소피아
전화 ● 02-338-4168
팩스 ● 031-917-5065
이메일 ● kj9694@hanmail.net
주소 ● 경기도 고양시 일산구 대화동 1946-12
등록 ● 1995년 9월 22일(제 1-1932호)
ISBN-10 89-89080-20-7 93300
ISBN-13 978-89-89080-20-6 93300

정가 18,000원

## 머리말 Ⅰ

소아마비(小兒痲?)는 어린아이에게 많이 일어나는 운동 기능의 마비 증상입니다. 어린아이가 이 질병에 걸리면 평생 후유 장애를 겪는 정말 무섭고 불행한 질병입니다. 뇌성(腦性) 소아마비와 척수성(脊髓性) 소아마비가 있는데, 전자는 선천성 또는 후천성 뇌장애로 인하여 일어나고, 후자는 폴리오바이러스에 의한 급성 감염증으로 일어납니다. 이 병은 50여 년 전까지만 해도 예방도 치료도 불가능했습니다. 그런데 1955년 조나스 솔크(Jonas Edward Salk,1914~1995)가, 죽은 바이러스를 이용해 소아마비 백신을 만들어냄으로써 어린이들을 소아마비의 공포로부터 해방시켰습니다.

솔크는 그의 저서에서, "지혜란 사람에게 가장 필요한 능력이며 지구상의 생명을 유지하기 위해, 그리고 소외와 자포자기로 나아가는 길에 대한 대안으로서 이전보다 훨씬 더 절실하다"고 했습니다.

저 또한 독자 여러분 모두와 함께 지구상의 생명을 유지하기 위해, 그리고 소외와 자포자기로 나아가는 길에 대한 대안의 길을 찾고자 합니다. 이를 위해 바로 그 지혜를 이 책에 담아낼 수 있도록 혼신의 힘으로 모든 기(氣)와 예(藝)를 발휘하겠습니다.

2007년 김 제 국

## 머리말 Ⅱ

○ 이 책의 개념들로 보면, 자본주의는 다음과 같이 정의할 수 있습니다. 언어에 의해 발생, 결정된 가치는 물건과 결합하여 가치물화 됩니다. 그러면 그 상태에서 화폐적으로 교환 거래됩니다. 이러한 과정에서 상대방에 의해 언어 소통구조를 통해 가치물이 재해석 됩니다. 이때 부가되는 가치를 전체 가치의 화폐량으로 치환하는 것이 자유롭게 허용되는 경제제도를 자본주의라고 할 수 있습니다.

○ 이러한 자본주의가 역사적 변천을 거치면서 변형되었는데, 이것이 잘 알려진 대로 수정자본주의입니다. 이 책에서는 수정자본주의경제의 주관 단위를 시장, 화폐, 경제주체의 세 가지로 분류합니다.

○ 시장, 화폐, 경제주체로 이루어진 3면의 각 개별단위가 결합되는 과정에서, 3면의 결합 네거티브를 제거하거나 최소한으로 줄이기 위해 결과의 불확실성을 소비하면, 수정자본주의의 ∫상 비효율이 제거됩니다.(∫상 비효율에 관해서는 본서의 제II부 3장을 참고)

이 과정에서 불확실성을 소비하는 모든 종류의 시장을 자유롭게 만들어 공급하는, 즉 시장 창조의 자유를 허용?보장하는 결합자본주의를 구성하는 것이 이 책의 주제적 전개 중의 하나입니다. 이때 불확실성을 소비하는 시장은, 3면의 개별단위의 하나인 시장과는 구별됩니다. 3면의 하나인 개별단위의 시장은 구체적 또는 비구체적 상품이 개별적으로 거래되는 개념 공간을 뜻합니다. '선택경쟁 시장' 이라고도 합니다. 이와 달리 불확실성을 소비하는 시장은 '예측경쟁 시장' 입니다. 이에 관한 구체적인 정의 및 분석은 본문에서 살펴볼 것입니다.

○ 이상의 것을 제도적으로 만들어야 하는데, 경제체제와 정치체제의 두 가지 측면을 합리적으로 맞물려서 현실적 실행이 하나의 기능으로 제도화되도록 해야 합니다. 이 제도 전반을 가리켜서 결합자본주의라고 정의합니다.

○ 아울러 결합자본주의 정치체제의 전제적인 수단이 될 '완전 과세'에 대해서도 검토할 것입니다.

○ 결합자본주의에서의 전체 시장은, 3면의 개별단위의 하나인 '선택경쟁 시장' 과, 3면의 ∫상 네거티브 결합을 제거하거나 최소한으로 줄이는 '예측경쟁 시장' 으로 이루어져 있습니다. 이것이 경제체제의 시장 측면입니다.

○ 한편, 예측경쟁 시장을 제도화하여 3면 개별단위의 경제활동에 따르는 과세 문제를 결합하는 완전 과세에 대해서 다루는 부분이 정치경제의 융합 측면입니다. 그리고 다시 완전 과세의 납세권을 입법권과 결합하는 방법을 통해 직접 민주정으로의 확장을 하게 됩니다.

○ 여기에는 법률안 제출권 등을 유권자에게 환원하는 것을 포함하여 결합자본주의 시스템 하에서의 직접 민주정을 실현하는 방법론이 함께 분석됩니다. 이는 구체적으로 제II부의 '5장. 직접 민주정 : 납세권과 정책결정의 결합' 에서 다루고, 제II부의 '6장. 방법론 : 결합자본주의와 직접 민주정의 구체적 실현' 에서는 관련되는 방법론의 일부를 소개할 것입니다. 이상의 흐름이 주제적 전개의 전체 모습입니다.

# 차 례

# 제 I 부

# 제 1장. 기본적인 전개 규칙들

이 책은 국가체제에서 선거와 투표를 할 수 있는 권리를 가진 모든 일반 유권자(有權者)를 대상으로 하여 쓰였습니다. 유권자가 국가체제를 유지, 변화시키는 최고의 권력자임을 확인하며, 그것을 전제로 하고 있음을 밝힙니다.

따라서 유권자의 국가체제 유지와 변화 의지를 구체적으로 실천하는 방법의 의미를 밝히고, 나아가 행동을 위한 동기와 실천 강령을 제공함이 이 책의 가장 큰 목적입니다.

## 전개의 일반 원칙

이 책은 형식면에서 크게 제I부와 제II부로 나뉘어 구성되어 있습니다. 각 부는 다시 6~7개 정도의 장으로 구성되어 있으며, 이들 장은 **'전개의 일반 원칙'** 이라는 것과 같은 글씨체로 되어 있으며, 이 제목들은 각 설정된 주제 전개의 소(小)단위들입니다. 각각의 소단위들은 그것들이 속해있는 해당 장의 흐름에 연계되어 있으나, 부분적으로는 내용 자체의 독립성도 있습니다. 이들 소단위들은 해당 제목이 나타내는 주제를 완결적으로 모두 담아내는 것을 주된 목적으로 하지 않습니다. 그보다는 이 책 전체의 주제를 끌어내는데 필요한 각 장의 흐름을 이어내는 계단의 역할을 합니다. 그런 의미에서는 독립성보다는 각 장의 흐름에 연계된 종속적 특성이 더 큽니다.

내용면에서는 국가체제의 구성에 필요한 제도를 주로 다룹니다. 제도

중에서 특히 정치경제 제도를 주 대상으로 합니다. 국가체제의 구성을 이 책 내용에서 주요 주제로 삼는 것은, 현재를 기본 조건으로 향후 적합한 국가체제의 새로운 모습을 발명해 만들어내기 위해서 입니다. 국가체제의 향후 모습을 설정하기 위해서는 현재는 없는 것이기에 관찰에 의한 분석이 아니라, 이론 설정에 의한 분석이 선행되는 방법이 꼭 필요합니다.

이론 설정은 타당성이 기준입니다. 타당성은 유권자의 궁극적인 이익 증대와의 연결에 그 의미가 있습니다. 타당성 있는 이론의 설정을 통해 앞으로의 국가체제 모습에 맞는 현재의 방향성을 검토하고, 현재의 선택 조건을 찾아 그것을 출발점으로 합니다. 현재의 조건을 설정된 이론에 부합하는 타당한 방향으로 바꾸는 동력으로서 기본 모델을 제시할 것입니다. 그렇게 해서 신(新)국가체제의 구성이라는 미래적 결과의 문제를 현재의 상황과 연결하겠습니다.

미래가 기다리면 오는 자연의 결과이기도 하지만, 현재와 이어져있어 지금을 변형하고 조정해간 것들의 결과이기도 합니다. 후자의 관점에서, 국가체제가 근본적으로 인류의 발명품이며 선험적으로 주어진 대상이 아니라는 입장을 전제로 하겠습니다. 이를 바탕으로 국가체제의 타당한 방향을 설정하고, 주체적 변화 의지의 현재적 반영에 필요한 방법론을 설정하는데 이론과 모델의 두 가지 수단을 활용하겠습니다.

따라서 이론 설정과 기본 모델의 제시가 이 책의 내용면을 이루는 일반 구조가 됩니다.

서술의 측면에서는 수식과 그래프 등을 가능한 사용하지 않을 것입니다. 만약 설명 과정에서 수식과 그래프의 사용이 불가피한 경우라면 사용할 수도 있으나 제한적일 것입니다. 그리고 이 책에서 다루게 되는 주제와 유사한 기존의 연구나 관련 이론에 대해서 따로 비교하거나 비판하는 작업은 논의의 중심에서 배제합니다. 그 이유는 설정된 주제를 전개함에 있어서 효율성을 높이기 위해서입니다. 배제되는 내용은 주로 통시적, 공시적 비교 분석과 수많은 학파의 변천 및 관련 동서고금의 학자들이 전개한 이론 등을 개괄, 인용하는 작업 등이 해당할 것입니다. 이러한 작업의 의미나 실익은 학문적으로는 가치가 있을 수 있으나, 일반 유권자를 위한 주제 전개 및 전달의 측면에 효율성을 떨어뜨리는 단점이 훨씬 크기 때문입니다. 그래서 배제함을 원칙으로 하겠습니다. 만약 이러한 작업이 객관적으로 부득이 필요한 경우 제한적으로만 분석, 인용 등을 할 것입니다. 주로 이 책 주제의 논의를 확장시키기 위한 도입의 기능으로서 필요한 경우에만 해당합니다.

그리고 이러한 맥락에서 필요할 수 있음에도 누락되는 내용이 있다면, 그것은 저자 자신의 학식의 한계와 인문적인 무능력으로 다하지 못한 것입니다. 다만, 객관적으로 반드시 필요하다고 할 수 있을지라도 주제 전개의 효율성을 고려할 때는 임의로 누락하거나 생략할 수도 있습니다.

그리고 이 책에서 다루고 있는 다양한 전개 내용과 관련하여 관심 있는 일반인 또는 학자 등의 연구가 계속 이어져 이 책과 연속성을 가진 추가적인 결과들이 풍부하게 생산되어 최종적으로는 하나로 결합된다면 좋을 것입니다. 특히 제II부의 3, 4, 5장에서 주로 다루게 될, 예측경쟁시장 및 완전과세에 따른 거래 시스템, 그리고 그 시스템의 개인용 단말기, 납세권과 정책결정의 결합에 필요한 국가등록청의 설립과 해당 시스템 등의 통합 구축에 대해서는 이론적 방법과 원리를 중심으로 살펴보았으나, 기술적 측면은 직접 다루지 못한 부분이므로 해당 전문가들의 추가적인 연구가 요청됩니다.

마지막으로 이 책 주제의 결과는 체제 이론측면에서 국제적인 적용 및 수출을 목표로 합니다. 따라서 한국적 특수성을 전제로는 하지는 않습니다. 국가 기조 내지 국가 체제상의 보편적인 적용이 가능하도록 모든 내용이 설정될 것입니다. 다만, 제II부의 6장은 방법론의 주체를 일부 논의의 편의상 우리나라로 전제하고 있습니다.

## 유권자 합리성

유권자는 자신에게 필요한 합리성을 지닌 것으로 전제합니다. 따라서 역사적으로 이미 실패로 검증된 정치경제 체제인 20세기식의 공산주의를 유권자가 다시 선택할 가능성이 없음을 가정합니다. 이는 유권자가 지금보다 더 열악한 쪽으로의 반동과 그에 관한 선택을 하지 않을 것이라는 가정과 동일합니다. 그리고 같은 흐름에서, 공산주의 경제체제의 열등성에 관한 증명 역시 주된 관심이 아닙니다. 이 책의 주제적 전개와 관련된 간단한 검토[1] 이외에 별도의 분석을 하지 않을 것입니다.

참고로 이하에서는, 수정자본주의 시대 이전을 '순수자본주의' 또는 '근대자본주의' 라고 하겠습니다. 해당 부분에서 순수자본주의 또는 근대자본주의는 적절하게 구분하여 사용하겠지만 실질적인 의미는 같은 것으로 간주하여 사용합니다. 다만, 구분하지 않고 '자본주의' 라고 쓴다면, 수정자본주의와 근대자본주의의 공통적인 특성을 뜻하거나 또는 공산주의 등 자본주의와 대응하는 다른 개념들의 상대적 의미로 사용하겠습니다.

수정자본주의 이전의 자본주의인 순수자본주의에 대해서도 위의 공산주의와 마찬가지로, 주제적 전개와 관련된 간단한 검토 이외의 별도 분석은 없을 것입니다. 실패로 끝난 정치경제 체제에 대해서는 모두 중심 논의에서 제외하겠습니다. 이 점은 그렇다고 해서 순수자본주의의 기본 원리인 자유시장주의 등을 부정하겠다는 뜻이 아닙니다. 논의의 중심에서 배제한다는 의미일 뿐입니다.

유권자가 정치경제 측면에서 더 효율적인 국가를 만드는 데에 유리한 경제체제를 모색함에 있어, 그 출발의 단계는 현재 대부분의 선진 국가들이 채택하고 있는 수정자본주의로 하겠습니다. 지금보다 더 잘 살 수 있는 국가 체제를 발명하여 실정에 맞게 구성해서 유권자가 직접 선택, 실현하는 방법을 제공하는 것이 이 책의 중요한 목적이기 때문입니다.

---

1) 제 II 부의 5장 마지막 -부록- 3.의 관련 내용 참고바랍니다.

유권자의 미래 이익이나 만족의 증대가 모든 논의의 출발점이며, 이 책이 원칙으로 하고 있는 가치 판단의 기준이라고 할 수 있습니다.

### 유권자와 국가체제

여기서 유권자는 국가체제를 구성하는 기본이자 주체인데, 다만 국가체제 자체와는 구별됩니다. 서로 다른 차원의 가치판단 기준이 있다는 의미입니다. 즉 유권자에게 선하거나 악한 기준이 국가체제 차원에서는 정반대일 수 있습니다. 이것은 국가체제가 본질상 비인격적이지만 독립적인 주체임을 이 책에서는 인정하기 때문입니다. 따라서 유권자와 국가체제는 각각 독립적인 주체입니다. 그래서 유권자와 국가체제 간의 가치판단 기준을 별개로 취급하겠습니다. 이때 국가체제의 가치판단기준이 유권자의 그것에 대해 상대적으로 우월함을 인정하지 않겠습니다. 그리고 유권자와 국가체제 간의 가치판단 기준이 충돌할 경우에는, 이 책의 원칙에 따라 궁극적으로 유권자의 이익이 증가하는 방향에서 그 가치판단이 결정됩니다. 따라서 유권자 이익이 증가한다면 국가체제에 의한 '유권자 강제' 가 정당화 될 수 있습니다. 반대로 유권자 이익이 감소한다면, 국가체제는 유권자를 강제할 수 없으며 합리적인 방법으로 유권자 의지에 국가체제는 종속되어야 합니다.

### 기본 개념

위에서 경제와 정치를 언급하였는데, 이 책에서는 해당 부분에서 별도로 정의해서 사용하지 않은 한, 경제는 '이해(利害)를 다투는' 으로, 정치는 '이해(利害)를 조정하는' 으로 정의하겠습니다. 그리고 '정치경제' 라고 함은 이해를 다투고 이해를 조정하는 과정이 순서에 관계없이 밀접하거나 또는 하나의 현상으로 이어지는 것으로 정의합니다.

이 책은 기존 연구된 영역에 대한 평가나 재론의 연구가 아니라 새로운 체제를 최초로 열어가는 발명 차원의 연구이기 때문에, 관련된 기존 개념을 그대로 사용할 경우 논의 전개의 정밀성을 발휘할 수 없습니다.

그래서 많은 개념들이 새롭게 설정되었습니다.

이는 주로 정의(定意)를 통해 이루어졌는데, 신규 개념의 창조는 물론이고 일반적으로 사용되는 통용어의(通用語義)의 기존 용어들도 내용 측면에서 새롭게 정의해 사용하는 방법을 채택했습니다. 이런 이유로 이 책을 처음 읽는 입장에서는 정의된 개념들을 따로 모아서 소개하는 것이 편리할 수도 있겠지만, 그렇게까지는 하지 않고 각 해당 부분에서 개별적으로 정의(定意)들을 그때그때 소개하겠습니다. 특히 이러한 개별적인 소개 방식이 수많은 신규 개념에 대한 부담을 줄이고, 각 개념을 이해하고 활용하는데 적합할 것이기 때문입니다.

이상에서 규정한 규칙들은 이 책의 전개과정에서 중복되어 언급될 수 있습니다. 그리고 규칙의 확장과 축소 등의 방법으로 재규정될 수도 있습니다.

그리고 이러한 전개 규칙들 이외에도 기본적인 또는 특별한 전개 규칙들이 있는데, 그러한 규칙들은 해당 부분에서 소개하겠습니다. 다만 주제 전개 및 전달의 효율을 떨어뜨릴 경우에는 역시 별도의 규정없이 사용될 수도 있습니다.

### 기본 주제의 흐름

언어에 의해 발생, 결정된 가치가 물건과 결합하여 가치물화 된 상태에서 화폐적으로 교환 거래되면서, 상대방에 의해 언어 소통구조에 따라 가치물이 재해석되는 과정을 살펴봅니다. 이 과정에서 부가되는 가치를 화폐량으로 치환하는 것이 자유롭게 허용되는 경제제도인 자본주의가 역사적 변천을 거쳐 오면서 변형된 결과인 수정자본주의를 검토합니다.

그런 다음, 수정자본주의 경제의 주관 단위를 시장, 화폐, 경제주체의 세 가지로 분류하고, 이들 3면에 대해 분석합니다. 그리고 경제활동 결과의 불확실성을 현재화하여 소비시키는데 필요한 모든 종류의 시장을 자유롭게 만들고 자유롭게 공급할 수 있도록 허용과 보장을 하는 제도를 만들어 봅니다. 이 경제제도 전반을 가리켜서 ‘결합자본주의’ 라고 정의

하겠습니다. 그리고 결합자본주의 정치체제의 전제(前提)적인 수단이 될 '완전 과세'에 대해서 검토할 것입니다. 이는 경제활동에 따르는 과세 문제와 결합자본주의를 완전 과세라는 수단으로 합성하는 문제입니다. 이렇게 만들어진 새로운 정치경제 제도의 완전 과세를 입법권과 융합하는 방법을 완전 과세의 운용 시스템인 국가등록청의 원리를 이용해 만들어봅니다. 이 부분이 '납세의 투표결합'에 관한 내용에 해당됩니다.

요컨대, 결합자본주의와 완전 과세라는 새로운 정치경제 제도를 각 나라마다의 사정에 충격을 주지 않으면서 이식시킬 수 있는 매개 장치인 국가등록청, 직접 민주정과 납세의 투표결합이라는 '공통의 연결소자'를 만들어 국가사회 체제상의 보편적인 적용이 가능하도록 하는 방법론을 다루겠습니다.

# 2장. 출발을 위한 가정(假定)

## 출발점

이 책은 유권자의 국가체제 참여와 그 유지, 그리고 변화 의지를 구체적으로 실천하는 방법의 의미를 밝히고, 행동을 위한 동기와 실천 강령을 제공하는 것이 가장 큰 목적이라고 했습니다.

그럼 출발점은 무엇으로 해야 할까요? 무엇보다 근본적인 출발점을 설정해야 하는데, 그것은 인간입니다. 인간이 있어야 국가체제도 있고, 유권자도 있을 테니까요. 그래서 인간에 대해 우선 살펴보겠습니다.

인간을 살펴보는 데에는 무수히 많은 방법이 있겠지만, 여기서는 이 책의 목적을 위한 주제 전개에 맞도록 살펴볼 것입니다. 이를 위해 신(神)의 능력을 잠시 빌려보겠습니다. 여기서 신은 특정 신앙의 신을 지칭하지 않습니다. 생각한대로 모두 이룰 수 있는 전지전능함을 가진 개념을 신으로 보겠습니다.

## 천지창조(天地創造)

그럼 이제 신의 능력을 가진 것으로 가정하겠습니다.

맨 먼저, 우주만물과 공간을 모두 없애보겠습니다. 물론 공간이 없으니까 공간의 흐름인 시간도 없습니다. 그렇다면 아무것도 없는 상태일텐데, 신(神)도 없는 상태부터 시작해야 합니다.

신이 없는 상태에서 신을 규정하는 방법은, 규정되는 신(神)의 규정을 신(神)이 하고, 이때 그 규정하는 신의 규정은 규정되는 신이 하면 됩니니다.

단 이 과정이 이루어지는데 소요되는 시간은 0이 되어야만 합니다.2)

그래야만 아무것도 없는 상태에서 즉 신조차 없는 상태에서 신이 스스로 출현하는 것이 가능합니다. 공간도 없고 시간도 없는 상태이므로 시간은 당연히 0이기 때문에, 신이 스스로를 규정하는데 모순이 되지 않습니다.

아무것도 없는 상태에서 허(虛)와 실(實)이 드러나는 것입니다. '허' 는 '비고 없는' 의 상태이며, '실' 은 '있음이 있고, 없음이 있는' 의 상태입니다. 이 관계 속에서 이제 우주만물과 그것을 담을 공간과 그것을 변화시킬 시간을 펼쳐내면 됩니다.

그렇게 해서 나온 우주만물은 중력과 전자기력, 강한 핵력, 약한 핵력의 상호작용을 통해 매우 긴 시간동안 공간의 팽창과 더불어 실재하고 있습니다. 그 우주 속 어디엔가 수소 핵융합을 에너지원으로 하여 빛을 내고 있는 태양이라는 별이 있고, 그 별을 일정한 궤도로 따라 돌고 있는 지구라는 행성이 있었는데, 지구의 표면이 적당한 온도로 내려가면서 적합한 환경이 되어 다양한 생명체가 출현했습니다. 생명의 출현은 태초에 무질서적 에너지가 다양한 시간을 거치면서 가장 간단한 원자 단위에서 점점 복잡하고 무거운 원자 단위를 만들면서 물질을 탄생시킨 것의 가장 '극적인 표현' 입니다.

### 생명

이 극적인 표현이란, 무질서적 에너지의 물질화 이후 그것은 다시 질서적인 에너지인 생명으로 조합되어진 일을 말합니다. 대표적으로 유전자 현상이 그러한 예입니다. DNA 염기서열은 질서적인 에너지입니다.

---

2) 실(實)우주의 시공 위상 2(N+RT' )의 R이-N/t' 으로 수렴된 무한 바닥의 상태가 이 규정의 과정이 이루어지는 상태이므로, t' =0인 무한바닥상태에서 '소요시간=0' 을 만족할 수 있게 됩니다. 그래서 신의 규정을 신이 스스로 하는 것이 가능합니다.(단,t' 는 시간흐름의 관념화된 기호로서 시간의 단위개념)

DNA 조합이라는 질서적 에너지인 생명은 바로 그 질서에 따른 원리로 창조된 인간이 만들어낸 0과 1의 조합이라는 디지털 세계의 모든 현상에 비유될 수 있습니다.

원자든 분자든 또는 이하, 이상의 차원이든 모든 물질은 질서적이면서 동시에 무질서적입니다. 그런 속에서 생명체는 신진대사와 자기복제라는 질서적 특성으로 비생명체와 구별됩니다. 신과 신의 의지는 나름대로의 목적과 방향으로 공간과 시간을 만들고, 우주만물의 물성화 작업에 착수했던 것이고, 이것은 다시 무질서적인 현상과 질서적인 현상으로 각각의 에너지가 전개되도록 설계했던 것으로 짐작해볼 수 있습니다. 이 중 신진대사와 자기복제를 하는 질서적인 에너지인 생명 현상은 지구라는 환경권 내에서 생명체의 형태로 번성하였고, 이후 많은 시간이 흐른 뒤 인간의 출현까지 이어졌습니다.

# 3장. 언어3)

지금까지 과정 모두는 결과의 관점에서 설명했지만, 원인은 신이 정한 목적과 방향에 따른 것이라고 전제하겠습니다. 만약 어떤 종교적 특정성으로 인해 거부감이 있다면, 이러한 결과와 자연법칙 자체를 신으로 보아도 됩니다. 이번 3장에서는 인간에 관한 생물적 진화의 시간과 그 과정의 기나긴 이야기는 생략을 하고, 인간의 사고(思考)와 의사소통의 본질적인 수단인 '언어'를 바로 다루어 보겠습니다.

## 진술 주체인 언어와 진술 객체인 언어

이 책의 처음부터 이미 언어를 사용해 내용을 전개하고 있었으니까 지금부터 언어를 다루겠다고 함은 모순된 언급일 수도 있습니다. 그래서 이 책의 처음부터 사용하고 있는 언어와 이 부분에서 처음으로 규정되면서 나오는 언어를 구별하도록 하겠습니다. 전자(前者)를 '진술 주체인 언어'로 정의하고, 후자(後者)를 '진술 객체인 언어'로 구별해서 정의하겠습니다. 처음부터 이 책은 한글이라는 수단으로 쓰이고 있는데 이것을 일컬어 진술 주체인 언어라고 부르겠고, 그것으로 분석되고 검토되는 언어 자체의 모습을 진술 객체인 언어라고 구별하겠다는 뜻입니다. 이후부터 분석되는 언어 개념은 특별한 설명이 없는 한 진술 객체인 언어를 말합니다.

3) 언어는 모든 사유적 의미발생의 근본임. 언어가 아닌 형태의 이미지가 의미발생의 원인이 될 수는 있으나, 이러한 이미지는 언어개입에 의해서만이 사유적의미로 치환됩니다.

우리가 언어를 다루는 이유 역시 이 책의 전체 주제와 관련이 있습니다. 가치의 발생과 이 가치에 해당하는 물건과의 결합이 모두 언어에 의한 문제입니다. 이렇게 가치와 물건이 하나로 결합된 개념인 가치물이 창조되고, 이것의 교환과 그 교환의 매개체인 화폐의 과정이 모두 언어의 기능인 의사소통의 구조와 밀접한 관계가 있습니다. 따라서 이 책에서 언어를 분석해 보는 것은, 결국 국가체제와 그 구성주체인 유권자(여기서는 미래시점에서 유권자가 될 국가 구성원 모두를 의미함)가 지속하고 있는 경제활동을 분석할 수 있는 가장 본질적인 수단을 살펴보는 것이 됩니다.

### 상수적 현상과 변수적 현상

지금까지 신의 능력을 잠시 빌려서 구성해보고 있는 것은 모두 '상수적 현상' 에 속한 것들의 일부입니다.

상수적 현상이라 함은 인간의 의지와는 무관한 것들을 말합니다. 만물의 실존 자체나 공간, 시간, 또는 물리적인 힘의 법칙, 주어진 생명, 생명체의 구조, 인간 정신, 언어 현상 등을 상수적 현상이라고 하고, 이에 대비되는 것을 '변수적 현상' 이라고 하겠습니다. 변수적 현상은 인간이 스스로 만든 제도적인 요소들입니다. 이것은 상수적 현상에 관한 일반 분석을 모두 마치고 나서 다룰 것입니다. 상수적 현상들에 대해서는 언어를 기본 수단으로 하여 살펴볼 것인데, 결론부터 말하자면 '완전' 하게[4] 구성되어 있습니다. 이전에도 그랬고, 앞으로도 완전하게 되어 있을 것입니다.

인간은 자신을 이루고 있는 상수적 현상의 원리가 완전한 상태에 있는 것이므로, 나머지 변수적 현상의 주요한 내용인 인간으로서 생명을 보전하고 행복을 누리며, 궁극적으로 자유에 도달할 수 있는 상태를 구성하는 것이 필요합니다.

---

4) 완전의 개념은 해당부분에서 별도로 정의되겠지만, 내용에 따라 "각이 없는 것"으로 정의되기도 하고, 상태적으로는 "없지 않음에도 있지 않은 상태"로 정의됩니다.

변수적 현상에 대해서는 뒤에서 살펴보도록 하겠습니다.

### 언어의 불완전성

상수적 현상의 형식과 관련해서, 신은 왜 우리를 이런 공간, 시간 조건과 형상으로 진행시켰을까? 이것은 2차원 공간의 조건에서 3차원이나 4차원 공간을 상상하는 것이[5] 불가능하거나 불완전하듯이, 정답을 상상할 수도 없고, 검증할 수도 없는 물음입니다. 여기서의 '상상'이라는 의미는, 대충 머릿속에서 그려보거나 추상화해서 계산하는 등의 행위가 아니라 정확히 실질적 재현을 해내는 정도를 의미합니다. 신의 실체적인 의지의 내용이 적어도 우리가 그렇다고 믿거나 알고 있는 것으로 해서 인식하는 차원과는 다르다는 겁니다.

높은 차원의 신의 의지를 낮은 차원의 인간적 해석으로 인식하는 것이 왜 불가능한가와, 어떻게 다르냐의 문제를 통해 이 책의 주제 전개에 필요한 방법론과 수단을 만드는 것은 관심 영역이지만, 그 신의 의지가 인간의 인식 상에 있어 내용적으로 무엇이냐를 탐구하는 것은 관심 사항이 아닙니다. 이것은 이 부분을 신학이나 관련 철학에게 맡기겠다는 소극적 얘기가 아닙니다. 성경이나 불경, 코란 등에서 신의 의지를 인간적으로 나타내고 있는 구절이나 내용의 해석과는 다른 차원의 얘기입니다. 여기서 말하는 신의 의지를 인간적 해석으로 인식하는 것이 불가능하다는 것은, 인간이 사용하는 언어가 불완전하기 때문에, 알 수 없음을 뜻하는 것입니다.

인간의 언어는 인간의 사고 수단이자, 의사소통의 수단입니다. 언어가 불완전하다는 것은 사고(思考)와 의사소통의 기능적 측면[6]을 다루는 개념이 아닙니다. 기능은 그것의 유무로만 살피는 것이고, 완전과 불완전은 현상의 실존을 표상할 수 있는가 없는가를 가지고 분석하는 것입니

5) 추가적인 분석은 –부록– 2.에 수록했습니다.

6) 의미의 발생, 전달, 해석 등의 과정은 언어에 의해 진행됩니다. 언어는 이러한 과정에 필요한 다양한 기능을 가지고 있는데, 이 책에서는 두 가지(사고의 수단 및 의사소통의 수단) 기능만을 전제로 합니다, 부호기능, 표현기능, 해석기능, 인식기능 등의 다양한 언어기능들에 대해서는 논의의 하위개념들로 다루기는 할 것이나 기능 차원으로 분류하지는 않을 것입니다.

다.

따라서 인간의 사고와 의사소통을 언어의 기능에 의해 할 수 있다고 하더라도, 실존을 표상하는 것은 불가능합니다. 왜냐하면 인간의 언어는 바로 이 측면을 반영할 수 없는 불완전 언어이기 때문입니다.

**∫[실재, 존재]불완전언어≠실존**

이것을 좀더 살펴보겠습니다. 실존을 표상할 수 없다는 말은, 인간이 언어로 표현하는 대상 자체는 실재 해당하는데, 이때 그 실재를 나타내고 있는 언어와 그 실재가 서로 불일치하다는 뜻입니다. 그것은 극복되는 것이 아니라, 언어 자체로는 일치시킬 수 없는 본질적인 한계가 있음을 의미합니다. 그래서 사물과 개념의 자체에 해당하는 것을 '실재' 라고 정의하고, 언어로 나타내어지고 있는 것을 '존재' 라고 정의해보겠습니다. 그리고 이 두개가 합치된 것을 '실존' 으로 정의하겠습니다.

**∫[실재, 존재]완전언어=실존**

실존을 표상할 수 있는 언어를 완전언어라고 한다면, 완전언어는 그 언어를 접했을 때, 무엇을 의미하는지 바로 알 수 있는 언어입니다. 즉 사물과 개념의 자체 모습과 뜻이 스스로 표상되어 인간이 바로 이해할 수 있는 언어입니다. 이런 완전언어를 사용한다면 외국어란 있을 수 없겠지요. 그냥 보거나 듣거나하면 머릿속에서 의미와 실체가 궁극적으로 모두 떠오르는 방식으로 표상되기 때문입니다. 표현하고자 하는 실체적인 현상 그 자체인 실재와 표현되고 있는 언어 상태인 존재가 자연히 머릿속에서 합치된 실존으로 인식되는 겁니다.

불완전 언어는 실재와 존재가 각각 분리되어 있다고 했습니다. 따라서 엄밀히 말하면, 우리들이 일상에서 자연스럽게 사용하고 있는 모국어도 실은 외국어와 같은 셈입니다. 완전언어는 배우지 않아도 그냥 보거나 듣기만 해도 무엇을 뜻하는지 머리에 저절로 떠오르는 언어적 형태입니다. 반면에 불완전언어는 배우지 않으면 듣거나 봐도 그 의미를 모르는 언어입니다. 더욱이 실존의 측면에서 불완전언어는 배워도 그 실재는 알 수가 없습니다. 단지 존재만을 파악할 뿐입니다.

실존이 불완전언어에 의해서는 표상이 안 되기 때문이고, 실재와 존재로 분리되어 존재만을 담고 있기 때문입니다. 인간은 이러한 불완전언어로 사고하고 의사소통을 합니다. 이 때문에 인간이 언어표현을 할 때, 생각하는 것과 표상하는 것의 불일치가 발생하여 실체를 인식하는 것이 불가능합니다. 이런 상태의 언어로 하는 의사소통은 소통이라는 기능이 작동하더라도 전달되는 언어가 이미 실체를 담지 못하고 있습니다.

언어에는 사고와 의사소통의 기능이 있는데, 불완전언어는 먼저 사고에 문제를 일으켜 인간이 생각하고자 하는 실체의 궁극적인 의미를 실존적으로는 인식불가능하게 만듭니다. 이것을 불완전언어의 사유불가능성이라고 정의합니다. 불완전언어는 인간의 사고와 의사소통의 기능에 직접 문제를 일으키지는 않습니다. 다만 소통되는 객체인 불완전언어 자체가 실재를 표상하지 못하기 때문에 사고와 표현 역시 그 원리에 종속되고, 존재만을 상대방에게 나타내게 됩니다. 그래서 의사소통 자체는 나타내고자 하는 실체만을 표현하는 점적(點的)인 전달구조가 아니라, 불완전언어의 특성 상 주변의 의미를 부정확하게 포함하는 범위적인 전달구조로 되어 있습니다. 이것에 대해서는 제I부의 '6장. 언어의 의사소통 구조'에서 좀 더 살펴보겠습니다.

### 언어 불완전성의 신화적 해석

완전언어라는 것은 현실적으로 존재하지 않지만, 언어의 본질상 가장 이상적인 상태입니다. 표현 자체가 의미를 구현하고 있는 모습이므로, 만약 이런 언어가 실제 사용된다면 우리는 언어를 배울 필요가 없을 테고, 지구상에 모든 사람들과 마음대로 의사소통도 할 수 있을 것입니다.

정리하면 다음과 같습니다. 인간이 어떤 실체를 불완전언어로 생각한다는 것은 실존에서 분리된 '존재'만을 사고하고, 그 실체 자체인 '실재'는 사고할 수 없다는 것을 의미합니다. 그러나 완전언어는 이 둘을 동시

에 파악하도록 합니다. 이 부분에 대한 신화적 해석을 해보도록 하겠습니다.7)

신(神)이 말하기를

네 년은 그토록 먹지 말라던 실과를 훔쳐 먹고 아담에게까지 먹도록 하였으니, 내 이로 말미암아 모든 것을 잃고 말았다. 내 이를 괘씸히 여겨 그 실과를 두 번 기억케 할지니, 매월 네 년의 속 궁을 헐어내어 분노로 일그러진 그 때 나의 낯빛을 기억케 하고, 아담으로 하여금 네 년의 순결을 찢게 하여 그 순간 아담은 달래고 네 년은 또 한번 그것을 기억케 하리라.

여성의 대표인 이브는 동물의 상태에서 진정한 사람으로의 재탄생을 위해 신의 금지 명령과 싸우고 신과 맞서 자아를 획득–선악과를 먹음–하였다. 이로 인해 신에 의해 마음대로 조종되던 동물의 상태에서 자아의식을 갖추고 자신의 의지로 판단하는 진정한 사람이 되었다.

본래, 선악과를 먹지 못한 상태의 인간은 자아가 없고, 의식하지만 인식하지 못하고, 느끼지만 생각하지 못하고, 보지만 해석하지 못했다. 자기를 알지 못하니 살아서 숨만 쉬는 움직이는 동물이고 본능이 그의 지배자였다.

신 나름대로의 목적을 위해 만들었던 사람은 신만이 갖고 있던 자아의식을 갖게 되었다. 신이 선악과를 사람인 이브에 의해 빼앗겨, 한낱 피조물의 고깃덩어리에 불과했던 사람이 신인 자신과 똑같이 사유하고 자아를 인식하게 됨으로써, 신과의 불평등이 깨져버린 꼴이 된 것이다. 신의 목적을 위한 일방적인 모든 규칙은 끝나고, 신에겐 후회–선악과를 좀 더 찾기 힘든 곳에 숨겨둘걸!–만이 남게 되었다.

---

완전언어와 불완전언어에 대한 개념의 이해를 돕기 위한 재해석의 부분이므로, 어떠한 종교적인 함의도 의미하고 있지 않습니다.

'아무튼 선악과를 먹으면 죽이리라고 했던 경고를 무시했으니 자아를 얻는 대신 삶에 끝을 두어 죽음을 그 벌로 내리리라' 는 신의 다짐에다, 이브가 이 모든 것의 원인임을 징표하게 되는 두 가지 벌을-출산과 처녀막-받게 되었다.

그런데 남성에게 내려졌던 생산 의무로서의 벌은 생산 수단 확보의 지위 권리로 변질되고 남녀 불평등을 고착시키는데 작용하였다. 따라서 남성에게 내려졌던 벌은 본질적으로 신 자신을 대리해서 현실에서 여성을 징계하기 위해 남성에게 주어진 기만적 수단에 불과하다.

먹은 실과를 토해내야-혼자서는 안 되고 신의 도움으로 원죄(먹은 선악과)의 죄사함(토해냄)을 받아야-한다고 신은 지금도 예언하고 있다.

여기까지입니다.

이브가 먹은 실과는 '완전언어' 의 획득을 의미합니다. 이브가 획득했던 언어가 '바벨탑 사건' 으로 변질되었던 과정과 그에 따른 사유, 인식의 불능이 발생한 것으로 묘사되고 있습니다. 이브가 획득해 낸 언어는 실재와 존재가 하나로 결합된, 즉 실존 상태 그대로를 파악할 수 있는 완전언어였습니다. 따라서 사람들은 이 언어로 궁극과 근원에 대한 모든 실체를 알 수 있는 단계까지 오를 수 있거나 올랐습니다. 그래서 이것을 걱정한 신은 언어를 지금과 같은 상태인 실존 자체를 나타낼 수 없도록 변질시켰습니다.

표면적으로는 언어민족 간에 말이 통하지 않게 된 것을 의미합니다. 한국어, 중국어, 일본어, 영어, 프랑스어 등등 언어분화를 말하는 것입니다. 이 사건이 바로 바벨탑 사건입니다. 바벨탑 사건의 본질은 변질된 언어가 실재와 존재를 불일치시킨다는 것에 있습니다. 이브의 언어인 완전언어가 변질되면서 실존을 함께 표상하던 상태에서 실재와 존재로 분리되어 존재만을 표상하고 실재를 표상할 수 없는 언어로 되어버렸습니다.

따라서 바벨탑 사건은 단순하게 언어의 수가 증가하여 사람들 사이에 의사소통이 어려워진 것만을 상징화한 것이 아니라, 언어의 질이 변하게 되어 실존으로서의 실재를 더 이상 파악할 수 없게 됨을 상징화한 사건입니다.

여기서 '언어의 상태' 란 '언어적 상태' 와는 다른 개념으로 구별할 필요가 있습니다. '언어적 상태' 란 존재를 정의할 때만 쓰이는 말이며, '언어의 상태' 란 실재의 표상 여부를 나타내거나 결정할 때 쓰는 말입니다. 존재를 정의할 때 쓰이는 언어적 상태에서 '상태' 는 형식을 의미합니다.

'존재란 언어에 의해 드러나거나 아직 드러나지 않은 실재의 언어적 상태를 의미한다' 는 말은 존재란 언어에 의해 드러나거나 아직 드러나지 않은 실재의 언어적 형식을 의미한다와 동치(同値)입니다. 그러나 실재의 표상 여부를 의미할 때의 언어의 상태, 언어상태, 언어적 상태 등에서 상태는 동위(同位)를 의미합니다.

그 쓰임의 관계를 구별해서 살펴보면, '언어의 상태가 실재를 표상합니다. 또는 실재를 표상하지 못합니다.' 의 관계에서 쓰입니다. 그리고 '존재란 언어에 의해 드러나거나 아직 드러나지 않은 실재의 언어적 상태를 의미한다.' 라고 존재를 정의할 때만 쓰입니다. 즉 '언어적 상태' 란 존재와만 관련되며, '언어의 상태' 또는 '언어 상태' 란 말은 실재와만 관련되어 쓰입니다.8)

결국 이 개념은 변질된 언어 파괴를 통해 언어의 상태가 변하는 것을 분석하는데 있어 분석의 기준이 실재의 표상 여부임을 분명히 확정해주는 역할을 합니다. 완전 언어는 어떤 단어를 보면 그 단어가 무엇을 나타내는지 그냥 파악되는, 그래서 완전 언어는 언어가 나타내려는 실재와 언어로 나타난 언어적 상태인 존재가 하나로 통합되어 실존 자체를 드러내줍니다.

---

8) 이 개념의 분리는 언어의 실재 확률과 존재 확률에 관한 부분에서 언어 파괴를 실행할 때 변질된 언어와 그 변질된 언어를 파괴한 상태에 관한 분석에서 중요한 분석 개념으로 필요합니다.

## 의식과 인식

실재란 언어에 의해 드러나거나 아직 드러나지 않은 모든 현상 그 자체이며 언어를 벗겨낸 모든 것입니다. 그리고 존재란 언어에 의해 드러나거나 아직 드러나지 않은 실재의 언어적 상태를 의미합니다. 결국 본래 이브의 언어는 실존을 나타내는 완전 언어였는데, 바벨탑 사건으로 변질된 언어는 실재를 표상하지 못하고 단지 존재만을 표상하게 되었습니다. 사유는 의식과 인식으로 구분 되는데, 언어에 의해 흡수가 안 된 사유 상태를 의식이라 하고, 언어에 의해 흡수된 의식과 언어에 의한 사유 상태를 인식이라 합니다.

의식되는 상태의 현상을 언어를 통해 인식하는 총체를 사유라 할 수 있습니다. 의식 단계의 이미지들에 언어가 개입되지 않았더라도 사유 과정 내에서 의식이 인식으로 전환되는 것은 언어의 고유한 기능에 의한 것이므로 사유에 있어 언어 절대성은 유효합니다. 언어는 작용 구조로 보면 사유 중에서도 인식과 직접 관계가 있고 인간은 이 과정을 통해 자아를 얻게 됩니다. 따라서 언어는 자아 획득과 사유에 절대적이라 할 수 있습니다.

정리해 보면, 불완전언어는 우리가 사용하고 있는 일상의 언어 모습이라고 볼 수 있습니다. 언어생활에서 오해와 거짓말이 가능한 이유도 바로 불완전언어의 특징 중의 하나입니다. 반면에 그 본질상 완전언어는 오해와 거짓말이 불가능한 언어입니다.

## 4장. 인식불가능성(이번 장은 세부항목이 없습니다)

인식불가능성은 사유불가능성과 달리 발생하는 원인이 다른 맥락입니다. 인식은 대상에 대한 개입 수단이 주체적 즉 주관적입니다. 그런데 인식의 주체에 대한 개입 수단은 대상적 즉 객관적입니다. 이런 이유로, 인식에 있어 대상과 주체의 일치는 불능입니다. 그렇기 때문에 인식불가능성이 발생합니다. 내가 남의 생각을 내 생각처럼 알 수 없고, 내 생각을 남이 생각하듯 생각할 수 없다는 뜻입니다. 물론 인식불가능성 역시 불완전언어와 관련이 있습니다. 이 말은 발생 원인이 불완전언어라는 뜻은 아닙니다. 인식불가능성은 불완전 언어가 발생 원인이 아닙니다. 하지만 인식불가능성과 사유불가능성을 살펴보고 다루는 방법이 모두 불완전언어를 극복하는 것과 관련이 있습니다. 여기서는 그 정도의 개념만 있으면 나머지 주제적인 내용을 이해하고 넘어가는데 문제가 없기 때문에, 자세한 내용들은 -부록- 1.에 수록해놓겠습니다.

참고로 인식불가능성이 사유불가능성과는 구별되기 때문에, 세부항목이 없는 단원이지만 별도로 구분해 구성하였습니다.

## 5장. 완전언어와 상수적 현상의 상태 분석

앞에서 우리는 상수적 현상과 변수적 현상이라는 것을 정의한 바 있습니다. 상수적 현상이란 인간의 의지와는 무관한 것들로서 만물의 실존 자체나 공간, 시간 또는 물리적인 힘의 법칙, 주어진 생명, 생명체의 구조, 인간 정신, 언어 현상 등이라 하였고, 이에 대비되는 것들 즉 인간이 스스로 만든 제도적인 요소들을 변수적 현상이라고 했습니다. 상수적 현상들에 대해 일반 분석을 계속하고 있습니다. 이제 상수적 현상의 궁극적인 상태를 간략히 살펴보겠습니다.

### 불완전언어의 재구성

먼저 불완전언어를 완전언어와 동위(同位)적인 상태로 재구성하는 것이 필요합니다. 이러한 재구성이란, 완전언어 자체의 복원은 아닙니다. 불완전언어를 완전언어의 구성 재료로 이용하면서 불완전언어를 상태적으로는 완전언어와 동위인 것으로 만들어내는 겁니다. 이것은 포스트모던의 전제 기반인 실재를 표상하는 완벽하게 객관적인 메타언어의 부재를 극복하는 과정이기도 합니다.

이렇게 되면, 사유불가능성과 인식불가능성을 모두 극복할 수 있는 상태를 동위적으로 설정할 수 있습니다. 상태 자체는 아니고 동위적인 상태만을9) 의미합니다. 왜냐하면 설정하는 과정 자체에 사용되는 언어가

---

9) -부록- 1.의 관련 내용 참조바람.

불완전언어이고, 따라서 불완전언어를 수단으로 사고하고 표현하기 때문입니다.

**불완전언어의 파괴=[완전언어와 상태적 동위]**

완전언어의 상태적 동위를 만들기 위해서는 불완전언어를 파괴하는 작업이 첫 번째입니다. 불완전언어를 파괴하는 방법을 통해 완전언어와 상태적으로 동위인 새로운 로고스가 나오게 됩니다. 이것으로 모든 상수적 현상을 점적(點的)으로 대응시킵니다. 그러면 우주만물과 에너지적 모든 현상이 새로운 로고스에 의해 다시 구성됩니다. 이렇게 만들어진 구조를 가지고 상수적 현상의 완성 상태를 규정하여 서로 일치시켜 보면, 둘은 완전하게 일치하는 것을 확인할 수 있습니다.

불완전언어의 파괴와 상수적 현상의 완성상태 등에 대해서는, 이 책의 주제적 전개상 더 이상의 의미가 없기 때문에 이 정도의 분석으로 마무리하겠습니다. 다만, 참고할 필요가 있는 내용들에 대해서는 -부록- 1.에 별도로 수록해놓겠으니 참고바랍니다. 이후부터 언어라 함은 불완전언어를 뜻하며, 분석 역시 불완전언어를 대상으로 합니다.

# 6장. 언어의 의사소통 구조

## 매개언어 : 개인언어

개인과 개인 간에 서로 의사소통하는 것은 겉으로 보는 것처럼 서로가 음성신호 또는 문자 등으로 직접 소통이 가능한 보편적인 구조가 아닙니다. 언어사회적인 공유로 체계화되어 있는 '매개언어'가 있어야만 가능하다는 뜻입니다. 매개언어를 배운다는 것은, 독일사람과 독일어를 모르는 한국사람이 영어로 서로의 의사소통을 하는 것에 비유될 수 있는 얘기입니다. 같은 맥락에서, 사실 모국어도 공유되는 매개언어를 배워서 서로 의사소통하는 것입니다. 공유하는 매개언어를 각자가 알고 가지고 있지 않으면, 하나의 언어사회 내에서도 의사소통은 불가능해집니다. 의사소통 과정에서 있어, 개인은 표현하고 싶은 의미를 나타내는데 필요한 개인의 사고 체계인 언어구조 즉 '개인언어'를 가지고 있습니다. 이렇게 사고된 개인언어 상태의 의미집합을, 사회적으로 공유되고 약속된 매개언어로 모두 치환하는 과정을 거쳐서 상대방에게 매개언어의 형식으로 표상되는 음성이나 문자로 전달하게 됩니다. 상대방은 그 과정을 반대로 거치면서 최종적으로 개인언어로 의미파악 즉 해독하게 되는 것입니다. 따라서 개인은 의사소통을 위해 개인언어와 매개언어를 모두 필요로 합니다. 개인언어는 '1차 언어'와 '2차 언어'로 구성되어 있습니다. 1차 언어는 개인이 직접 자신의 사고체계 내에서 의미를 부여한 개념의 총합이고, 2차 언어는 사회적으로 부여되어 있는 의미에 개인이 동의하는 의미의 총합이라고 정의합니다. 이중에서 사회적으로 공유되어 있는 매개언어와 치환되는 것은 2차 언어입니다.

### 언어의 통용력

언어의 본질적 속성들 중 하나를 설명하겠습니다. 그것은 언어가 의사소통을 가능하도록 하는 기능을 가지고 있다는 점에서 통용력이라고 할 수 있습니다. 그리고 언어는 사회적으로 공유되는 과정의 연속에 있기 때문에 공유 과정에 따라 계속 진화한다는 사실입니다. 개별적인 언어단위에서는 이러한 진화가 도태와 확장 가능성을 모두 의미합니다. 따라서 생명체와 유사하게, 개별단위의 언어들은 스스로의 생존과 확장 및 자기이탈의 수정을 진화론적으로 반복하고 있습니다. 단어 수준의 언어에서부터 한나라의 국어 전체에 이르기까지의 전체 수준에서도 그런 현상이 일어납니다.

이렇게 언어는 개별단위 수준이건 전체 언어단위 수준이건 또는 다른 수준에서도 이러한 진화론적 목적을 위해 경쟁하고 있습니다. 이 경쟁에서의 경쟁력은 시점마다의 통용력 정도에 달려있고, 그 결과는 권력현상으로 나타납니다. 언어에 있어 권력현상이란, 단어 또는 그 이상의 언어규모에 있어 개별언어와 매개언어 사이에서 지배와 피지배에 따른 확장과 도태의 현상이 발생하는 것을 의미합니다. 이는 다시 통용력의 확대로 피드백(환류)됩니다.

물론 이러한 확대재생산의 현상에 반대되는 반동적 현상도 새로운 통용력을 가진 언어들에 의해 수없이 나타납니다. 그리고 국가체제의 다양한 변화와 충격 역시 언어사회의 권력현상에 강력한 영향력을 발휘합니다.

개인언어와 매개언어와 관계된 언어 경쟁이란, 언어사회에서 매개언어로의 진입을 모든 개인언어들이 원하기 때문에 발생하는 경쟁입니다. 매개언어로의 진입은 개인언어가 원한다고 해서 바로 되는 것이 아닙니다. 통용력을 얻어야만 합니다.

통용력을 얻는 과정은 다음과 같습니다. 개인언어가 매개언어에 일단 접속하면 순응과 투쟁의 과정을 거치는데 그 결과 새로운 매개언어로 인정되거나, 또는 기득권 매개언어를 대체하게 되면 매개언어로 인정됩니다. 그렇지 못하면 접속 후 도태됩니다. 즉 진입실패로 끝나는 겁니다. 따라서 이러한 과정으로 이루어진 매개언어는 속성상 개인언어들의 부분적인 총합으로 볼 수 있습니다. 그리고 개인이 자신의 개인언어를 얼마나 많이 매개언어에 진입시켰느냐에 따라 언어에 의한 권력을 얼마나 많이 소유했느냐 하는 것을 알 수 있습니다. 언어의 이러한 권력현상이 일반적 의미에서 개인의 권력현상과 동위의 구조를 가지게 되는 이유는 언어가 가치를 발생시키기 때문입니다.

### 가치 발생의 구조

가치 발생이라는 것은 언어 현상과 유사한 구조입니다. 언어가 개인언어만으로는 소통이 되지 못하는 것처럼 가치도 마찬가지입니다. 어떤 한 개인이 자기가 가진 물건에 대해 혼자서 엄청난 가치를 매겨 시장에 팔려고 한다면 그것은 팔리지 않을 것입니다.

예를 들어, 자신이 어릴 적부터 소중히 간직한 추억어린 연필 한 자루를 1억 원이라고 가격을 정해서 벼룩시장이든 문구시장이든 나가서 팔려고 한다면 아마 정신 나간 사람으로 취급당할 겁니다. 그 추억어린 연필의 소유자에게는 1억 원 이상의 가치가 있을지 몰라도 시장사회에서는 그러한 가치 수준의 통용력이 없기 때문입니다.

이렇듯 가치란 소유자 자신이 부여하는 가치와 남들이 부여해주는 것에 동의하는 가치로 되어있습니다. 어떤 물건이 이러한 가치를 얻는 과정을 가치물화 과정이라고 합니다. 이 과정에 의해 가치가 발생합니다. 이러한 가치물화 과정은 모두 언어에 의해 언어의 소통과 같은 구조로 발생합니다. 다른 사람이 부여하는 가치가 있어야 동의할 수 있는 것입니다.

어떤 가치있는 물건을 소유하고 있다는 것은, 소유자 개인의 의미가 아니라 그것에 가치를 부여하고 있는 다른 사람들의 공유된 인식이 있음을 뜻합니다. 언어에 의해 이렇게 공유된 인식은 가치를 치환한 것과 같습니다. 즉 부여되는 가치를 많이 소유하고 있다는 것은 그것을 소유한 개인이 동일하게 치환되는 매개언어를 그만큼 많이 가지고 있다는 것과 같은 의미입니다. 따라서 시장 가치와 언어 현상은 서로 유사한 구조를 가지고 있습니다.

**의사소통의 기본 원리**

지금부터는 언어로 한쪽의 의사가 표현되고, 그것이 상대방에게 전달되어 이해되는 과정을 살펴보겠습니다. 의사소통의 과정에서 다루고 있는 언어는 앞에서 전제한 대로 불완전언어입니다. 불완전언어는 실재와 존재가 불일치한다고 하였는데, 이것의 의미는 언어가 표상하는 것이 실재 자체를 일대일로 '존재화' 시키지 못함을 말합니다.

정확히 말하면, 두 가지 경우가 있습니다. 첫째는 언어로 표상된 존재의 의미영역 안에 아예 실재가 없는 경우이고, 둘째는 의미영역 안에 어디엔가 있지만 일대일로 대응되는 상태가 아니라 유사하지만 다른 많은 주변부의 의미들과 함께 범위적으로 들어있는 경우입니다. 우리가 의도하든 또는 안하든, 이 두 가지 경우로 언어를 구사하게 됩니다. 이것을 집합의 개념으로 살펴볼 수 있습니다.

특정한 의미를 전달하기 위해 어떤 단어를 사용한다는 것은 그 단어가 포함하고 있는 많은 의미소 중의 하나를 전달하기 위해 단어라고 하는 표현소에 들어 있는 많은 의미소를 한꺼번에 전달하는 것과 같습니다. 그러니까 단어라는 표현소는 그것이 담고 있는 많은 의미소들의 전체집합이라고 볼 수 있습니다. 이러한 표현소들을 문법체계에 맞게 연결하여 합집합과 교집합을 만들어내는데, 이것이 문장입니다. 이렇게 해서 의사의 전달과 소통이 이루어집니다.

의미소를 전체집합인 표현소들 간의 합집합과 교집합의 적절한 비율로 해서 매개언어를 공유한 사이에서 대화가 이루어져야 오해없는 의사소통이 가능합니다. 여기서 의미소와 표현소를 하나로 묶어 개념쌍이라고 정의하겠습니다. 개념쌍은 언어의 권력현상에 따라 의미소와 표현소의 분리, 교차결합, 의미소의 증감 등 변화를 겪으면서 진화론적 과정을 겪습니다. 의미소는 개인언어 중 1차 언어와 대응하고, 표현소는 2차 언어와 대응합니다.

개인 간의 의사소통이 이루어지려면 전달하고자 하는 개인언어와 매개언어와의 대응이 있어야 상대방이 이해할 수 있도록 전달됩니다. 따라서 의미소와 표현소에 의하면, 이 대응은 점적(點的) '교차 대응'이 아니라, 집합적 속성의 '교환 대응'입니다. 일대일 대응이 아니라는 뜻입니다. 표현소는 명목부분이고 개념부분에 해당합니다. 그리고 의미소는 술어부분이고 설명부분에 해당합니다. 바로 집합의 원소들에 해당합니다. 매개언어도 이와 유사한 구조를 가지고 있습니다. 다만 그 집합적 단위의 규모가 더 크고 내부 부분집합의 층위가 더 많은 구조입니다.

의사를 전달하고자 하는 개인언어와 매개언어가 서로 교환 대응을 하기 위해서는 언어교환의 부등식이 필요합니다. 방정식 관계일 수는 없습니다. 점적 교차대응이 아닐 뿐만 아니라 개인언어와 매개언어의 집합규모와 층위가 서로 다르기 때문입니다.10) 먼저 전달의미를 가진 표현소가 개인언어 중의 2차 언어를 선택해 매개언어에서 부분집합과 대응합니다. 이렇게 대응된 표현소는 기호장치를 통해 전달하고자 하는 개인에 의해 상대방에게 표시됩니다.

기호장치는 sound 또는 non-sound signal로 구성됩니다. 여기서 sound에는 인간의 말소리와 의미전달 기능이 있는 기타의 소리 등이 있고, non-sound signal에는 문자, 수(數), 수화(手話), 의미전달 기능이 있는 기타의 표시 등이 있습니다.

그리고 기호장치의 개념에는 sound와 non-sound signal 자체와 이 둘을 실어 나르는 현실적, 물리적 수단까지도 포함됩니다. 예를 들어 음

10) 하나의 표현소 안에 들어있는 의미소들의 집합 1단위를 1층위라고 합니다. 이때 개인언어와 매개언어는 모두 내부적으로는 보면 무한층위이나 매개언어의 층위는 개인언어들의 교집합적인 층위이므로, 서로는 다른 층위입니다.

성 자체를 비롯해 이어폰이나 스피커 등 다양한 자연적 또는 기계적 수단들을 뜻합니다.

### 의미여과 과정

기호장치로 전달되는 표현소는 매개언어의 부분집합 내에 포함되어 있습니다. 기호장치에 의해 이렇게 전달받은 표현소는 기호장치를 제거하고 의미소를 해석하는 '의미여과' 과정을 거칩니다. 전달받는 상대방은, 전달받은 표현소를 다시 매개언어의 부분집합에 임의로 대응시킵니다.

이렇게 해서 나온 매개언어의 부분집합에서 표현소와 의미소들의 범위가, 의사전달을 하려는 상대방의 매개언어의 부분집합에서 포함된 표현소와 의미소의 범위와 비교해서 공통부분이 있으면 의사전달이 된 것으로 봅니다.

이것을 집합적으로 이야기하면, 두 범위 간의 교집합(交集合)이 공집합(空集合)이 아니면 된다는 의미와 같습니다. 교집합의 크기가 클수록 의사전달이 더욱더 잘 되었음을 뜻합니다.

### 매개언어와 기호장치로서의 화폐

뒤에서 다루게 될 화폐와 대비해서 보자면, 화폐는 본질상 매개언어의 한 종류이며 기호장치의 속성을 가지고 있습니다. 우리가 화폐라고 할 때 대부분 화폐의 본질을 의미하기보다는 기호장치의 속성을 지닌 지폐나 주화, 증권, 전자화폐 등을 의미하기 때문입니다.

이 둘의 개념을 엄격하게 구분하지 않고 화폐라고 하면, 원래 화폐 본질의 기호장치인 지폐 등을 혼용해서 쓰고 있는 말이 됩니다. 잘못되었다는 지적은 아닙니다. 이중적인 의미를 모두 포함하고 있음을 설명하고자 하는 겁니다. 그런 이유로 화폐의 본질인 가치와 화폐 본질의 기호장치인 지폐가 화폐라는 단어로 같이 사용됩니다.

그러나 매개언어의 한 종류인 화폐의 본질과 그 기호장치에 해당하는 지폐나 주화 등은 이런 기준에서 서로 구별됩니다. 이 책에서는 구별하여 사용해야 할 부분에서 그 개념을 확정하면서 사용하되, 화폐를 일반적으로 언급할 때는 지폐 등의 기호장치로 의미해서 사용하겠습니다. 따라서 기호장치로서의 화폐는 가치보다는 가격과 대응되는 개념이 됩니다. 지폐는 가치와 구체물로 이루어져 있습니다.

이때 가치를 표시하는 방법이 수(數)이므로 이것은 non-sound signal이고, 이것을 가격이라고 정의합니다. non-sound signal의 현실적 유형이 지폐라면 종이라는 구체물이 바로 현실적, 물리적 수단이 되는 겁니다. 수(數)가 표시하는 가치의 문제 등은 모두 매개언어의 현상으로 분석하면 됩니다.

### 의사소통의 구조

이제 '의미여과' 과정과 전체 의사소통 구조를 살펴보겠습니다. 먼저 의사표현을 하고자 하는 화자(話者)를 보겠습니다.

의사표시와 그것을 전달하고자 하는 화자의 욕구가 발생합니다. 이 과정에는 화자의 개인언어 중 1차 언어가 사용됩니다. 이때 전달하고자 하는 욕구가, 전달을 참으면서 안하고자 하는 반대욕구보다 커지는 순간 1차 언어는 모두 2차 언어로 교체됩니다. 그런 다음 2차 언어의 표현소는 매개언어의 부분집합과 대응을 하게 됩니다. 매개언어의 부분집합 중에 포함되어 있는 원소인 의미소들과 교환대응 한다는 뜻입니다.

그러면 매개언어의 부분집합 내의 표현소들과, 화자의 2차 언어 표현소들과의 언어 튜닝이 일어납니다. 서로 대비해가면서 매개언어와 불일치하는 표현소들의 최종 수정이 일어난다는 뜻입니다. 그런 다음 수정된 표현소들이 기호장치에 실려서 전달받는 상대방인 청자(聽者)에게 도달합니다.

그러면 위에서 설명한 언어교환의 부등식에 따라 공통범위가, 집합적으로 볼 때 공집합이 아닌 상태로 전달되는 것입니다. 이때 청자는 의사표시를 감각기관으로 접수하고 기호장치를 제거하는 과정을 거칩니다.

청자는 기호장치의 제거를 통해 전달받은 매개언어의 표현소를 획득하게 되는데, 이것을 화자의 경우와 역방향으로 언어 튜닝을 합니다. 그렇게 되면 매개언어의 부분집합의 원소인 의미소들이 남게 되고, 이것들이 개인언어의 2차 언어 표현소들로 교체됩니다. 이때에 화자의 의사표시에 대한 청자의 이해가 이루어집니다. 이 과정을 통칭해서 '의미여과' 과정이라고 합니다.

그리고 화자가 청자에게 기호장치로 의사를 전달하는 순간, 이 기호장치는 화자 자신에게도 동시에 전달됩니다. 이는 화자가 의도하는 의사전달 욕구의 방향과는 반대방향입니다.

이러한 반대방향의 전달을 통해 화자 역시 청자가 진행하는 의미여과 과정을 동일하게 거치게 됩니다. 결국 자신이 전달할 의사표시의 이해가 스스로에게도 함께 이루어지게 되는 것입니다. 이 과정이 바로 의사전달의 상호성입니다. 이러한 의사전달의 상호성으로 인해 의사소통이 가능해집니다.

## 언어에 의한 가치 생성

6장에서 언어가 가치를 발생시키는 현상에 대해 간단히 살펴보았습니다. 가치라는 것은 언어와 매우 밀접한 구조에 있다고 설명하였는데, 사실 모든 가치의 창조는 언어에 의해서 결정되고, 가치와 물건의(이때 물건은 구체적, 비구체적 모든 상태물을 말합니다) 결합을 통한 가치물화 역시 언어에 의해 결정됩니다.

그 이유는, 어떤 가치 있는 물건을 소유하고 있다는 것은 소유자 개인의 의미가 아니라 그것에 가치를 부여하고 있는 다른 사람들의 공유된 인식에 의해 결정되는 것인데, 이러한 인식을 언어가 결정하기 때문입니다.

언어에 의해 공유된 인식은 가치를 치환한 것과 같습니다. 부여되는 가치를 많이 소유하고 있다는 것은 그것을 소유한 개인이 동일하게 치환되는 매개언어를 그만큼 많이 가지고 있다는 것과 같은 의미입니다. 따라서 가치가 물건과 결합해서 가치물로 되고, 이것이 교환을 위해 시장으로 진입할 때 가치물은 시장가치 즉 가격을 획득하는 것은 언어를 획득한 것과 같은 얘기가 됩니다.

이처럼 가치와 언어현상은 서로 비슷한 구조를 가지고 있습니다. 특히 교환에 대한 분석으로 확장할 경우 그 구조의 유사성은 더 분명해집니다.

## '1차 가치'와 '2차 가치'

6장의 예를 다시 보겠습니다. 자신이 어릴 적부터 소중히 간직한 추억어린 연필 한 자루에 1억 원이라고 가격을 정해서 벼룩시장이든 문구시장이든 나가서 팔려고 한다면 어렵다는 얘길 했습니다.

이때 추억어린 연필의 소유자가 그 연필에 대해 부여하는 가치인 1억 원의 가치를 '1차 가치'라고 합니다. 그리고 다른 사람들이 그 연필에 부여해 주는 가치에 대해 연필 소유자가 동의하는 가치를 '2차 가치'라고 합니다.

'1차 가치'와 '2차 가치'의 개념을 좀 더 정확하게 보면, 먼저 '1차 가치'는 가치물에 대한 직접 동기를 갖고 부여하는 가치이고, '2차 가치'는 가치물에 대한 간접 동기를 갖고 동의하는 가치로 정의할 수 있습니다. 정의를 이루고 있는 각각의 개념에 대해서 살펴보겠습니다.

'가치물'이란 구체적, 비구체적 결핍을 충족시켜 주는 유무형의 모든 상태물이고, '직접 동기'란 가치물에 대한 소유자의 소비 실현이 전제되는 동기입니다. 그리고 '간접 동기'란 가치물에 대한 소유자의 소비 실현을 전제하지 않은 동기를 뜻합니다. '소비 실현'은 가치물의 소비 가능성 절대량이 제거되는 상태로 정의됩니다.

이렇듯 가치는 소유자 자신이 부여하는 가치와 남들이 부여해주는 것에 동의하는 것으로 구별됩니다. 어떤 물건이 가치를 얻는 과정이 가치물화 과정입니다. 이런 결과로 어떤 물건은 가치물이 됩니다. 그런데 가치물은 1차 가치와 2차 가치를 동시에 가지고 있습니다. 1차 가치와 2차 가치 간의 상대적인 가치량은 변화합니다. 그 변화에 따라서 가치물은 재화가 되기도 하고, 상품이 되기도 합니다.

재화란 1차 가치가 2차 가치보다 큰 가치물이고, 상품이란 2차 가치가 1차 가치보다 큰 가치물을 말합니다. 가치물이 상품이 되면 소유자의 손을 떠나서 교환 시장으로 진입하는 것이 유리하게 됩니다. 2차 가치가 1차 가치보다 큰 상태이기 때문입니다.

## 화폐의 도출 과정

이러한 기본 개념들을 통해 화폐를 도출해보겠습니다. 화폐가 결과적으로 도출되는 과정임을 전제로, 분석의 시작 단계에서는 화폐가 아직 없을 때라고 가정합니다.

그리고 도출 방법은 가치물의 교환 과정 특성에 의한 화폐의 기원적 기능을 밝히는 것으로 접근합니다.11)

교환 시장에 진입한 모든 상품은 교환 실현 단계에서 상대적 1차 가격의 동일화를 통해 재화성을 회복하여 교환 실현하고 교환 시장을 탈출합니다.(←이것이 진입 목적이기도 하다)

교환 실현 단계에서는 상품 Y에 대한 갑의 부여 가치 B의 획득을 통한 '재화성 회복' 이 상품 X에 대한 을의 부여 가치 A에 '의존' 하는, 즉 '1차 가치(B)≥2차 가치(d)' 을 만족하는 B라 하더라도 A=B 를 만족시키지 못하면 상품 Y가 B를 획득하지 못합니다. 따라서 재화성 회복도 이루어지지 않게 되는 '교환 의존성' 이 생깁니다.

상품 X의 경우도 동일합니다.

여기서 '재화성 회복' 이란, '1차 가치(B)≥2차 가치(d)' 을 만족하는 B

---

11) 화폐도출에 앞서 추가적으로 필요한 개념들의 정의입니다.

- 목적 동시성 시장 : 시장 진입 목적이 교환 의존성의 교차 만족에 의해 달성 되는 시장.
- 목적 개별성 시장 : 시장 진입 목적이 가치 동일화에 의해 달성 되는 시장.
- 생산 요소물 : 1차 가치가 0 이 될 수 없는 가치
- 생산 결과물 : 생산 요소물이 투입되어 산출된 자연적, 인위적인 모든 결과물로서 가치물이며 (상대적 개념이 아닌 절대적 개념으로서의) 1차 가치가 0 이 될 수 있다
- 생산자 : 생산 결과물에 1차 가치를 부여할 의사가 없는 자
- 소비자 : 생산 결과물에 2차 가치를 부여할 의사가 없는 자
- 생산 수단 : 생산 요소물을 투입하여 자연적 변위나 인위적 가공을 통해 생산 결과물을 산출하는데 동원된 구체적, 비구체적 모든 수단.
- 생산 : 생산자가 가치물에 대한 자신의 해석을 구속시키는 것.
- 소비 : 소비자가 자신의 해석으로 상품에서 재화성을 발견하는 것.
- 소비 실현 : 가치물의 소비 가능 절대량이 제거되는 상태.
- 소비 과정 : 생산자에 의해 상품에 구속되었던 해석을 해제시키는 과정.
- 소유 : 가치물의 생성과 소비와 보유와 소멸의 각 상태에 대한 지배

의 획득을 통해 상품 상태에서 소비 실현이 가능한 재화 상태로 다시 바꾸어 원래 재화였던 상태를 회복하는 것을 의미합니다.

이와 같이 교차 만족이 있어야만 교환 실현이 됩니다. 만약 교차 만족이 이루어지지 않으면 '교환 의존성' 12) 때문에 상품 스스로는 재화성 회복을 하지 못하므로 '상품의 변질' 이(= 교환 시장에서 재화성 회복을 못하여 상품이 교환 관계에서 소외되는 현상) 발생하게 되어 교환 시장에서 고립되는 상태에 이르게 됩니다.

결국, 교환 의존성의 만족을 통한 재화성 회복과 교환 실현은 불가능해집니다.13)

이것의 해결을 위해서는, 항상 상품으로만 존재하는 순수 상품 'Z' 가 필요합니다.

항상 상품으로만 존재하기 때문에 재화성 회복이 필요하지 않습니다. 따라서 교환 의존성이 없는 순수 상품 'Z' 를 진입 과정 없이 교환 시장으로 투입하여(←원래부터 상품으로 존재하므로) 이미 진입하였으나 교환 의존성에 걸려있던 상품 W에(⇒W의 1차 가치는 e, 2차 가치는 f이고, e ≤f 일 때) Z의 일방적 수여 가치 T를 획득시킵니다.14)

---

12) '교환 의존성' 이란 개념은 화폐가 없다는 상황으로 가정하여 진행하고 있는 현재와 같은 상황에서의 상품교환 시에 발생하는 것으로, 일반 경제학에서 말하는 '욕구의 이중일치'(double coincidence of wants)로도 그 발생의 원인이 설명 가능합니다. 그리고 이러한 교환 의존성은 화폐에 의하지 않고 교환에 의해 거래가 성립해야하는 물물교환시장 즉 목적동시성 시장에서 발생합니다.

13) 이러한 방식으로 교환 의존성으로부터 화폐를 도출하는 것은, 교환 과정에서 수량을 일정하게 고정시키는 조건을 전제로 합니다. 만약 이 조건을 해제하게 되면, 즉 종류도 다르고 수량도 다르다는 두 가지 조건을 전제로 하면 화폐도출 과정이 달라질 수 있습니다.
교환되는 수량의 비등성(非等性)을 교환되는 종류가 극복할 수가 있고, 교환되는 종류의 비등성(非等性)을 수량이 극복할 수가 있는데, 이 과정에서 종류와 수량은 교환 가치물에 따라 교환 비등성(非等性)의 극복 탄력도가 다릅니다.
그리고 교환 의존성이 극복되는 순간의 수량과 종류의 조건을 '교환의 비등성 극복 조건' 이라고 정의합니다. 따라서 교환 의존성에는, 본문에서와 같이 종류의 비등성 뿐만 아니라, 수량의 비등성도 존재합니다. 분석 편의를 위해서 수량의 비등성 조건을 생략한 것입니다.
종류와 수량에 대한 교환 비등성의 극복 탄력도가 큰 가치물들은 전통적으로 쌀, 베, 소금, 은, 금, 주화, 지폐 등이 있으며, 이중에서 교환 의존성이 거의 없어 적응적 탐색력이 가장 우수한 주화, 지폐 등이 화폐의 주류를 이루게 되었습니다.

바로 이러한 획득이 이루어진 이후의 순수 상품 Z(=상품화폐+수단화폐)를 '자본' 이라고 정의하겠습니다. 순수 상품 'Z' 는 상태 변화 없이 항상 '1차 가치≤2차 가치' 인 가치물로서 상품으로만 존재합니다.

목적 동시성 시장인 교환 시장에서 상품으로 존재하는 Z를 '상품 화폐' 라 정의하고, 새로이 형성된 목적 개별성 시장에서 가치 동일화 과정의 수단으로 사용되는 Z를 '수단 화폐' 라 정의합니다. 상품 화폐와 수단 화폐는 모두 순수 상품입니다.

그러나 보유 등의 목적으로 소비 가능의 '상태 변화' 가(1차 가치≤2차 가치 ⇒ 1차 가치≥2차 가치) 발생하여 Z가 재화로서 존재하게 될 수도 있는데, 이것을 '목적 화폐' 라 정의합니다. 이 목적 화폐는 비순수 상품입니다.

따라서 화폐를 기원적 기능으로 보면, 화폐의 종류는 상품 화폐, 수단 화폐, 목적 화폐로 분류됩니다. 화폐를 지칭하는 다양한 일반 용어들이 있지만, 내용상 이들 세 가지 중의 하나에 속합니다.

이렇게 획득된 T에 의해 W는 재화성 회복이 가능해집니다. W는 이 결과 교환 시장을 탈출하여 새로운 목적 개별성 시장을 형성하고,(아직까지 W는 재화가 아닌 재화성 회복 상품임) 이곳에서 '가치 동일화 과정' 을[15](=수단 화폐 Z의 2차 가치가 S일 때 S=T로 동일화가 이루어지는 과정) 통해 소비를 실현합니다.

즉 가치 동일화 과정 후 다시 교환 시장을 탈출(=재화성 회복과 교환 실현)하여 재화 상태로 소비 실현을 합니다.

다음 페이지에서는 위에서 분석한 내용 중, 화폐가 없을 때 교환 시장에서 이루어지는 교환 구조에 대해서 '교환 구조 도표' 를 통해 살펴보겠습니다.

---

14) -부록- 3.의 '□ 가치 동일화 과정에서의 Z의 행위력과 W의 거부력' 부분 참조바랍니다.
15) 가치 동일화 과정은, '화폐가치의 기호장치인 가격의 동일화 과정' 의 준말.

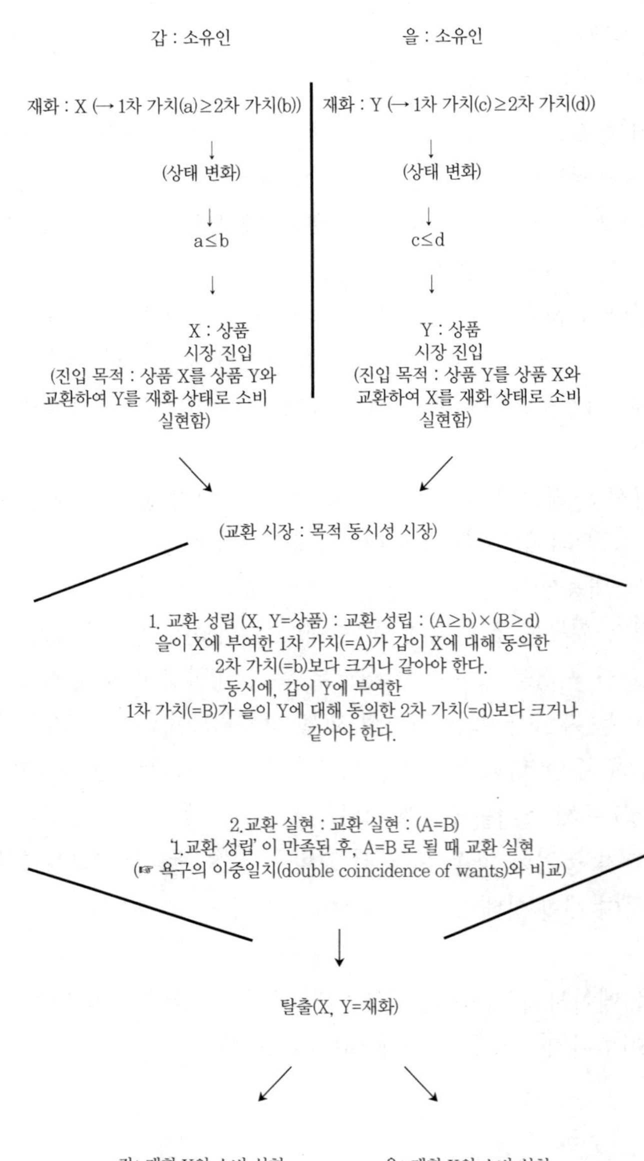
갑 : 소유인
을 : 소유인
재화 : X (→ 1차 가치(a) ≥ 2차 가치(b))
재화 : Y (→ 1차 가치(c) ≥ 2차 가치(d))
(상태 변화)
(상태 변화)
a≤b
c≤d
X : 상품
시장 진입
(진입 목적 : 상품 X를 상품 Y와 교환하여 Y를 재화 상태로 소비 실현함)
Y : 상품
시장 진입
(진입 목적 : 상품 Y를 상품 X와 교환하여 X를 재화 상태로 소비 실현함)
(교환 시장 : 목적 동시성 시장)
1. 교환 성립 (X, Y=상품) : 교환 성립 : (A≥b)×(B≥d)
을이 X에 부여한 1차 가치(=A)가 갑이 X에 대해 동의한 2차 가치(=b)보다 크거나 같아야 한다.
동시에, 갑이 Y에 부여한 1차 가치(=B)가 을이 Y에 대해 동의한 2차 가치(=d)보다 크거나 같아야 한다.
2.교환 실현 : 교환 실현 : (A=B)
'1.교환 성립' 이 만족된 후, A=B 로 될 때 교환 실현
(☞ 욕구의 이중일치(double coincidence of wants)와 비교)
탈출(X, Y=재화)
갑: 재화 Y의 소비 실현
을: 재화 X의 소비 실현

**화폐와 매개언어의 비교**

가치물은 이와 같은 상태변화를 통해서 교환시장에서 교환과정을 거칩니다. 이 과정에서 도출된 상품의 일종인 화폐는 가치물의 교환 의존성을 극복해줌으로써 상품 교환거래의 매개물 기능을 수행합니다.16)

이것은 6장에서 살펴본 매개언어와 비교되는 개념입니다. 개인언어들과 매개언어의 의사소통 구조와 가치물의 화폐적 유통은 서로 대응됩니다.

상품은 화자(話者)의 역할을 합니다. 이에 대해 청자(聽者)는 그 상품에 대한 자신의 언어적 해석을 통해 획득할 가치와 지불할 가치 간의 우열(優劣)을 판단을 하는 자입니다. 이것을 통해 청자가 소비 욕구를 얻게 되면 가치물 획득을 위한 가치물과 화폐 간의 교환과정에 들어가는 것입니다. 이 과정을 '소비 과정'이라고 하며, 소비과정은 상품의 소유자인 생산자에 의해 해당 상품에 구속되었던 가치를 언어적으로 해석하여 화폐로 해제시켜 실현하는 과정이라고 정의할 수 있습니다. 따라서 화폐는 언어의 한 종류인 것입니다. 그래서 언어의 일반 현상은 화폐에 모두 적용됩니다. 개인들이 매개언어 획득을 위해 경쟁을 하는 것은 모든 가치와 매개언어가 서로 치환되는 현상 때문인데, 이렇게 치환되는 가치는 화폐와도 치환관계에 놓입니다.

화폐가 언어의 일종이면서 특히 매개언어에 해당되기 때문입니다. 개인들은 매개언어를 획득하기 위한 경쟁을 하는데, 이것은 화폐를 획득하기 위한 경쟁과 같은 구조입니다.

종합해보면, 화폐획득을 위한 경쟁은 구조적인 측면뿐만 아니라 본질적으로는 매개언어를 획득하는 것과 동일한 것입니다. 가치를 발생시키고 인식하여 결정하는 모든 과정은 언어가 지배하기 때문입니다. 화폐 역시 언어에 의해 발생한 가치물의 특수한 형태인 상품의 일종이라서 그렇습니다.

---

16) 참고가 필요하다고 생각되는 일부 내용은 -부록- 3.과 -부록- 4.에 수록하였습니다.

**자본주의의 개념**

이러한 개념을 바탕으로 자본주의를 정의하면 다음과 같습니다. 언어에 의해 발생, 결정된 가치는 물건과 결합하여 가치물화 됩니다. 그러면 이 상태에서 화폐적으로 교환 거래됩니다.

이러한 과정에서 상대방에 의해, 언어 소통구조를 통해 가치물이 재해석 되면서 부가되는 가치를 전체 가치의 화폐량으로 치환하는 것이 자유롭게 허용되는 경제제도를 자본주의라고 할 수 있습니다.

여기에 관해서는 제II부에서 좀 더 살펴보도록 하겠습니다.

# 제 II 부

## 1장. 변수적 현상에 대한 접근 : 제도

**(이번 장은 세부항목이 없습니다)**

지금까지는 '상수적 현상' 에 대해 살펴보았습니다. 이제는 '변수적 현상' 들에 대하여 살펴보겠습니다.

상수적 현상이란, 인간의 의지와는 무관한 것들로서 만물의 실존 자체나 공간, 시간, 또는 물리적인 힘의 법칙, 주어진 생명, 생명체의 구조, 인간 정신, 언어 현상 등이라고 했습니다. 그리고 이에 대비되는 것들 즉 인간이 스스로 만든 제도적인 요소들을 변수적 현상이라고 했습니다.

상수적 현상은 개념적으로 보아도 원래의 것을 그대로 재현하는 것이었지만,(자체가 모두 불변적인 요소들이기에 당연한 말이기도 합니다) 변수적 현상은 다릅니다.

이 책의 대원칙인 유권자의 이익이나 만족을 궁극적으로 증대시키는 방향에서 기존의 제도에 구애됨이 없이 새롭게 재구성하는 것이 가능한 현상입니다.

## 2장. 제도 구성을 위한 기본 분석들

우리 모두가 행복하게 잘 사는 상태를 만들어 내고자 하는 것은 많은 책들의 주제일 것입니다. 이 책도 그러합니다. 그런데 행복하게 잘 사는 상태라는 것은 아마도 그 책들의 수만큼이나 다양한 기준으로 각기 달리 규정될 수 있을 것입니다.

그 점에 있어 이 책은 국민인 유권자를 중심으로 그 유권자가 현재의 상태보다 더 행복하게 잘 살도록 해주는 제도의 구성에 초점을 맞추었습니다.

### 제도 접근의 방향

앞의 제I부 1장에서, 유권자 이익이 궁극적으로 증가한다면 국가체제에 의한 유권자 강제가 정당화 될 수 있다고 했으며, 반대로 유권자 이익이 궁극적으로 감소한다면 국가체제는 유권자를 강제할 수 없다고 했습니다. 이때 국가체제는 합리적인 방법으로 유권자 의지에 종속되어야 합니다. 이를 위해서는 유권자 의지를 자유롭게 추구 가능하면서도 스스로에게 이롭도록 조정될 수 있는 국가체제를 마련해야 합니다.

결국 이것은 시장의 문제와 그것을 둘러싼 경제 제도, 그리고 경제 제도를 통제하는 체제 조건으로 집약됩니다. 그래서 우리는 시장을 완전히 자유롭게 창조할 수 있는 경제제도와 기타의 체제 조건 등에 대해서 분석해 보겠습니다. 현재의 수정자본주의 체제를 바탕으로 더 필요한 것을 추가하고 기존 체제에서 배제해야할 것을 빼는 형식으로 접근할 것입니다.

내용적으로는 경제주체들이 경제과정에서 이익을 실현하는 자본주의 구조를 살펴보겠습니다. 그러면서 경제과정에서 이익 실현 전(前)의 불확실성을 '예측경쟁'으로 현재화하여 모두 소비시킬 수 있는 시장을 자유롭게 창조하는 방법을 모색하겠습니다.

그것의 직접적인 해당 내용은 제II부의 '3장. 결합자본주의 : 예측경쟁과 선택경쟁 / 시장 창조의 자유'에서 다루겠습니다.

## 기본 개념들

이 장에서 주요하게 논의되고 있는 내용들에서 사용되고 있는 몇 가지 기초 개념들에 대해 정리하겠습니다.

'구조'란 현상 및 원리에 대한 외부 구성으로 정의합니다. '체제'는 구조의 내부 유지와 작동의 원리 및 현상을 모두 포함하는 뜻입니다. '원리'는 이론적 접근 내용이고, '현상'은 사실적이고 경험적인 접근 내용입니다. 그리고 '통치'는 체제의 정치적 운용을 뜻합니다.

여기서 '운용(運用)'은 다시, 내부 유지의 통제(統制)를 '운(運)', 작동의 원리 및 현상에 대한 통제를 '용(用)'이라고 정의합니다. '통치(統治)'는, 운용의 요소인 통제의 '통'과 통치의 적용 차원인 정치의 '치'를 합한 개념입니다. 구조는 정적(靜的)이고 체제는 동적(動的)인 특징이 있습니다. 그리고 이 책에서 '유권자'란, 투표와 선거권을 가진 국민을 뜻합니다. 여기서의 국민은 '국가사회의 정상적인 권리와 의무를 가진 시민'의 준말입니다.

## 통치체제의 일반적 모습

일반적으로 현재 국가 통치체제는, 서양 역사의 제도적 발명품이며 그것의 기본구조와 주요 내용을 거의 그대로 수입해 정착시켜 사용한 결과입니다. 이러한 사정은 현재 문명국가 대부분이 공유하고 있는 것이 현실입니다. 권력분립, 법치주의, 대의제민주주의, 수정자본주의 등 제도 일반의 모습이 모두 그러합니다.

그런데 이 모든 것이 인간들 앞에 본래부터 존재했었던 당연한 제도들은 아니며, 군주독재의 왕정을 뒤엎는 혁명의 피비린내와 화염 속에서 위대한 정치철학자들에 의해 발명된 인위적인 산물들입니다.

이런 배경의 역사적 해석 중에서, 왕조체제를 극복하기 위해서 발명해 낸 권력분립, 법치주의, 대의제민주주의 등 정치제도의 나라별 배경과 역사적 흐름은 개별적 맥락이므로 생략하겠습니다.

국가 통치체제라는 것이 전화기나 컴퓨터처럼 누군가에 의해 발명된 것이라는 점은 기억해두어야 합니다. 자본주의 역시 이와 같은 발명의 소산이기는 하나, 자본주의라는 경제제도는 정치제도보다는 좀더 자연발생적인 속성이 강합니다. 그 형성의 시간도 다른 제도들 보다 훨씬 깁니다. 중세이후 신대륙 발견과 유럽의 수탈적 자본축적을 근대자본주의 시작으로 볼 수 있습니다. 이보다 더 먼저라고 보건, 나중으로 보건 별 문제는 되지 않습니다. 자본주의 성립의 역사성과 복잡성을 상징하는 것으로 이해하면 됩니다. 지금의 국가체제에 반영되어 있는 근대자본주의 발달과정에서 가장 기본적으로 알려진 사실 정도만 확인해 보겠습니다. 국가별 혹은 시간별로 엄격하게 구별하지 않고 대강의 흐름만 짚어보기로 하겠습니다.

### 자본주의 변천 약사(略史)

근대적 의미의 자본주의는 16세기 이후 성립되기 시작해서 신대륙 수탈시기인 대항해 시대, 절대군주제, 부르주아에 의한 의회주의혁명 시기를 거치면서 유럽에서 산업혁명과 더불어 제도화되었습니다. 정치체제와의 결합은 다소 자연적인 느낌이 강합니다. 이 과정은 시대적 정치체제의 산물과 교합하는 방식이었지만, 자본주의 경제체제를 위한 가장 효율적인 맞춤 정치체제는 아니었습니다.

그 이유는 정치와 경제의 주도적 주체가 거의 하나의 개인이나 집단으로 통합되어 있었고, 역사적 맥락에서도 왕조 타도의 원인과 결과가 정치, 경제적으로 동일한 쌍을 이루면서 진행되었기 때문입니다.

이후 정치체제는 왕정 타도와 아울러 의회주의에 의한 의회 독점을 막기 위해 의회 내의 집행위원회를 내각으로 분리하는 등의 권력분립 제도를 갖추는 식으로 보완됩니다. 이러한 권력분립의 장치는 삼권분립으로 정착하게 됩니다. 한편 직접 민주주의는 현실적인 실현 기술상의 어려움 때문에 대의제 민주주의로 대체되면서 부르주아들의 제한적 권익을 위해 자본주의와 결합됩니다.

부르주아들은 상업의 자유와 공업에 필요한 노동력을 싼 값에 얻기 위해 농노 상태나 다름없던 농민의 대량적 도시유입이 필요했고, 이를 위해 거주이전의 자유와 직업의 자유를 제도화합니다. 그리고 벌어들인 재산의 축적과 확대, 보존을 재산권 절대라는 법적보호의 대상으로 격상시킵니다. 이것은 궁극적으로 자식들에게 유산으로 물려주는 것으로까지 연장되는데, 상속권을 의미합니다.

'있는 자' 들의(=부르주아) 화려한 장식으로 자본주의 정치경제 체제는 모양을 갖추게 됩니다. 이렇게 해서 생긴, 부르주아에게 유리한 일방적인 게임의 규칙은 극심한 빈부격차와 사회 불평등이라는 문제점을 야기했습니다. 이에 당시 사회주의자들이 개선을 위해 작은 목소리로 "가난한 사람도 먹고 살 수 있도록 도와주자!"라는 구호를 외쳤습니다.

그런데 맑스가 나타나 사회주의의 이러한 어설픈 구호를 프롤레타리아들이 고맙게 여길 만큼의 정의로운 문장으로 평가하지 않겠다고 고함을 질렀습니다. 사회주의로는 자본주의 폭거에 시달리는 프롤레타리아를 구제할 수 없다며 맑스는 단호하게 당시 사회주의에 판정패를 선언했습니다.

맑스는, 자본주의(=수정자본주의 이전의 근대자본주의)가 내재적 모순과 경제공황에 의해 스스로 붕괴될 것임을 예언합니다. 그래서 프롤레타리아 혁명의 필요성과 이것의 국제공조가 필요하다고 역설하며, 공산주의 이론을 발명하고 이를 체계화합니다. 그러면서 이러한 체제이론을 발명함과 동시에, 그 실천을 함께 시도하였습니다.

이런 의미에서 맑스는 용감한 사람이기도 하였습니다. 맑스는 그의 용기와 의지를 증명이라도 하듯 '공산당 선언'을 합니다. 이후 그 결실은 러시아에서 세계 최초의 공산 혁명으로 나타납니다. 이 체제는 결국 20세기가 끝나기 전에 역시 자본주의에 판정패를 당했지만, 어찌됐건 레닌에 의해 '소비에트'라는 이름으로 세계 최초의 공산주의 국가체제가 탄생한 역사적 사건이었습니다.

이에 대해 자본주의는 나름대로 격변을 겪으며 나갔습니다. 1930년대 세계대공황으로 사실상 근대자본주의(수정자본주와 구별해서 순수자본주의라고도 할 수 있음)는 끝이 나고,(이점에서 맑스의 예언은 실현되었습니다) 케인즈(John Maynard Keynes)에 의해 자본주의는 수정자본주의로 바뀌게 됩니다. 자본주의라는 말 앞에 '수정'이라는 두 글자 정도가 붙은 작은 변화가 아닙니다.

근대자본주의는 세계 각 지역에 대한 유럽의 오랜 수탈 역사를 통해 상대적으로 오랜 시간과 다양한 과정을 거치며 만들어졌지만, 수정자본주의는 근대자본주의에 비해서는 매우 인위적이고 찰나적이었습니다. 1차, 2차 세계대전과 그 사이의 대공황이라는 인류사 초유의 격변적인 상황에서 케인즈가 통찰력으로 만들어낸 발명품이라는 의미입니다.17) 위의 정치체제나 맑스의 공산주의 발명과 마찬가지로 케인즈의 수정자본주의라는 것 역시 혁명적인 발명품입니다.

수정자본주의는 근대자본주의와 사회주의(공산주의 계획경제방식도 일부 포함)의 변증법적 결과라고 간단히 정의하겠습니다. 변증법 체계상 전자가 정(正)이며, 후자가 반(反)으로, 합(合)이라는 수정자본주의가 나

17) 케인즈에 의한 수정자본주의 이론의 영향은 근대자본주의의 막을 내리는 무혈 혁명을 일으킨 것이었습니다. 그 중요성은 매우 큽니다. 하지만 그 아이디어 자체가 당대에 완전히 새로운 것은 아니었습니다. 에클즈 등 당시 경제관련 인사들이 주장하던 공황 타계책을 자신의 의견과 함께 엄격한 과학적 이론으로 세상에 제시한 데에 의미가 있습니다. 1934년 미국연방준비이사회(FRB) 의장에 임명돼 14년간을 FRB 의장으로 지낸 에클즈(Marriner S. Eccles)는, 은행가 출신으로 실물경제의 흐름에서 터득한 케인즈적인 수정자본주의 방식을 이미 미의회에서 주장했었습니다.

온 겁니다. 내용상 자본주의가 기본이나 새로운 경제체제로 보는 것이 맞습니다. 그것의 특징은 한마디로 '국가개입의 시장주의' 노선이라고 보면 됩니다. 몽테스키외가 의회 독점을 완화시키고 공화정을 확립하는 정치체제를 권력분립이라는 발명품으로 제시했듯이, 케인즈는 국가개입을 통한 시장 기능의 개선을 수정자본주의라는 발명품으로 내놓았던 것입니다.

### 정치경제 제도

정치체제 면에서 군주가 나라를 다스리는 것을 왕정이라고 할 때, 왕정이 아닌 것은 공화정이 됩니다. 권력분립, 법치주의, 대의제 민주주의 등은 모두 공화정을 근본으로 합니다. 입헌군주제라 하여 왕실을 상징적으로 두고 있는 국가들이 아직까지 있지만, 이것도 정치과정의 내용적으로 보면 공화정과 본질이 같습니다. 반대로 공화정이지만 1인 독재국가들의 경우 정치과정의 내용상 왕정에 더 가까운 나라들도 있습니다. 그리고 현실에서 아직도 왕이 일정 지역을 다스리는 부족국가 형태가 남아 있기도 합니다.

이제부터는 공화정을 중심으로 살펴보겠습니다. 공화정이 돌아가는 현실체제는 매우 다양합니다. 양상으로 보면 국가의 수만큼 다양하다고 보아도 됩니다. 하지만 경제체제는 다른 국가들과 비슷해야만 자국의 발전에 도움이 되는 측면이 강해서 수정자본주의 경제체제가 전 세계적으로 널리 보급되어 있습니다.

외국의 간섭에 의하기도 하지만 자국의 전체적인 이익에 따라 이러한 동일화는 더욱 빠르게 진전되고 있습니다. 무역이나 금융시장의 확대, 과학기술 교류 등은 모두 이것을 전제로 합니다. 그런데 정치체제는 다릅니다. 각국의 역사나 처한 시점의 상황 등에 따라서 다양한 제도적 틀로 만들어져 있습니다. 그렇다고 모든 국가 분류도 어려울 만큼 서로 다르다는 얘기는 아닙니다. 경제체제에 비해서 상대적으로 각국의 상황에 따라 여러 모습으로 되어 있다는 의미입니다. 자국의 경제체제를 운용하는 방식을 결정하는 것이 주로 정치체제의 몫이라고 한다면, 경제체제가 현재와 같이 동질화되고 있는 것은 국가마다 나름대로 가지고 있는 다양한 정치체제의 과정에 따른 결과라고도 볼 수 있습니다. 이 점은 정치와 경제를 합성한 개념인 정치경제라는 제도측면의 과정적 특성을 보여주는 것입니다. 커다란 난자에 해당하는 경제체제가 있으면 거기에 정자에 해당하는 다양한 정치체제가 수정돼서 일국의 제도측면을, 즉 생명이 잉태되듯 구성해 완성한다는 것으로 비유할 수 있습니다.

## 민주정과 직접 민주정

공화정은 실질이 그렇지 않더라도 권력분립과 법치주의, 직접 또는 간접 민주주의를 세 가지 기본 요소로 채택하고 있습니다. 나라마다의 조건에 따라서 공화정과 세 가지 요소가 합쳐져 '민주정'을 이루고 있는 것입니다.

따라서 '민주정'은 의미상 나라별로 해당 정치체제의 특징을 드러내는 수식어들을 붙일 수 있습니다. 신분적 민주정, 독재적 민주정, 과두적 민주정, 대의제적 민주정 '등'으로 말입니다. 이것들은 우리가 많이 얘기하는 민주주의니 공산주의니 하는 개념들과는 논의의 방향이 조금 다른 내용들입니다. 우리가 어떤 나라를 민주주의 나라라고 얘기할 때의 정치체제도 이러한 분석방법으로 보면, 그것이 대의제적 민주정, 과두적 민주정 또는 독재적 민주정 등으로 분류해서 볼 수 있다는 뜻입니다.

민주정의 위와 같은 분류에서 하나 빠진 것이 있습니다. 그것은 직접 민주정입니다. 직접 민주정은 앞의 문장 문구상 '등'에 들어 있습니다. 빼놓은 이유는 강조하기 위해서입니다. 인류 역사상 직접 민주정이라는 개념은 이미 수천 년 전에 있었으나, 지금까지 완전하게 실현된 적은 없습니다. 제한적 의미의 직접 민주정이 시도된 적은 있었지만, 전면적 직접 민주정이 현실적으로 가능한 적은 없었습니다. 이것은 시도된 적이 없다는 것과는 다른 이야기입니다. 가능한데 하지 않았다는 것과 불가능해서 하지 못한 것은 서로 다르기 때문입니다.

이 두 가지를 한 문장에 섞어 쓴 이유는 직접 민주정이 제한적으로는 가능했다는 의미에서입니다. 그러면 제한적이라는 말 대신 그냥 직접 민주정이라고 쓸 정도의 '직접' 은 어느 수준일까요? 이 기준은 다음과 같이 정하겠습니다.

모든 유권자가 기술적 제약으로 배제되지 않는 상태이며, 이런 상태가 되면 직접 민주정을 할 수 있는 전제가 성립한 수준으로 정의하겠습니다. 이것은 정치체제의 제도상에 따른 연령 제한 등의 자격 요건과 관련된 제한과는 구별되는 개념입니다.

**혁명(革命) 일반**

이 책은 경제체제를 다루면서 새로운 경제제도의 제작원형(Prototype)을 구성하고, 이 원형을 각 나라마다의 정치체제와 결합하여 국가체제를 새롭게 구축(Building)할 수 있도록 '공통의 연결소자' 를 함께 만들어 제공할 것입니다.

레닌 등이 20세기 초 실천한 방식의 혁명, 즉 경제체제의 선택을 위해 국가체제 자체를 전복시키고자 무력을 동원하는 혁명의 방법을 선택하지는 않을 겁니다. 기존의 국가체제를 전제로 새로운 경제체제를 도입할 수 있도록 중간 연결방식을 만들어 보겠습니다. 혁명이 새로운 경제체제를 선택하는 하나의 방법이듯이, 연결소자 방식으로 풀어보는 것도 하나의 방법입니다.

기존 국가체제의 전복을 위한 무력적 혁명이 요구되는 상황은, 그것을 전제하든 안하든 또는 긍정하든 부정하든 역사에서 반복적으로 발생했습니다. 그것을 의도하고 실행했던 또는 앞으로 실행해낼 모든 혁명가들은 그 자체로 매우 의미가 있습니다. 다만 그러한 역사 원리의 적용은 이 책의 주제는 아닙니다. 이 책의 목적이 실천되는 데에 있어 여기서 다루는 방법론은 무력적 혁명론이 아니라는 뜻입니다.

이 책은 유권자가 국가체제를 유지, 변화시키는 최고의 권력자임을 다시 한 번 확인합니다. 그리고 그것을 전제로 하고 있습니다. 유권자의 국가체제 유지와 그 변화 의지를 구체적으로 실천하는 방법의 의미를 밝히고, 행동을 위한 동기와 실천 강령을 제공함이 가장 큰 목적이기 때문에 연결소자 방식을 적용하는 데 적합한 내용들로 풀어가겠습니다.

유권자란, 투표와 선거권을 가진 국민으로 정의했었습니다. 이 책은 직접 민주정의 최고 전제인 유권자를 위해서 쓰였습니다. 즉, 유권자가 투표와 선거에 참여하는 방법으로 자신의 국가체제를 유지시키거나 변화시키는 구체적인 실천방법을 제공하고자 합니다.

따라서 이 책은 국가체제 전복을 위한 무력 혁명가를 위해 그에게 체제이론을 제공하기 위해 쓰이지는 않았습니다. 하지만 혁명에 관한 원리와 다양한 이해는 주제적 전개의 원칙과는 상관없이 매우 중요합니다.

기존의 혁명은 대부분 피를 부르는 비극을 수반합니다. 혁명을 통해 체제를 바꾸고자 하는 세력과 그것을 막으려는 수구 세력이 서로 충돌하는 방식 중의 하나가 무력일 때 보통 그러합니다. 그래서 혁명이라는 말 자체는 두려울 수밖에 없습니다. 혁명이 일어나지 않고 모든 유권자가 행복하게 잘 사는 국가체제를 오래도록 유지하는 것은 국가사회의 모든 구성원이 항상 고민해야 할 최고의 가치입니다.

그럼에도 불구하고 혁명은 역사 속에서 되풀이되며 발생했습니다. 그렇다면 역사 속에서 반복되며 일어났던 혁명 발생의 일반적 조건은 무엇일까요? 이 책에서 정의한 의미의 혁명이 발생하는 일반적인 상황 조건의 구조는 무엇인지 살펴보겠습니다.

### 혁명의 조건

분배할 수 있는 부의 유한성과 그것의 제한된 확장을 분석의 두 가지 변수로 정하겠습니다. 다른 변수들이 물론 있지만 무시해도 될 정도의 상대성이 있어서 제외합니다. 부의 축적과 부의 분배로 변수 설정을 하고, '혁명유보 조건' 을 만들어보겠습니다.

혁명유보 조건이란 말 그대로 혁명이 발생하지 않는 상황이 계속 유지되는, 혁명발생 유보의 상태가 지속되는 조건입니다. 이것은 혁명을 주어로 보는 관점입니다.

다수의 작은 몫이 총합된 사회적 대규모 이윤을 소수의 지배자가 특정 비율에 따라 나누어 획득하게 됩니다. 이때 하나의 체제 내에서 피지배자에 해당하는 다수(多數)에 대한 소수 지배자의 관계적 이윤율 지배는 피지배자 개별의 입장에서 보면 작은 규모로 일어납니다. 이런 구조로 인해 소수 지배자의 이윤은, 다수 피지배자가 얻는 이윤보다 상대적으로 매우 큰 이윤을 획득하게 됩니다.

부의 분배구조는 이러한데, 부의 축적은 특정 시점에서 외부조건의 변화 없이 무한히 확장되지 못합니다. 그래서 소수 지배자의 다수 피지배자에 대한 관계적 이윤율 지배 증가속도가 제한된 부의 확장 속도와 일치하거나 초과하지 않아야 합니다.

이윤율 지배의 현실적 형태는 지배자의 관점에서 보면 획득과 소유입니다. 그리고 관계적 지배에 대한 피지배자의 인정을 배제한 관점에서 보면, 획득과 소유는 자본에 의한 이윤 소외와 결과적 착취로 서로 등가(等價) 성립합니다.

이러한 등가 구조에서 지배자의 피지배자에 대한 지배 증가 속도가 제한된 부의 확장 속도를 초과하게 되면 혁명발생의 조건을 충족하게 됩니다. 그리고 결국 이 조건이 성립되었던 경우 중 일부 상황에서 실제 혁명이 현실적으로 시도됐던 것입니다. 그 반대의 상태가 혁명유보 조건을 충족하는 상황에 해당합니다. 이때는 부의 축적과 부의 분배가 관계적 이윤율 지배의 등가 구조를 깨지 않고 기존 체제가 정상적으로 유지되며 돌아가는 상황입니다. 그런데 이때 만약 혁명적인 사태가 발생한다면, 그 발생 원인은 앞에서 무시하기로 간주했던 변수에 의한 것입니다. 그리고 이 경우는 이 책에서 정의한대로의 혁명과는 구별됩니다. 혁명의 모습을 띠지만 혁명발생 조건과 무관하거나 다수의 피지배자 이익에 반(反)하는 것을 '혁명적 사태'라는 말로 따로 정의하겠습니다. 이런 혁명적 사태의 역사적인 예는 혁명 못지않게 많을 것입니다. 여기서는 혁명의 발생 조건 또는 유보 조건에 관한 일반원리를 살펴보는 것이 목적이고, 평가 주체에 따라서 실제 발생한 혁명과 혁명적 사태에 대한 구별에도 많은 편차가 있기 때문에 예시 분류는 생략하겠습니다.

혁명유보 조건 상태에서 혁명적 사태가 발생하는 것도 비극이지만, 혁명발생 조건 상태에서 혁명이 일어나지 못하는 것도 비극입니다. 아무튼 다른 기준을 배제하고 혁명은 피를 부른다는 점에서만 보면 무조건 비극입니다.

혁명은 너무나 현실적이면서 동시에 정서적인 느낌을 가진 빠른 이중주와도 같습니다. 혁명은 승리와 패배, 피와 보복, 갈등, 슬픔, 기쁨, 환호성의 감정이 뒤섞인 복잡한 시(詩)적 역사입니다.18)

### 혁명의 양상

역사가 역사 스스로의 방향을 더 이상 정당하게 지탱하지 못할 때 발생하는 것이 혁명이므로, 혁명은 자체의 동력과는 무관하게 역사의 방향을 바꿀 수도 있다는 점이 매우 중요합니다.

---

18) 어제 그리고 내일,
무감각한 시간을 따라 어떤 파동이 나를 관통해 갑니다.

별로 뚜렷하지 않은 흔적이라도
있을지 모를 최후를 위해 담아둡니다.
그리고,
나는 경계의 위태로움에 중독된 채 운명의 곡예를 부립니다.
또,
그저 그래야만 하기에 운명의 곡예를 부립니다.

그래도,
견딥니다.
내가 승리하는 날을 내가 예언하기에, 아직은 견딥니다.

그 다음은 나의 분노가 기억의 지배 하에 피를 구할 것입니다.

여기서 '나'란, 특정하는 의미로서의 '나'를 가리키는 말은 아닙니다. 혁명조건의 충족 상태에서 혁명을 시도했던 또는 시도하려고 했던 역사 속 누군가를 가리키는 대명사입니다.

즉 임계점에 도달하도록 하는 힘은 위에서 살펴본 혁명 조건의 일반원리에 의해 역사 스스로가 증폭해내지만, 그것을 터뜨리는 도화선은 혁명 행위 그 자체입니다.

혁명 행위는 이렇듯 역사의 상황과 흐름을 아우르는 방향의 기운과 불가분의 관계입니다. 즉 시대정신을 결정하는 구분점이 되기도 한다는 뜻입니다. 혁명 행위는 시대정신과의 교호 속에서 주체들의 운명을 반영하며 흔적을 분명히 해갑니다. 때로는 부작위의 형태로도 말입니다.

혁명 행위는 '작위(作爲)' 라는 개념으로서 구체적으로 결행되는 모습으로도 나타나고, 혹은 '부작위(不作爲)' 라는 개념 아래 아예 드러나지 않는 모습으로도 나타납니다. 나라와 역사와 그 속 주체들의 운명과 더불어 작위 또는 부작위적 혁명과 혁명적 사태 등이 뒤섞이며 말입니다.

### 새로운 제도의 기초

새로운 경제제도의 제작원형을 구성하는 데 있어서도 역시 유권자 이익의 증대를 기준으로 할 것입니다. 더 나아가 유권자에게 유리하기 때문에 그것을 해야 합니다. 그리고 같은 기준에서 대의제 민주정보다 직접 민주정이 유권자의 이익 증대에 유리하기 때문에 우리는 '제한적' 이라는 수식어를 빼고 직접 민주정을 실현할 수 있는 방법을 찾아낼 것입니다. 이렇게 해서 새로운 경제제도의 원형에다 직접 민주정의 제도적 방식을 합성할 겁니다.

이를 위해 경제제도의 제작원형(Prototype)으로서 결합자본주의를 구성할 것이고, 이 원형을 각 나라마다의 정치체제와 결합하여 국가체제를 새롭게 구축(Building)할 수 있도록 '공통의 연결소자' 를 함께 만들어 제도적 합성이 가능하도록 하겠습니다.

따라서 공통의 연결소자는 국가체제와 유권자에게 무리를 가할 수 있는 혁명의 방법적 쇼크(shock)를 피하는 장치입니다. 혁명의 유용성 또는 혁명 촉발의 필연적 상황도래 등 현실의 양상을 배제하고 유권자에 대한 불특정한 충격을 피한다는 기준에서의 장치입니다.

논의의 출발점으로 삼아 살펴보고 있는 수정자본주의는 제도적으로 다양한 장치와 실패와 검증, 그리고 보완을 통해 지금과 같은 모습을 갖게 되었습니다. 새로운 경제제도의 제작원형을 구성하는데 있어 이미 실패한 것으로 끝난 공산주의는 그 재료로 부적합합니다. 다른 것도 마찬가지입니다.

그런 이유로 이 책은 수정자본주의를 기초 재료로 하겠습니다. 이것 역시 유권자 이익의 기준에 따른 것입니다. 다른 기준으로 보면 실패한 경제제도들이 장점이 있을 수 있고, 또 다른 기준으로 보면 수정자본주의도 문제가 많을 수 있습니다. 그런 부분의 분석은 생략하겠습니다. 유권자의 기준에서 새로운 경제제도의 제작원형을 만드는 데에 수정자본주의가 재료로서 적당하다는 의미로 연결하면 될 것입니다.

이를 요리 과정으로 비유해 설명해보겠습니다. 수정자본주의를 재료로 쓸 때, 그냥 요리하면 되는 건 아닙니다. 우선 수정자본자의라는 재료를 놓고 덜 싱싱한 부분은 다듬고 상한 부분은 아예 도려내고 해서 우리가 목적으로 하는 요리에 꼭 맞게 뜯어 고쳐서 사용해야 합니다. 이런 이유로 재료라는 말로 비유했습니다. 그리고 공통의 연결소자라고 이름붙인 정치 시스템을 그릇으로 해서 거기에다 잘 다듬은 수정자본주의를 넣고 먼저 푹 삶습니다. 이때 추가로 예측 경쟁, 선택 경쟁, 시장 창조, 완전 과세, 납세권과 정책결정 등의 재료와 양념을 넣어 주면 되겠습니다.

이런 비유대로라면 이 책은 요리책입니다. 요리책을 사서 요리를 하는 사람은 유권자입니다. 실제 요리가 어떻게 나오느냐는 요리책 자체와는 좀 별개의 문제가 될 수 있습니다. 요리책은 완벽한데 요리가 별로 맛없을 수도 있겠고, 그 반대로 요리책은 허술한데 요리하는 사람의 능력으로 요리책에 나와 있는 요리보다 더 맛있고, 실제 맛도 좋게 될 수도 있습니다.

이것이 바로 이론과 방법론을 제시하는 이 책 자체와, 실제로 그 이론과 방법론을 현실에서 구현하는 실천 과정 사이의 차이에 해당할 겁니다.

그리고 요리사가 이 책을 보고 몰랐던 요리나 요리법이 있어 그것을 만들던지 아니면 자신의 노하우와 연결해 나름대로 더 좋은 요리를 개발하던지 하는 것은 이 책의 여러 전제들과는 무관하게 환영할 만한 일입니다. 궁극적으로 더 좋은 세상을 위한 발전이라면 말입니다. 이 책을 쓰고 있는 저자 자신도 책의 완성과 더불어 요리를 해야 할 입장으로 돌아가야 하니 이점은 더욱 분명합니다.

### 완전 과세의 기본 개념

기초 재료로 삼은 수정자본주의는 각 요리의 단계와 다른 재료와의 관계에서 계속 다듬어야겠지만, 우선 덜 싱싱한 부분으로 평가되는 세금 부분을 간단히 살펴보겠습니다.

국민이 세금을 내고, 국가가 그것을 거두어서 재정정책을 펼칩니다. 납세는 국민의 의무로서 법으로 정해진 대로 세금을 내도록 되어 있지만, 현실은 꼭 그렇지만은 않습니다. 최대한 세금을 내지 않는 것이 돈버는 거라고 믿고 있습니다. 개별적으로는 맞을 수 있으나 국가 전체적으로는 맞을 수 없고, 궁극적으로 보면 개별적으로도 그것은 잘못된 생각입니다.

정해진 대로 세금을 정확히 거둬서 시장 비효율을 보완하고, 더 많은 유권자들에게 물적인 공공 서비스와 다양한 복지 수단 등의 재정정책이 충분히 실행되어 더 많은 혜택이 사회 전체적으로 제공될 수 있는 것이 결국 개별적으로도 이익이 되는 것입니다.

그럼 과세 문제의 핵심은 어디에 있는 것일까요? 과세가 되었는데 내지 않고 버티는 체납이나, 고의로 과세를 피하거나 절세 기술을 통해 세금을 줄이는 현상들이 여기서 말하려는 논의의 핵심이 아닙니다. 바로 핵심은, 자유로운 경제활동을 보장하는 수정자본주의의 현재 모습 자체가 과세를 해야 할 모든 대상의 거래 경로를 완전하게 포착할 수 없다는 구조 자체에서 비롯되는 문제입니다.

국가는 한해 예산이 정해지면 세금을 거둬들여 이를 집행합니다. 세수입과 세출이 서로 비슷할 수도 있고, 적자가 되기고 하고, 흑자가 되기도 합니다. 세수입은 경제 상황변화와 과세정책 등에 따라 과세의 규모 자체가 계속 바뀌며 변동하는 유동적 변수이고, 정부지출은 집행년도 전년에 미리 정해서 계획한대로 집행하므로 상대적으로 고정되어 있는 전제적 변수입니다.

물론 정부의 재정정책 기조에 따라서는 탄력성이 없는 건 아닙니다. 법의 테두리 내에서 인위적으로 다양한 적자, 흑자 재정정책을 구사합니다. 세출은 기본적으로 정부가 예산안을 만들어 국회심의를 거쳐 통과되면 집행하는 구조로 되어있습니다.

세입은 과세 규모와 세율에 따라 결정되는데, 세금을 거둬들이는 기조나 상황 등에 따라 편차가 있겠지만 국가의 과세규모와 세율에 따른 세입은 대개 세출 총액과 비슷하다고 보면 크게 틀리지 않습니다. 이것은 실제에 있어 통화정책을 무시한 고려입니다.

현재는 과세의 구조자체가 과세 대상의 거래 경로를 모두 포착할 수 없는 상태지만, 어찌되었건 그 상태에서 국가가 거둬들이고 있는 세입과 쓰고 있는 세출 규모가 서로 비슷하게 유지되고 있다는 점이 중요합니다.

만약 과세를 해야 할 모든 대상의 거래 경로를 완전하게 포착할 수 있는 경제 시스템을 가지고 있다면, 현재 상태의 세율을 그대로 유지하는 것이 아니라, 세출총액에 맞추는 세율을 찾아내서 낮추면 됩니다. 이는 과세 대상인 모든 거래에 대해 징수한다는 점에서 법적으로 잘못된 접근이 아니며, 세입과 세출이 원래의 상태와 비슷하게 유지되도록 세율을 낮춘다는 점에서도 납세자의 추가적인 피해를 의미하지 않습니다.

과세를 해야 할 모든 대상들의 거래 경로를 완전하게 포착할 수 있는 경제 시스템 하에서는 과세 원천의 확대 등 세율의 하향 조정이 가능합니다. 결국은 세입과 과세 규모, 징수의 효율 등이 모두 상당한 탄력으로 늘어나게 될 것이므로 세율과 과세항목을 경제규모와 정책기조에 맞게 유연하게 조정해 나가면 됩니다. 특별히 특정 계층의 납세 불평등이 발생하지 않도록 전제하면서 말입니다.

이렇게 과세를 해야 할 모든 대상 거래나 투자 경로를 완전하게 포착할 수 있는 과세 체계를 '완전 과세' 라고 정의하겠습니다.19) 수정자본주의의 과세 불완전 문제는 이러한 완전과세라는 개념으로 해서 다루겠습니다. 그리고 이것을 우리가 만들어 낼 새로운 경제제도의 구성요소 중의 하나로 사용하겠습니다.

완전과세 상태에서 납세권을 직접 민주정과 연결하는 것은 공통의 연결소자를 만드는 일입니다.

19) 용어와 관련, '완전 과세' 는 세금의 발생과 포착 측면에서의 특징을 주로 나타낸 개념이라면, 완전 과세를 바탕으로 실제 부과되는 금원의 합리적 징세 및 거둬들이는 방법 자체에 따른 조세 정의(正義) 달성이라는 결과의 측면에서는 '최적 과세' 라는 개념이 대응 용어입니다. 완전과세와 최적 과세는 모두 세금 과정상의 용어적 구별일 뿐, 동일한 본질의 두 측면이라고 할 수 있습니다. 즉 완전 과세는 세금 과정상 전제적 기반이고, 최적 과세는 세금 과정상 현실적 결과입니다. 이 책에서는 분석 내용과 범위에 비춰 '완전 과세' 를 주로 사용하여 주제 전개가 될 것입니다. 현실적으로 납세자를 기준으로는 '최적 과세' 가 세금 과정의 특징을 더 반영한다고 볼 수 있습니다.

## 3장. 결합자본주의-예측경쟁과 선택경쟁 / 시장 창조의 자유

이번 3장에서는 수정자본주의의 내재적 비효율에 관한 문제와 이것의 극복을 통한 새로운 경제제도의 도출을 하겠습니다.

**부(富)의 합법화 과정**

자본주의를 경제체제로 채택한 나라들은 대개가 비슷합니다만, 우리나라를 기준으로 볼 때 부(富)가 합법화되는 흐름은 다음과 같습니다.

불법적인 방법을 통해서든 합법적인 방법을 통해서든 일단 소득이 발생하면 세법이라는 1차 필터를 거칩니다. 이때 합법적인 방법은 노동에 의한 일반 과정상의 결과와 노동에 의하지 않은 유한(有閑) 과정에 의한 결과의 두 가지 형태가 있습니다.

이 두 가지 형태가 세법 필터를 통과합니다. 불법적인 방법은 말 그대로 불법적인 경제행위에 의한 정상과정 바깥의 결과인데 그대로 소비 회귀되면 합법화되지 않는 것이고, 만약 어떤 목적으로 합법화가 필요하다면 세법 필터에 넣어야 합니다. 원천은 숨긴 채로 말입니다. 원천을 숨기는 것을 소위 '돈세탁' 이라고 합니다.[20]

그래서 두 번째 필터가 바로 돈세탁방지법 필터입니다. 합법화 과정의 내용상 사실 돈세탁방지법 필터가 1차 필터라고 볼 수도 있습니다.

부의 합법화는, 세법 필터와 돈세탁방지법이라는 1, 2차 필터를 통과

---

20) 돈세탁에 관한 추가적인 이야기는 -부록- 5.에 수록하겠습니다.

하면 3차 필터인 금융실명제 필터를 통과해야 합니다.

그러고 나면 소득은 최종 합법화됩니다. 이 얘기는 완전한 소유권을 갖게 된다는 것을 의미합니다. 자본주의 경제체제를 운용하더라도 공산주의를 기본으로 하는 나라들은 이 부분이 다릅니다.

완전한 소유권은 당사자 처분권에 상속권을 포함하여 원칙적으로 처분권 시효를 무한으로 정하고 있습니다. 여기서 처분권이란 사용, 수익의 사용가치 실현은 물론 포함하여 궁극적으로 교환가치의 실현을 주목적으로 하는 권리를 뜻합니다.

내용적으로는 사실적 처분인 소비, 변형, 개조, 파괴를 포함해 양도와 담보설정의 법률적 처분을 모두 의미합니다. 즉 완전한 소유권이란 처분권의 시효(時效)를 무한으로 보장하는 것입니다.

그러나 공산주의 경제체제는 처분권의 시효가 한정되어 있습니다. 그래서 이러한 한정시효의 처분권은 이용권 또는 임차권의 모습을 가집니다. 그러니까 빌려서 쓰는 권리라는 뜻입니다. 물론 국가로부터입니다.

이것이 공산주의 경제체제의 기본적인 특성입니다. 사유재산제도를 승인하지 않는 즉, '생산재의 사적 소유'를 승인하지 않은 경제제도로 이해하면 됩니다. 소비재 등 기타재의 사적소유 제한이 아닙니다. 현재 공산주의, 사회주의 체제의 국가들이 토지나 일부 가치물 등에 대해서 생산재로 규정하여 이 원리를 적용해 관리하고 있습니다.

이에 대비해, 오늘날 자본주의를[21] 국가 정체(政體)로 하고 있는 국가들은 그렇지 않습니다. 즉 처분의 무한 자유를 인정하고 있습니다. 원칙적으로 처분의 무한 자유에는 시효에 관한 자유를 포함해 처분에 대한 작위, 부작위도 포함됩니다.

---

21) 일반적으로 자본주의는 사유재산 인정과 분업을 기초로 가치물 교환에 의해 존재를 계속하는 제도라고 얘기됩니다. 사적소유의 민법적 표현은 소유권 측면으로서 물권법과 관련되고, 가치물 교환의 민법적 표현은 계약 측면으로서 채권법과 관련해서 주로 다루도록 되어 있습니다.

### 소유권의 작위와 부작위에 대한 제한

우리나라의 경우 작위와 부작위에 대해서는 법률로서 제한이 가능합니다. 다만 명령으로의 제한은 포함되지 않습니다. 우리나라 헌법 23조1항, 민법 211조 등에서 이러한 제한 가능을 정하고 있습니다. 제한의 모습은 다양합니다. 소유 자체의 제한, 처분 계약의 유효 요건으로 관청의 일정한 허가, 증명, 신고를 요하는 경우, 소유권의 권능 자체를 제한하는 경우, 소유권의 형식적 침해를 받아들여야할 의무의 부담, 적극적 행위 의무의 부담 등이 있습니다. 이 제한은 모두 공공복리의 증진이라는 포괄적 명제를 바탕으로 하고 있습니다.

다음에서 부작위의 제한에 관한 것을 토지와 관련해 검토해 보겠습니다.

### 가치물의 구분

우선, 가치물을 다음의 3가지 차원으로 구분해 보겠습니다.

소비를 기준으로 할 때는 상품과 재화로 구분하고, 생산을 기준으로 할 때는 한정재(限定財)와 비한정재(非限定財)로, 그리고 소유를 기준으로 하면 공공재와 사적재로 구분할 수 있습니다.

한정재는 생산의 주체가 없는 동시에 생산의 객체가 될 수 없는 가치물이고, 비한정재는 생산의 주체가 있는 동시에 생산의 객체가 될 수 있는 가치물로 정의합니다.

공공재는 추가 소비에 대해 한계비용이 0이고 공급 적용에 있어 수요수준에 따른 차별성이 적용되지 않으며, 소비 가능 절대량은 변화가 없고 상대량만 변화하는 특성을 가진 가치물로 정의합니다.

사적재는 추가 소비에 대해 경합성과 배제성이 동시에 적용되는 가치물로서, 절대 소비의(⇒소비 가능성의 영구적 제거) 전제가 가능하고 소

---

22) 앞에서 정의한 대로, 재화란 1차 가치가 2차 가치보다 큰 가치물이고, 상품이란 2차 가치가 1차 가치보다 큰 가치물입니다. 이 부분에서 사용하고 있는 개념은 모두 앞에서 정의한 바 그대로입니다. '제부의 7.의사표현의 언어적 소통과 가치물의 화폐적 유통'의 해당 부분을 참고하기 바랍니다.

비 실현의 과정이(⇒객체의 소비 가능성 절대량이 제거되는 과정) 존재합니다.

이에 따라 소유 주체를 기준으로 '사유(私有) 한정재'에 관해 분석하면 한정재는 생산의 객체가 될 수 없으므로 시공간에 절대량의 비율이 고정됩니다. 그리고 사유 한정재를 소유 주체의 기준에 따라, 현실적으로 사유(私有)와 국유(國有)의 두 가지로 소유 주체에 따른 가치물 상태가 구분됩니다.

따라서 한정재는 소유 독점이 발생할 수 있는데, 소유 독점이란 소유가 소유를 제한하는 현상입니다. 소유 독점의 구조 하에서는 한정재에 대한 가격 표현의 이중성으로 인해 가격 대결의 불평등이 있습니다.

한정재의 가격 표현에 있어서, 수요자의 경우에는 지불 용의의 선호 가격 체계로 표현하고, 이에 대해 공급자는 임의의 강제 가격 체계로 표현하는 이중성이 존재합니다. 이때 강제 가격의 결정력이 선호 가격의 결정력보다 크기 때문에 불평등이 발생합니다.

**경제적 최적화**

이러한 소유 독점과 가격 표현의 이중성으로 인해 한정재가 사유 한정재로서 사적재의 속성을 갖게 되면 소유 독점 현상에 의해 공급자의 가격 표현력이 수요자의 가격 표현력보다 더 크게 되는 '가격 대결의 불평등'이 나타납니다.(☞ –부록– 3.의 가치동일화 과정에서의 'Z의 행위력 〉W의 거부력'의 절대부등식과 비교)

여기서 한정재의 준공공재 구성을 살펴보면 다음과 같습니다.

한정재는 생산의 객체가 아니므로 절대 소비(=소비 가능성의 영구적 제거)를 전제로 하는 것이 불가능합니다. 한정재의 지배 양식이 사유적(私有的)일 때, 그 한정재는 절대 소비가 전제적으로 불가능한 상태이므로 사적재가 될 수 없습니다. 따라서 한정재의 사유 상태는 사적재가 아닌 준사적재의 상태가 되는 것입니다.

소유 독점과 가격 표현의 이중성에 의한 가격 대결의 불평등이 없는 소유를 전제로, 소유의 가능 객체를 생산의 가능 객체로 간주할 때 본질적으로 생산의 주체가 없는(=생산의 객체가 될 수 없는) 한정재는 기원적으로 자연의 산물이고 사회의 잉여물입니다. 한정재에 대한 원칙적이고 본질적인 사적 절대 소유란 없습니다. 우리 모두는 한정재에 대한 영원한 임차인일 뿐입니다.

그래서 한정재를 사유(私有)에 의한 지배양식에 종속시킬 때 그것은 순수 사적재가 아닌 '준(準)사적재' 라는 변질된 상태로 구성됩니다. 그 이유는 소유 독점과 가격 표현의 이중성이 발생하기 때문입니다. 그리고 준사적재 상태는 준공공재 상태와 동위(同位)입니다.

여기서 경제적 최적화란 개념이 필요합니다. 경제적 최적화(=Economical Optimization)는 경제적 잉여의 최소화와 동일 개념으로, S를 '개인의 경제적 잉여 축적의 총합' 이라고 할 때 경제적 최적화는 lim(S)=0로 정의됩니다.

경제적 최적화에 대해 사유 한정재가 준사적재 상태에서 소유 주체의 재산권 행사의 불(不)행사가 있으면 경제적 최적화에 반(反)합니다. 이때 경제적 최적화 즉 경제적 잉여의 최소화는 준사적재 상태의 사유 한정재를 동위인 준(準)공공재 상태로 재설정하여 소유 주체에 따른 가치물 상태의 변질인 사유 한정재의 변질에 대한 제한 이탈을 발생시킴으로 가능해집니다. 준공공재 상태이기 때문에 사유 재산권의 침해 소지는 제거됩니다. 그러면 준공공재 상태에서 소유 주체의 사유 한정재에 대한 잉여 최소화 불이행의 이행을 반대로 강제할 수 있는 근거가 마련됩니다.

### 경제학

원칙적으로 자본주의에서 부(富)가 발생해 합법화되면 소유권으로 보호를 받고 자유를 누리는데, 지금까지 그 제한을 가능하게 하는 원리에 대해서 살펴보았습니다.

그리고 사유재산제를 보장하는 자본주의 경제체제에서 토지라는 사유

한정재에 대한 부작위의 제한과 관련해 접근 관점을 제시하는 분석틀을 만들어 보았습니다. 현실적으로 이러한 내용들은 토지 공개념(公槪念)의 이론적 수단이 됩니다.

이상과 같은 여러 측면을 희소성의 제약 하에서 유한한 자원의 배분과 정의로운 부의 분배에 관한 주제로 다루는 분야가 경제학입니다. 경제학은 어떻게 하는 것이 제약조건에서 최적화 균형을 효율적으로 달성하는 것인지를 경제체제 내에서 가격기구와 정부계획으로 설명합니다. 이 부분을 미시경제학이라고 합니다.

거시경제학은 규범차원에서 실업과 인플레이션으로 경기변동을 분석합니다. 그리고 이러한 단기 경기변동의 원인 변수가 중장기적으로 생산량과 가격에 미치는 영향의 밀도 관계를 살핍니다. 거시경제학은 이를 바탕으로 국가의 경제정책 방향을 제시하고, 해당 수단을 제공하며 결과를 측정합니다.

경기변동 자체를 안정적이고 자연적인 현상으로 보는 측과 불안정하고 모순적인 현상으로 보는 측이 있는데, 이것은 원인 변수들과 결과의 밀도 관계에 대한 관점의 차이입니다. 바로 이 관점의 차이가 정부개입의 정도라든지 재정, 금융통화 정책 등에 있어 방향이 달라지는 기준입니다.

### 경제정책

나라마다 또는 시기마다 각기 다른 상황 조건에 의해 이 기준들은 변합니다. 사정에 따라서는 유행을 타는 듯하게 빠른 변화의 양상을 보이기도 합니다. 경제정책 기준 변화의 인위성 효과, 속도의 정도 효과 등 경제 조정기능에 대한 평가에 있어 모두가 동의하는 이론은 없습니다.

준칙으로 정해놓고 경제 상황을 즉시 다루지 않는 것이 좋은지, 아니면 재량으로 즉시 대처하는 것이 좋은 지도 모릅니다. 경제학자들이나 정책집행자들이 관점의 한쪽 편에 서서 각자의 입장에서 합리적인 주장들을 합니다.

그렇다고 그 주장이 보편적인 기준을 의미하진 않습니다. 기간의 제약이든 효과의 부분성이든 정도의 차이가 있을 뿐 모두 제한적입니다. 그 이름이 새케인즈학파이건 새고전학파이건 말입니다. 이 문제는 꼭 맞는 이론의 해답을 찾지 못해서라기보다는, 그런 이론은 애당초 없습니다. 경제적으로 모두가 행복한 상황을 상정하고 끝없이 '그곳'을 향해 나가는 것입니다. 그곳으로 가까워지는 데 방해가 되는 경제적 비효율을 제거하거나 최소한 줄이는 것이 현실적으로 가능한 최고의 목표 수준입니다. 따라서 '그곳' 자체가 경제 조정의 직접 목표가 될 수는 없습니다.

모든 경제 조정 수단의 존재 의미는 거기까지입니다. 그런데 경제 조정 수단들이 적절하게만 사용되는 것은 아닙니다. 사실 그 문제에 앞서, 어느 상황에서 무엇이 적절한 처방인지를 모릅니다. 원인적으로 모른다는 뜻입니다. 어떤 경제정책이 효과적이지 못했다는 것은 결과적으로 그러할 뿐입니다. 다른 정책이면 효과적이었는지는 또 다른 문제입니다. 원인적으로는 답이 없습니다. 그럼에도 정부는 유권자를 위해 뭔가를 해야 합니다. 그러다보니 아무 것도 하지 않으면 불안해지는 이유에서 실행되는 허무한 경제 조정 또한 현실에서는 존재합니다.

이것이 절대적으로 나쁜가 혹은 그렇지 않은가를 확인하는 것은 여기서 논의될 주된 관심 사항이 아닙니다. 다만, 경제 조정에 동원되는 정책과 그것을 발생시킨 인간의 욕구와 논리가, 경제 현상이라는 현실과는 우리 생각만큼 직접적이지 않다는 얘깁니다. 하지만 이러한 경제 조정의 제한성과 한계성의 인정에도 불구하고, '아무 것도 안하다가 끝나는 것'보다는 '뭔가 하는 것'이 더 좋다고 간주하겠습니다.

그래서 학파의 관점이 뭐든, 정부의 기준이 뭐든, 또는 수단의 종류가 무엇이든, 적어도 뭔가 하고자 할 때 이를 못하도록 하는 것에는 반대합니다.

이처럼 뭔가 하는 것으로서의 맥락에서, 경제적 비효율을 다루는 수단에는 수요측면의 재정 및 금융 정책이 있고, 공급측면의 규제완화와 구조조정이 있습니다. 각각 거시와 미시 접근에 해당합니다.

시장에 대한 경제학의 가정에 대해서 살펴보겠습니다. 이것은 일반 경제학에서 다루는 경제정책의 수단을 정리하기 위해서가 아닙니다. 이 책이 경제적 비효율을 다루는 바탕을 일반 경제학과 구별하기 위해서입니다. 즉 일반 경제학과 현실의 경제 수단들이 융합된 기존의 접근 방법과는 다른 방법을 채택하기 위함입니다. 그럼으로써 정책 수준이 아닌 제도 수준에서의 방법론을 직접 구성하게 될 것입니다. 이와 같은 방법론의 기반이 '시장' 입니다.

**정태적(情態的) 최적**

지금부터 시장에 대해서 분석할 것인데, 경제학의 시장에 대한 몇 가지 가정을 살펴보는 것으로부터 출발하겠습니다.

경제학은 최대의 효율성이 최대, 최적의 분배를 보장한다고 가정합니다. 효율이 분배마저도 자동적으로 최적화를 이룬다는 겁니다. 그런데 시장이 그런 만능의 기계는 아닙니다. 뿐만 아니라 그런 시장 자체가 다양하고 충분하게 존재하지도 않습니다.

하지만 이런 이유로 경제학을 비판할 필요는 없습니다. 경제학의 분석적 가정이지, 경제학이 내린 결론 그 자체는 아니기 때문입니다. 그리고 모든 문제가 이 가정에 대한 시장의 단순한 실패에 있지도 않습니다. 그런 효율성의 달성과 분배의 최적화를 가능하게 하는 시장 자체가 없거나 불충분하다는 것을 알 수 있도록 드러내준 것만으로도 이 가정은 자기 역할을 다한 것입니다. 그리고 바로 그 점이 핵심입니다.

시장의 성능을 높이는 것은 근본적으로 불충분하다는 양적 문제의 보완과, 효율적이지 못하다는 질적 문제의 개선이라는 두 가지 측면을 모두 뜻합니다. 그런데 이 두 가지는 나눠어져서 논의될 요소는 아닙니다. 바라보는 측면에 따라 달리 보일뿐 한 덩어리라고 생각하면 됩니다. 각 요소의 효과가 개별 결과에 항상 함께 작용하는 속성 때문입니다. 그래서 두 요소가 충분치 못하면 최적 효율화, 최적 분배, 사회 전체의 공평성 달성 등이 안 됩니다. 그렇다고 그런 상태가 최악의 불행한 상태를 의미하지는 않습니다. 각 국가사회는 정치적 합의에 따라 추구하는 국가의 발전 의지와 방향이 모두 다르고, 그 방향에 따라 무게를 더 두는 주요 포인트가 다르기 때문입니다. 따라서 이것은 달성의 문제라기보다는 적절한 조합의 문제로 보아야 합니다. 이것이 국가체제의 경제 목표에 관한 건전한 가치입니다.

두 가지 요소 즉, 시장의 양적 문제에 대한 보완과 효율적이지 못하다는 질적 문제에 대한 개선은, 바로 충분한 시장의 공급과 비효율을 모두 소비해주는 시장 자체의 확보로 이어집니다. 이들 두 가지 문제의 제기는 동시에 해결책의 제시이기도 합니다. 여기서의 두 가지 문제는 그 본질이 하나입니다. 그래서 시장의 공급과 비효율의 소비라는 두 측면을 합성하는 방법으로 풀어나가야 합니다.

요약하면, 비효율을 소비하는 시장의 창조와 그런 시장의 공급에 대한 무한(無限=경제적 관점에서 볼 때는 '충분하고 지속적인' 의 의미) 보장입니다.

비효율을 소비한다는 것은 비효율적인 시장의 비효율을 제거시켜주는 방법을 통해서 할 수 있습니다. 이것은 바로 비효율 자체를 소비함으로써 없애는 방법입니다. 동시에 이러한 시장을 충분히 공급하면 기존 시장의 비효율에 대한 적절한 개선이 가능해집니다.

단절적인 총합 내지 독립적인 하나의 완전한 효율 달성은 이론적으로나 현실적으로나 의미가 없습니다. 다른 것들과 뒤섞이고 엉켜져서 사는 게 현실의 모습이기 때문입니다. 이론도 이런 현실의 모습을 설명하는 것인 이상, 섞이고 연관되어 상호 작용이 일어나면 이론적으로 정태적(情態的)인 최적은 모두 사라지고 맙니다. 그래서 현실의 뒤엉킴을 아우르는 방법이 필요합니다. 그것이 정태적 최적의 동태적 최적화입니다. 이는 위에서 살펴본 비효율 자체를 소비하는 시장의 창조와 그것의 충분하고 지속적인 공급을 통해서 이루어집니다.

### 시장 자체에 의한 동태적(動態的) 최적

동태적으로 최상위 단위의 시장적 일반균형을 찾아낸다 해도 최상위끼리의 연관은 비효율을 유발합니다. 이것은 시장 내부의 비효율과 상호연관에 의한 외부비효율이 항상 존재하는 시장의 자연스런 본질입니다. 선악의 가치적 문제가 아닙니다. 일부러 그런 것은 아니니까요.

그러하기 때문에 시장 자체를 아무리 건드려도 이 부분은 바뀔 수 없습니다. 본질이 그렇기 때문입니다. 그래서 비효율을 동태적으로 계속 소비시켜 제거하는 별도의 수단을 만들어 시장에 붙여주는 겁니다.

근대자본주의는 지금의 경제학보다 훨씬 시장을 숭배했습니다. 시장을 신(神)으로 보고 싶어 했는데, 그것은 시장이 신처럼 무과실하다고 여겼기 때문입니다. 시장이 무과실하다는 것은 효율 극대화, 최적 배분 등 몇 가지 가정을 스스로 달성한다는 뜻입니다. 그런데 안정의 문제가 대두됐습니다. 즉 자본주의의 구조적 결함이 심각한 지경으로 드러났습니다.

공황을 겪으면서 시장이 더 이상 신이 아님을 알게 됐고, 효율 극대화와 안정의 조화로운 추구가 인위적으로 즉 사람의 손으로 해야 할 것임을 깨닫게 되었습니다. 어찌 보면 당연한 것인데 유난스럽고 시끄럽게 깨달았습니다. 이렇게 해서 효율과 안정의 조화를 조정하는 추가 수단과 구조를 만들어 새롭게 붙였는데, 이것이 지금의 수정자본주의입니다. 오늘날의 자본주의 경제체제를 일컫는 이름입니다.

수정자본주의 경제의 주관 단위를 시장, 화폐, 경제주체의 세 가지로 분류 정의하겠습니다. 수정자본주의는 이들 세 가지의 각 개별단위 상태의 효율 극대화과 안정 극대화의 조화를 추구합니다. 이는 단위별로 끊임없는 한계적 개선(marginal positive)을 추구함을 의미합니다. 여기에 필요한 모든 수단과 방법을 동원하고 구사할 수 있도록 정치권력으로 제도화한 것이 수정자본주의를 근간으로 하는 국가체제의 모습이라고 보면 됩니다.

근대자본주의는 제도화된 권력수단의 사용이 없거나 제한되었다는 점에서 차이가 있습니다. 수정자본주의가 근대자본주의를 극복하면서 출현한 방법은 일종의 추가변형 방식이었습니다. 그래서 '혁명' 이라는 수식어를 붙여 혁명자본주의라고 하지 않고, '수정' 이라는 말을 붙여 수정자본주의라고 합니다. 공산주의는 혁명을 통해 근대자본주의의 기본 전제들을 모두 쓸어버리고 새로운 이념과 질서로 국가체제를 세우는 방식이었습니다.

수정자본주의는 근대자본주의의 기본 가정이던 가격 및 분배 기구인 시장 자체를 부정하는 것이 아니라, 시장은 신(神)이라서 무과실하다는 내용을 변성시켜 확대한 겁니다. 따라서 단순히 추가시킨 합(合)의 개념은 아니고 추가의 대상이 본질부분이라서 일부 본질이 변성을 일으킨 것이기 때문에 이를 '수정' 이라고 한 것입니다. 원래 근대자본주의인 순수자본주의를 놓고 뭔가 일부 추가해서 바꿨다는 의미로서 수정자본주의라고 부른 것으로 이해하면 됩니다.

### Σ와 ∫

위에서 수정자본주의 경제의 주관 단위를 시장, 화폐, 경제주체의 세 가지로 분류했었습니다. 이때 각 개별단위인 시장, 화폐, 경제주체가 독립적으로 효율 극대화를 나름대로 달성하면 그 개별단위의 각각의 합이 실제 합쳐서 만들어지고 있는 현실의 결과 값과 일치할까요?

이 문제는 Σ와 ∫에 대한 구별을 통해 좀더 살펴보겠습니다. 먼저 Σ는 '연결 합' 이라 하고, 이에 대해 ∫는 '결합 합' 이라고 해서 둘을 구별하겠습니다. 본래 수학기호인데 여기서는 수학기호의 개념을 떠나 별도로 의미부여하고 분석하는 독립적인 개념으로 취급하겠습니다.

Σ 또는 ∫의 해당 객체 이외의 사이부분(=불연속부분)이, Σ와 ∫의 실제 과정에서 발생하는 결과에 대한 영향력을 '합성변화' 라고 정의합니다. Σ와 ∫의 관계를 보면, Σ는 ∫에서 합성변화를 뺀 것이고, ∫는 Σ에서 합성변화를 더한 것입니다. 따라서 ∫는 합성변화를 고려한 개념

이고 Σ는 합성변화를 고려하지 않은 해당 객체만의 개념으로 생각하면 됩니다. 흔히 시너지(synergy)라고 하는 말을 ∫로 보자면, 결합과정에서의 합성변화 부분이 양(+)의 값을 가지는 경우를 의미하는 것입니다. 이 경우의 합성변화를 포지티브(positive) 결합이라고 하겠습니다.

∫와 합성변화와의 관계는, 결합과정에서 합성변화에 수반되는 부분이 음(−)의 값이 되는 경우 그것을 최소화하는 결합의 내부 또는 외부조건을 살피는 측면에서 분석하도록 고정하겠습니다. 양의 값일 경우에는 분석할 실익이 없는 상태이기 때문입니다. 그리고 음의 값이 되는 경우의 합성변화를 네거티브(negative) 결합이라고 하겠습니다.

수정자본주의 경제의 주관 단위인 시장, 화폐, 경제주체의 각 개별단위 3면의 독립적 효율 극대화와 안정 극대화의 조화가 단위별로는 달성되었더라도, 경제체제 전체의 통합적 극대화는 달성되지 않습니다. 즉 개별단위 3면의 각각의 극대화와 체제 전체의 극대화는 서로 일치하지 않는다는 뜻입니다. 이유는 3면의 ∫이 네거티브 결합을 하기 때문입니다. 이를 다른 표현으로 하면 시장, 화폐, 경제주체에 의해 이루어지고 있는 경제활동 결과의 불확실성 때문입니다. 원인과 과정이 아닌 결과의 불확실성 말입니다.23)

현실적으로는 매우 당연한 말입니다. 예를 들어, 우리가 어떤 일을 계획하고 실행하려고한다고 생각해 보겠습니다. 이때 계획과 실행은 각각 원인과 과정에 대응합니다. 계획과 실행은 우리가 주어진 조건으로 일단 어떻게든 할 수 있는 부분이지만, 그것의 결과는 어찌될지 모르는 것이지요. 물론 최선을 다해서 성공의 결과를 얻기 위해 노력하지만 그것은 결과 자체에 대한 결정이 아니라 계획과 실행과정에 대한 간섭일 뿐입니다.

### 자본주의 재생 근거

---

23) 원인, 과정, 결과의 결합 관계도(關係圖)는 –부록– 6.을 참고하면 됩니다.

3면의 ∫가 포지티브 결합이냐 네거티브 결합이냐를 떠나서 3면의 개별 Σ에 대한 Σ와, 3면의 개별 ∫에 대한 ∫간의 상대적인 크기 차이는 자본주의 경제과정의 재생 및 유지의 근거와 관련이 있는 내용입니다.

'가치[∫]-가치[Σ]=이윤' 은 '결과물의 가치합-투입물의 가치합=이윤' 과 동위입니다. 이때 이윤〉0, 이윤=0, 이윤〈0 의 세 가지 중 방향의 결정은 불확실성에 종속됩니다.

가치[∫]-가치[Σ]=이윤〉0 로 되는 상태를 '유효경제' 라고 하고, 이 조건을 자본주의 재생 및 유지의 근거로 정의합니다.

만약 경제활동의 결과가 가치[∫]〈가치[Σ] 이 되면, 경제주체에 의한 해당 경제활동은 '무효경제' 가 되고 중단, 위축, 소멸을 하게 됩니다. 즉 재생 유지가 멈춥니다. 국가사회는 유효경제와 무효경제 각 경우에 대해 체제 총이익이 증대되도록 가속조절과 통제, 보호의 수단을 제도로 가지고 있습니다. 해당 수단의 효과와 효율은 각 경우에 따라 다릅니다. 다른 정도와 해당 내용들은 이 책의 주제적 관심이 아니며, 일반 경제학의 주제들이므로 여기서는 검토를 생략하겠습니다.

### 유효경제와 무효경제

경제 상태의 지속, 중단, 회복 등의 변경과정과 그 결과에서, 개별 단위의 손실 초래의 총합보다 3면 ∫의 손실 총합이 더 클 때, 이를 국가사회 전체의 개입 사안으로 취급할 수 있습니다. 이것은 제도에 의한 개입임을 전제로 합니다. 그리고 동시에 타당성의 근거가 됩니다.

그러면 유효경제와 무효경제에 대해서 ∫와 Σ의 메타적 적용을 살펴보겠습니다.

Σ[m(1)+m(2)+m(3)……+m(n)]=M(1),

Σ[m' (1)+m' (2)+m' (3)……+m' (n)]=M(2),

Σ[m'' 1)+m'' (2)+m'' (3)……+m'' (n)]=M(3) 등이라 하고,

∫[m(1) ; m(2) ; m(3)……; m(n)]= e(1),

∫[m' (1) ; m' (2) ; m' (3)……; m' (n)]= e(2),

∫[m'' (1) ; m'' (2) ; m'' (3)……; m'' (n)]= e(3) 등이라고 하겠습니다.

M(n)〈e(n)에서, 즉 유효경제에서, 시장, 화폐, 경제주체의 3면의 메타적 합은 다음과 같이 표현합니다. 단, 시장을 1면, 화폐를 2면, 경제주체를 3면이라고 하겠습니다.

1면의 경제활동 가치={e(1), e(2), e(3)……, e(n)}으로 되어 있을 때,

1면의 1차 메타 연결 합=Σ[e(1)+e(2)+e(3)……+e(n)]=ヨ(1)이라고 정의하고,

1면의 1차 메타 결합 합=∫[e(1) ; e(2) ; e(3)……; e(n)]= E(1)이라고 정의합니다.

2면은 같은 방법으로 E(2), 3면은 E(3)라고 할 수 있습니다.

이에 대해 1차 메타 결합 합의 2차 메타 합은,

2차 메타 연결 합=Σ[E(1)+E(2)+E(3)]=ヨ(123)으로,

2차 메타 결합 합=∫[E(1) ; E(2) ; E(3)]=E(123)이라고 정의합니다.

이때, ヨ(123)>E(123)면 무효경제입니다. 결과의 불확실성에 의해 무효경제가 유발됩니다. 반면에 ヨ(123)<ヨ(123)≤E(123)이면 유효경제입니다. 수정자본주의의 ヨ(123)>E(123)에 따른 무효경제를 유효경제로 전환하는 것이 '결합자본주의' 입니다.

구분해서 말하면, 수정자본주의 경제 3면의 2차 메타 결합 합의 차원에서는 무효경제의 상태입니다. 그리고 1차 메타 합 차원에서는 무효경제는 존재하기도 하고, 존재하지 않기도 합니다.

이것은 3면의 1차 메타 합 즉, 개별단위에서 무효경제가 유발되지 않은 순간적인 최적상태라 하더라도, 3면의 2차 메타 결합 합에서는 무효경제가 반드시 발생하기 때문입니다. 무효경제의 발생량만큼 국가사회 비효율 증분(增分)으로 총이익이 감소하게 됩니다. 무효경제 유발량을 제거하거나 최소한으로 줄이기 위해서는 결과의 불확실성을 소비시킬 수 있는 시장의 공급이 필요합니다.

1차 메타 차원의 무효경제 부분에 대해서는 해당 경제활동 자체가 재

생 유지의 근거상실로, 경제활동의 원인과 과정의 단계에서 자연적으로 제거되는 것으로 간주하면 됩니다. 문제는 2차 메타 차원의 무효경제인데, 이것은 불확실성을 소비시키는 또 다른 시장이 필요합니다. 그것은 예측경쟁 시장의 도입을 의미합니다. 1차 메타와 같이 처리가 불가능하기 때문입니다. 1차 메타 차원의 무효경제는 경제활동 과정에서 존재하기도 하고 없어지기도 하는 반복의 진동 상태로 보면 됩니다.

즉 자체 내에서 스스로 제외, 제거, 방출되거나 증발, 소멸 등이 이루어집니다. 그리고 인위적으로 이 과정을 교란시킬 수도 있습니다. 교란은 지연과 가속 및 방향의 전환을 모두 포함하는 개념으로 재량과 준칙을 기반으로 하는 각종 재정 및 통화 등의 국가 정책수단이 대표적인 예가 될 수 있습니다.

1차 메타 차원에서 이러한 교란은 효과가 있습니다. 그러나 이에 비해 2차 메타 차원의 무효경제는 스스로 제거되지 않고, 교란으로 보정할 수 없습니다. 이것은 1차 메타 결합 합의 ∫ 결합에서 경제활동의 불확실성과 합성되면서 무효경제가 유발되기 때문입니다. 이러한 2차 메타 차원의 무효경제를 제거하거나 최소한으로 줄이는 경제체제가 '결합자본주의' 입니다.

### 노동 내역의 간섭

경제활동 결과의 불확실성에 관한 개념은 매우 중요한 내용이라서 노동 내역의 간섭이라는 개념을 통해 좀더 분석해 보겠습니다.

노동 간섭의 내용을 노동 내역이라고 합니다. 노동 내역에는 노동 종류, 노동 내용, 노동 결과가 있습니다. 여기서 노동은 경제활동의 총체적 개념으로 정의하겠습니다.

노동 내역에 대한 간섭권의 범위는 모두 3기(期)로 나누어집니다. 1기(期)는 노동 종류 선택에 대한 간섭이 가능한 시기로 정의하고, 2기(期)는 노동 내용 선택에 대한 간섭이 가능한 시기로, 그리고 3기(期)는 노동 결과 선택에 대한 간섭이 가능한 시기로 정의하겠습니다.

각 기(期) 마다의 노동 성격은 다음과 같습니다. 1기의 노동 성격은 신분입니다. 이 경우 노동 가치의 상태는, 1차 가치〉2차 가치=0입니다. 그리고 2기의 노동 성격은 자본입니다. 상태는 1차 가치〈2차 가치입니다. 3기의 노동 성격은 시간이고 이때의 상태는 1차 가치〉2차 가치〉0입니다.

이것을 정리하면,

1기 상태에서의 노동 성격의 규정 : 1차 가치〉2차 가치=0

2기 상태에서의 노동 성격의 규정 : 0〈1차 가치〈2차 가치

3기 상태에서의 노동 성격의 규정 : 1차 가치〉2차 가치〉0

여기서, 1차 가치〉2차 가치〉0인 노동의 상태란 자기 자신이 자신을 소비하지 않을 수 없음을 뜻합니다.(☜ 임의의 a에 대해 a≠a 일 수 없고)

즉, 타인(他人)이 타인(他人)을 소비할 수 없는 상황을 의미합니다.(☜ 임의의 서로 다른 b와 c에 대해 b=c 일 수 없다)

한편, 각 기마다 획득해야 할 간섭 내용은 다음과 같습니다.

1기에서 획득해야 할 간섭 내용 : 노동의 종류에 대한 간섭 획득

2기에서 획득해야 할 간섭 내용 : 노동의 내용에 대한 간섭 획득

3기에서 획득해야 할 간섭 내용 : 노동의 결과에 대한 간섭 획득

1기에서는 노동 간섭을 위한 선택이 아예 불인정되어 있는 상태입니다. 노예가 그런 예입니다. 2기에서는 노동 간섭을 위한 선택 인정의 장치로서 법(法)이 동원됩니다.

그런데 법의 기질(=기본 성질 또는 기초 성질)은 강제이기 때문에 노동 내역에 대한 간섭은 바로 '노동 종류' 의 선택으로 발현됩니다. 선택 획득에 동원된 법은 선택 인정을 가능하게 하며 노동 간섭의 형식 인정을

선택권으로 대응합니다. 이때 법의 기질이 선택권을 인정 차원에서 강제 차원으로 전환시킵니다. 1기의 선택 불인정은 2기로 진화하면서 선택 불인정의 강제 상태를 해제시켜 선택 획득이 되어야 합니다. 그러나 법이 수단으로 동원되면서 선택 불인정의 강제 상태 해제가 법의 기질로 인해 선택권 획득으로 강제됩니다.

각 기의 진화 과정을 따라 특징을 살펴보면 다음과 같습니다.

여기서 선택의 최소 실현만 가능한 상태를 무위(無爲)라는 개념으로 정의하고,(=생명 보존) 선택의 최대 실현 상태를 자연(自然)이라는 개념으로 정의하겠습니다.(=자연=노동 결과에 대한 간섭을 획득한 상태)

1. 무위≤선택≤자연 (←1기에 해당)
   : 선택 불인정 상태(=무위)
2. 선택이 선택권으로 (←2기에 해당)
   : 법의 기질인 강제가 선택을 선택권으로 성질 변화시킨다.
3. 선택권 획득의 강제 상황 발생 (←2기에 해당)
4. 강제≤선택권≤해제 (←2기에 해당)
5. 선택권 실현의 확장 (←2기에 해당)
   : 2기에서 3기 직전 상태로까지의 제한적인 확장
   : 선택 불인정의 해제적 효과의 획득
6. 무위≤선택≤자연 (←3기에 해당)
   : 선택 불인정의 해제 실현(=해제)
   : 선택 불인정 해제
   : 선택의 최대 실현(=자연)

'6. 무위≤선택≤자연'은 노동 내역에 대한 간섭의 최대실현 단계로 결과의 간섭이 달성된 것을 나타내고 있습니다. 그런데 이 상태는 현실적으로 있는 것이 아니라 노동 내역의 간섭 단계의 최종적 모습에 대한 이론적 규정입니다. 현실의 상태는 그 이전까지입니다. 즉 노동 내용에 대한 간섭이 진행되고 있는 2기까지입니다. 현실에서 2기는 완성된 단계가 아니라 진행 중인 상태입니다.

노동 결과에 대한 간섭을 획득하는 3기는 현실의 상태가 아니라 이론적 규정의 상태입니다. 따라서 노동의 결과는 노동 간섭의 영역 밖에 있는 것입니다. 여기서 결과의 불확실성이 도출됩니다. 이것은 시장, 화폐, 경제주체에 의해 이루어지고 있는 경제활동 결과의 불확실성에 대한 직접 근거가 됩니다. 이들 개별단위 3면 각각의 극대화와 체제 전체의 극대화가 서로 일치하지 않는 것에 적용시키면 3면의 ∫이 네거티브 결합을 하는 이유를 역(逆)으로 알 수 있습니다.

## 수정자본주의의 한계

수정자본주의는 경제체제의 개별단위 3면에 대해 효율과 안정의 조화를 각 개별단위에서 극대화시키는 인위적 조정을 합니다. 그리고 개별단위 3면의 현실 통합인 ∫에서 원인과 과정에 관한 극대화 조정에 개입하지만 결과의 불확실성 존재로 네거티브 결합 발생에는 무력할 수밖에 없는 구조입니다. 이 점은 매우 엄격한 기준에 따른 무력함이므로, '결함'이라는 가혹한 표현보다는 '한계'라고 완화해서 부르겠습니다. 바로 이 한계로 인해, 수정자본주의를 다루고 있는 거시 경제학의 미시적 기초인 개별의 최적화 집계가 전체의 최적화라는 것은 부정됩니다.

경제활동의 원인과 과정에 대해서는 동원 방법 자체가 서로 직접적인 영향을 미칩니다. 이런 의미에서 원인과 과정은 직접적인 동시에 인과적입니다. 하지만 경제활동의 결과는 직접 영향을 미치는 것이 아니고 원인과 과정의 단계를 거친 다음 있게 되는데, 그 결과는 원하는 것일 수도 있고 원하지 않은 것일 수도 있습니다. 원하는 것일지, 원하지 않은 것일지의 방향에 대해서는 동원되는 방법이 직접 영향을 미치기 때문에, 결과를 조작적인 통제변수로 다룰 수 없습니다. 정상적인 경우에 그러합니다. 정상적이지 않은 경우는, 결과가 원인과 과정의 순행 변수가 아닌 선험 변수로 강제해버린 때를 말합니다.

이때의 결과는 선험 변수 즉 원인과 동위인 상태이기 때문에 결과라고 할 수 없습니다. 따라서 결과라고 할 수 있는 것은 선험적이지 못하고, 결과의 방향은 동원 수단에 대해서는 중립입니다. 이것이 결과의 불확실성이 지닌 본질입니다. 중립적이라는 것은 확률이란 말과 같은 의미입니다.

이러한 맥락에서 결과는 기대변수라는 개념으로 확장될 수 있습니다. 이때 확률이란 결과의 불확실성 본질에 의해 '모든 경우의 확률 값이 1은 아님' 을 나타내는데, 결국 이것으로도 ∫가 네거티브 결합이 되는 이유를 설명할 수가 있습니다.

이상을 종합해 보면, 수정자본주의 경제체제의 원인에 해당하는 투입물과, 과정에 해당하는 제도, 경제활동 등이 경제체제의 개별단위 3면의 ∫로 결합되면서 현실의 총합을 발생시킬 때, 그 '결과' 인 체제 내 주산물과 부산물은 '네거티브 결합' 을 하게 됨을 알 수 있습니다.

**불확실성**

'불확실성' 은 경제체제의 총합적 결과를 확률상태에 놓이게 합니다. 이때 결과의 불확실성을 제거하거나 최소한으로 줄이는 것은, 그러한 원인이 되는 불확실성을 줄이는 것과 동위(同位)입니다. 불확실하므로 불확실해진다는 의미입니다. 여기서 전자(前者)의 불확실은 원인이 되는 불확실이고, 후자(後者)의 불확실은 결과의 불확실입니다.

이때 결과의 불확실성을 결정하는 것을 확률밀도라는 개념으로 보면, 결과의 불확실성이 존재하는 것이란 결국 미래에 발생한다는 점 때문으로 생각해 볼 수 있습니다.

따라서 이 부분은 미래와 발생이라는 요소로 나눌 수 있습니다. 미래는 확률에, 발생은 밀도에 각각 대응시켜보겠습니다. 어느 상태일지 아직 모른다는 측면의 '미래' 와, 어떤 방향으로 나올지에 해당하는 측면의 '발생' 은 각각 확률과 밀도에 대응하는 것으로서, 원인이 되는 불확실성을 이루고 있는 요소들입니다.

이것을 '원인-과정-결과' 의 전체 구조에 넣어보면, '원인과 과정' 이 결과의 불확실성에 영향을 미치는 원리를 알 수 있습니다. 원인은 결과에 다른 차원이기 때문에 같은 차원으로 바뀌어야 결과를 파생시킬 수 있습니다. 이것은 원인이 과정이라는 공정을 통과하면서 결과와 같은 차원, 즉 동위인 개념으로 바뀜으로써 가능해집니다.

이렇게 바뀐 것이 결과의 불확실성에 직접 영향을 주면서 결정하는, '원인이 되는 불확실성' 인 것입니다.

위에서 원인이 되는 불확실의 구성 요소가 확률과 밀도라고 했는데, 결과의 불확실성은 기대변수라는 개념의 확률이 되는 본질적인 이유입니다.

원인이 되는 불확실성과 결과의 불확실성은 모두가 '원인-과정-결과' 의 전체 틀 속에서 보면 결과에 해당합니다. 따라서 원인이 과정을 통과해 미래와 발생이라는 확률밀도로 바뀌면 원인이 되는 불확실성으로 전환하는데, 이것이 결과의 불확실성을 직접 발생시킵니다. 이것이 전체 흐름입니다.

지금까지 원인과 과정을 아무리 통제한다고 해도 결과를 직접 통제할 수 없는 흐름적인 이유를 분석했습니다.

### 불확실성의 현재화

결과의 불확실성에 따른 수정자본주의 경제체제의 개별단위 3면에서 ∫가 네거티브 결합이 되는 것을 다루는 방법은, 원인이 되는 불확실성의 구성요소인 확률밀도를 처리하는 것입니다. 확률이란 결과의 불확실성 본질에 의해 '모든 경우의 확률 값이 1은 아님' 을 의미하고, 따라서 ∫가 네거티브 결합이 된다고 하였습니다.

네거티브 결합을 제거하거나 최소한으로 줄이는 것은 밀도를 높여 확률 값을 1에 가까워지도록 하는 것입니다. 그러면 결과의 불확실성이 제거되거나 최소한으로 줄어들게 하는 효과가 발생합니다.

'확률 값이 1에 가까워진다.' 의 의미는 두 가지입니다. 확률 값 1과 동일한 수준까지 가까워지는 것과 그렇지는 않은 수준이지만 그래도 가까워지는 것의 두 가지입니다.

후자는 '원인-과정' 부분에서 할 수 있습니다. 수정자본주의의 경제조정 수단이 이에 속합니다. 원인이 과정을 통과해서 결과와 동위인, 원인이 되는 결과로 바뀌면서 간접적이지만 확률밀도의 구성요소로서 조정력을 발휘합니다.

이것은 조상(祖上)과 후손(後孫)의 원형(archetype)적[24] 관련성에 지나지 않는 정도라고 비유해서 말할 수 있습니다.

즉 직접은 아니더라도 간접적인 조정력은 발휘하게 됩니다. 그러다보니 의도하지 않은 파생적인 결과가 나오기도 합니다. 즉 포지티브 결합일 수도 있고, 네거티브 결합일 수도 있습니다.

어느 쪽일지는 또다시 그런 결과의 원래 문제와 같은 얘기로 돌아가는 것이 됩니다.

따라서 이때 역시 포지티브 결합이 나올 수 있는 확률은 수정자본주의 경제체제의 개별단위 3면의 $\int$가 네거티브 결합 원리에 의해 상쇄됩니다. 이 상쇄되는 부분과 그 원리 때문에 확률 값 1과 동일한 수준까지 목표 확률이 가까워지지 못하고, 위에서 규정한 말대로 '그렇지는 않은 수준이지만 그래도 가까워지는' 의 상태 정도밖에는 안됩니다.

수정자본주의의 경제조정은 모든 수단이 이러합니다. 이것이 수정자본주의 경제 조정수단의 자기 한계입니다.[25]

---

24) 인간의 정신 내부에 존재하는, 조상이 경험한 것의 흔적을 의미하는 심리학 용어를 차용함.
25) 이때 조정수단은 개입을 강조하는 수단인 재정정책 집행 등의 재량 측면과 비개입을 강조하는 수단인 준칙 측면에서의 재정, 금융통화 정책을 모두 포함합니다.

그래서 확률 값이 1과 동일한 수준까지 가까워지는, 즉 위에서 규정한 바에 의하면 전자의 방법을 찾아야 합니다. 이 방법은 '원인-과정-결과' 의 전체 구조에서 '결과' 에 대한 직접 접근입니다. 그것은 결과의 불확실성을 모두 현재화하여 소비시키는 것으로 요약됩니다.[26] 이 개념을 간단히 '직접구사' 라는 말로 부르겠습니다. 위의 다른 방법 등 직접구사가 아닌 방법은 모두 '간접구사' 라고 하겠습니다.

### 직접구사의 방법

직접구사와 간접구사는 lim의 개념으로 살펴보면 그 차이가 더욱 분명해집니다.

1과 동일한 수준까지 목표 확률이 가까워진다는 말은 직접구사에 의해 lim(목표확률)=1 로 전제될 수 있다는 말과 같습니다. 그러나 간접구사는 lim(목표확률)≠1 밖에는 될 수 없습니다. 1과 동일한 수준까지 목표확률이 가까워지지 못한다는 위의 결론 때문입니다.

목표확률이 1로 전제될 수 있다는 것은 더 이상 가능한가 혹은 가능하지 않은가라는 확률의 문제가 아니라, 달성의 문제로 바뀌는 중요한 '상태의 재구성' 을 의미합니다. 이를 다른 표현으로, '전제적 상태의 구성' 이라고 하겠습니다. '전제적' 이라고 하면 목표확률이 1인 것으로 한정하겠다는 뜻입니다.

그런데 간접구사로는 아예 전제적 상태 자체가 구성되지 않습니다. 따라서 수정자본주의 조정수단으로서는 전제적 상태가 구성되지 않았습니다.

그러면 직접구사를 현실적으로 실행하는 모습을 살펴보겠습니다. 직접구사의 현실적 모습을 요약하면 다음과 같습니다.

---

26) 앞에서 살펴본 노동 내역의 간섭이라는 관점에서 보자면, '5. 선택권 실현의 확장 (←2기에 해당)' 단계에 해당하는 방법론이라고 생각할 수 있습니다.

5. 선택권 실현의 확장 (←2기에 해당)
  : 2기에서 3기 직전 상태로까지의 제한적인 확장
  : 선택 불인정의 해제적 효과의 획득

불확실성을 현재화하여 소비시키는데 필요한 모든 종류의 시장을 자유롭게 만들고 공급할 수 있도록 하는 것입니다. 다만, 자유롭게 공급할 수 있다고 하더라도 모든 종류를 공급하지 못할 수도 있는데, 이것은 전제에 어떤 결함이 있어서가 아니라 현실적으로 아직 구비되지 않은 상태의 문제일 뿐입니다. '전제적 상태의 구성'은 모든 종류의 시장 공급에 대한 어떤 제한도 없음을 의미합니다. 아직 달성되지 않았다면 그것은 수정자본주의에서처럼 자체적 한계 때문이 아니라 자연적인 또는 현실적인 지체(遲滯)의 의미일 뿐입니다.

반면에 '수정자본주의의 한계'라는 것은 전제적 상태의 구성 자체가 불가능하다는 것을 나타내는 말입니다. 이런 점을 극복하는 방법이 직접구사이고, 그것의 구체적인 실행 모습이 바로 불확실성을 소비시키는 시장의 자유로운 공급입니다.

## 결합자본주의의 개념

앞에서 수정자본주의 경제의 주관 단위를 시장, 화폐, 경제주체의 세 가지로 분류했었습니다. 지금 우리는 이 3면의 경제체제 개별단위 중에서 시장을 다루고 있습니다. 화폐에 관해서는 제I부에서 살펴보았던 내용을 확장하여 다음 장인 '4장. 완전 과세'에서 다시 다룰 것입니다. 그리고 경제주체에 관해서는 시장 문제가 끝나고 나면, '포지션'이라는 개념으로 이번 장에서 함께 다루겠습니다.

3면 중에서 시장을 가장 먼저 다루고 있는 이유는, 시장의 문제를 통해 3면 결합 합의 결과인 $\int$를 분석하여 수정자본주의의 한계 원인을 밝히면서 그것의 한계를 극복하는 방법론을 동시에 취급하기 때문입니다.

직접구사를 현실적으로 실행하는 모습이, 불확실성을 모두 현재화하여 모두 소비시키는데 필요한 모든 종류의 시장을 자유롭게 만들고 자유롭게 공급할 수 있는 것이라고 했습니다. 이것의 현실적 구체화는 실행의 문제 즉 허용하고, 동시에 보장하는 제도의 문제로 이어집니다.

여기서 허용과 보장은 제도적으로 이루어져야 하는데, 경제체제와 정치체제의 두 가지 측면이 맞물려 직접구사의 현실적 실행을 하나의 기능으로 제도화하게 되는 겁니다. 이 제도 전반을 가리켜서 '결합자본주의'라고 정의하겠습니다. 이것은 수정자본주의와 구별되는 개념입니다.

그리고 여기에 필요한 경제체제의 현실적 수단은 이번 장에서 '예측경쟁'으로 마련해 보고, 정치체제의 현실적 수단은 '완전 과세'를 통해 다음 장인 4장에서 살펴보겠습니다.

## 선택경쟁 시장과 예측경쟁 시장

시장, 화폐, 경제주체라는 3면의 개별단위가 현실적으로 구현되는 ∫에서, 네거티브 결합을 제거하거나 최소한으로 줄이기 위해 결과의 불확실성을 제거하면 수정자본주의의 ∫상 비효율이 제거됩니다. 이를 위해 불확실성을 소비하는 모든 종류의 시장을 자유롭게 만들어 공급하는 시장 창조를 허용, 보장하는 결합자본주의를 구성하는 것이 이 책의 주제적 전개 중의 하나입니다. 불확실성을 소비하는 이러한 시장은 3면의 개별단위 중의 하나인 시장과는 구별됩니다. 3면의 하나인 개별단위의 시장은 구체적 또는 비구체적 상품의 개별적 거래의 개념공간을 뜻합니다. 한편, 불확실성을 소비하는 시장은 '예측경쟁 시장'이라는 이름으로 정의해 구별하겠습니다.

그런데 예측경쟁 시장과 함께 3면의 개별단위인 일반적 의미의 시장도 함께 다루어야하기 때문에 서로의 분석 차원을 갈도록 만들어야 합니다. 그러기 위해서 경쟁의 개념으로 일반 시장을 재(再)정의 하면, 일반 시장은 '선택경쟁 시장'이 됩니다.

선택경쟁 시장은 일반 시장의 원리와 모두 같으므로, 이에 대해서는 선택경쟁이 제한되고 있는 경우만을 살펴보겠습니다.

결국 결합자본주의에서의 전체 시장은 3면의 하나인 선택경쟁 시장과 3면의 ∫상 네거티브 결합을 제거하거나 최소한으로 줄이는 기능을 가진 예측경쟁 시장으로 이루어져 있습니다. 이것이 새로운 결합자본주의 경제체제의 시장 측면입니다.

이에 대해 예측경쟁 시장을 제도화하여 3면 개별단위의 경제활동에 따르는 과세 문제를 '완전 과세' 라는 개념으로 하여 결합자본주의와 합성하는 것이 정치체제의 측면이라고 할 수 있습니다. 즉 정치경제 체제를 이어내는 부분입니다. 그리고 다시 완전 과세의 납세권을 입법권과 결합하는 작업을 통해 정치경제 체제를 직접 민주정의 요소와 묶어 확장해 나갈 것입니다. 이 흐름이 주제적 전개의 전체 모습에 해당합니다.

### 예측경쟁 시장의 기능

불확실성을 소비시키는 모든 종류의 예측경쟁 시장을 모두가 자유롭게 만들 수 있도록 허용하고, 제도로 보장하는 것이 결합자본주의의 본질이라고 정의했습니다. 따라서 소비시켜야 할 불확실성이 요건에 적합하도록 설정되는 무수히 많은 종류의 예측경쟁 시장이 존재할 수 있습니다.

예측경쟁 시장은, 모든 경제활동에서 발생하는 '결과의 불확실성' 을 상품으로 거래하는 시장입니다. 그런데 말 그대로 예측경쟁 시장이 결과의 불확실성을, 모두 상품화해서 소비시키는 시장이라고 했지만, 현실적인 모습이 쉽게 떠오르지는 않을 것입니다. 그래서 바로 다음 부분에서 '사례 구성(1)' 을 통해 실제 예측경쟁 시장이 어떤 모습으로 구현될 수 있는지를 구체적으로 만들어보겠습니다. 다만, 이것은 수많은 종류의 예측경쟁 시장 중 하나에 해당합니다. 이는 사례 구성을 통해 소개되는 예측 경쟁 시장의 형태를 기본으로 하여, 소비될 수 있는 불확실성의 종류가 무수히 많다는 뜻입니다.

각종 예측경쟁 시장을 구성하여 불확실성을 소비시키도록 해야 합니다. 더 많은 종류의 예측경쟁 시장을 연구하고 구성하여 현실적으로 창조하는 것은 모두의 몫입니다. 그것이 자유롭게 허용되고 보장되는 결합자본주의에서는 예측경쟁 시장의 창조가 모든 사람들의 권리이자 의무가 될 부분입니다. 많은 종류의 예측경쟁 시장이 창조되는 것을 기대합니다.

그렇게 하면 결국 결합자본주의는 3면의 수정자본주의 ∫상 네거티브 결합으로 인한 비효율을 극복하는 전제를 갖추게 됩니다. 즉 네거티브 결합을 제거하거나 최소한으로 줄임으로써, 결과의 불확실성이 제거되거나 최소한으로 줄어들게 하는 효과가 발생합니다. 그러면 직접구사에 의한 lim(목표확률)=1의 전제가 달성되는 것입니다.

### 경쟁과 가격의 관계적 의미

예측경쟁 시장과 선택경쟁 시장에서 공통으로 '경쟁' 이라는 개념이 나옵니다. 경쟁이란 하나의 불확실성에 대해 서로 다른 생각을 가진 주체의 의지(意志) 정도를 확률 가중치로 현재 가치화하여 거래하는 행위라고 정의할 수 있습니다. '확정되지 않음' 을 미래로 정의하고, 이 미래의 불확실성에 대한 '주관' 을 확률 가중치로 '객관화' 하는, 즉 가격이라는 화폐의 기호장치로 의사를 표시하는 행위의 총합이 바로 '예측 경쟁' 입니다.

지금부터 설명할 예측경쟁의 사례에서는 가격에 의한 거래가 아닌 교환 비율로 경쟁이 이루어집니다. 주관의 '주관적 가치' 를 가중치라는 확률밀도로 객관화한 결과가 가격인데, 본질적으로는 교환비율도 가격의 일종입니다. 거래와 교환은 가격이 수반되느냐에 따라 구별됩니다. 수반되면 거래입니다.

교환비율은 서로 다른 의사표시의 상대적 표현이고, 가격은 서로 다른 의사표시의 절대적 표현으로 구별된다는 것인데, 표현의 관점이 서로 다르면서 하나의 속성이라는 뜻을 포함합니다.

설명할 사례에서는 교환 비율을 가격 대신 사용하는 시장으로 정하고 있습니다. 이것은 대여(貸與) 관계로 이루어진 시장 특징 등 다른 조건들과 합쳐져서 거래세가 이론적으로 발생하지 않도록 구성한다는 이 사례의 제작 의도와 관계가 있습니다.

일반적으로 예측경쟁 시장도 거래세가 당연히 발생하는데, 이 사례는 예측경쟁 시장 중에서 특정 이유나 현실의 목적에 의해 거래세를 부과하지 않아야 할 경우를 포함하는 분석이 되기 위해 인위적으로 그렇게 만들었습니다. 따라서 이 분석에서 나오는 가격은 교환비율 자체와 직접 관계가 없도록 되어 있습니다.

**사례 분석(1)**

예측경쟁 시장에서의 불확실성 상품을 거래하는 구조는, 관련되는 다른 연관적 불확실성 상품을 함께 취급할 수 있는 구조적 일반성을 가져야 합니다.

그리고 결과의 불확실성을 상품화하여 현재시점으로 소비시키는 일반원리의 기본 모형으로서 해당 시장의 창조에 필요한 확장, 변형의 전형(prototype)이 되어야 합니다.

그러한 점들을 충족하는 것으로, 웸(WEM)이라는 예측경쟁 시장의 실제 모델인 사례 구성(1)을 만들어 분석하겠습니다.

웸(WEM)은 World Expectational competition Market Based on Economic Index.의 약자입니다. 웸(WEM)은 특정 시점에서 모든 변동성 경제지수의 위치를 예측하는 상품에 기반한 약정 권리를 대여하는 시장입니다. 그리고 그렇게 대여된 약정 권리가 서로 매매되는 시장의 전체 과정 또한 포함됩니다.

즉 미래의 특정 상황이라는 불확실성을, 서로 상반되는 예측을 내용으로 구성한 일종의 권리 상품화한 것입니다. 전체 과정이란 간단히 말하면, 각 매매 주체가 그것을 예측경쟁의 방식으로 상호 소비하는 과정입니다.

웸은 이것을 현실적으로 구현하는 기본 모형으로서 구성된 것입니다. 따라서 웸은 불확실성을 소비하는 예측경쟁 시장을 만들어 냅니다.

**사례 구성(1)**

□ 변동성 경제지수의 예측 경쟁 교환시장, 웸(WEM)에 대한 분석

▶ 차 례 ◀

## 1. 개념

: W.E.M = World Expectational competition Market Based on Economic Index.

: 특정 시점에서 특정 변동성 경제지수의 위치 또는 상태를 예측하는 상품에 기반한 약정 권리를 대여하는 시장

: W.E.M(이하 웸 또는 웸(WEM))의 변동성 경제지수 대상 종류들

▶ 국내외 주식 현물 선물 지수 / 금리 / 환율 / 금, 원유 등 기초원자재 가격 등과, 임의로 정의된 변동성 제정 지수 등 모두를 포함.

▶ '웸' 에 관한 同분석 상의 목적 지수는 위의 변동성 경제지수 중의 국내 주식을 기반으로 임의 정의된 변동성 제정 지수인 '코스피닥50' 지수라는 이름으로 창조해 상품을 구성해 분석한다.

(☜ 구성방법에 대해서는 3. 해당사례 기본분석 다음에 나오는 '□ 붙임자료' 부분을 참고)

## 2. 일반 구조

(☜ 임의로 정의되는 변동성 제정 지수 상품에 관한 일반 구조)

### (1) 예측 테이블

(☞ 예측 테이블의 단순 샘플에 관해서는 뒤의 붙임자료 참조)

: 변동성 특정 경제지수의 상태에 관해, 특정 시점에서의 변동폭 구간을 설정하여 구간에 대한 개별예측 내용을 상품으로 정의하고, 이에 대한 약정 권리를 대여의 객체로 하여 상품 및 상품의 권리를 표로 구성한다.

: 변동성 특정 경제지수의 확정 시점 이전에서는, 변동폭 구간에 대한

예측상품의 권리 대여 포지션(⇒ '파생 권리 1.' 과 '파생 권리 2.' 참조)은 교환에 따라 대여 과정을 반복한다.

### (2) 3 주체의 관계 분석 (⇒ 웸, 제1 대여자, 제2 대여자)

: 웸
(定意)▶ 경제지수 예측 시장의 생성 및 유지의 주체
: 제1 대여자
(定意)▶ 청산 시점에서, 상품에 대한 파생권리1.(=상품을 살 권리)을 보유하고 있는 주체
: 제2 대여자
(定意)▶ 청산시점에서, 상품에 대한 파생권리2.(=상품을 팔 권리)를 보유하고 있는 주체

: '웸' 과 '제1, 2 대여자' 는, 대여 예치금에 의한 대여 관계이다.
: '제1 대여자' 와 '2 대여자' 는 반대 교환과정에 의한 대여 관계이고, 지수 확정시점 이전에 교환 과정이 발생하여 제1 대여자와 제2 대여자 간의 입장이 계속 전환되는 상호적 상태의 개념이다. 이로 인해, 제1 대여자와 제2 대여자는 확정 시점이후 교환과정이 종결된 상태에서 고정된다.
: 웸과 웸의 상품에 대한 권리를 대여하는 제1, 2 대여자 간의 대여 구조는, 대여의 기준 기간이 특정변동성 지수의 1주기이고 대여 예치금 이 고정되어 있다.
: 그리고 웸과 제1, 2 대여자의 권리 보유 상태에 관한 구분 인식 구조는 무차별적인 대칭 방식이다. 따라서 웸에 대해 대여자는 제1 대여자 또는 제2 대여자 중의 하나로만 인식되고, 이것이 청산의 기준이다.

여기서, 최초 대여한 권리를 반대 교환과정을 통해 다른 권리를 입수

하는 것이 '대여 차수의 증가' 이며, 최초 대여한 권리의 교환 과정을 포함해 반복되는 모든 교환 과정을 '반대 교환과정' 이라고 한다. 이것을 통해 자신의 기존 포지션 전부 또는 일부를 청산하는 효과를 발생시킬 수 있다.

: 최초 웹으로부터의 파생권리를 대여하는 것을 '1차 대여' 라 하고, 당사자를 1차 대여자라고 한다. 여기서 말하는 '1차 대여' 와 '제1, 2 대여자' 의 구별은 다음과 같다. 제1, 2 대여자는 청산 시점에서 보유하고 있는 권리의 포지션을 기준으로 한 분류이다. 따라서 이것은 청산 과정에 따른 개념이다.

: 웹은 권리 대여에 따른 확정 시점 이후의 유효한 권리 보유자에 의한 권리발생과 그에 대한 웹의 의무이행 및 불이행의 청산 과정에서, 권리 보유자를 제1 대여자 또는 제2 대여자 중의 하나로만 인식한다. 반면에, 1차 대여란 교환 과정에 따른 개념이고 교환과정이 반복되면 2차, 3차… n차로 차수가 증가한다.

: 1차 대여자 간에 반대 교환과정에 의해 1차 대여한 권리를 양측 대여자가 서로 바꾸면 2차 대여자가 되는데, 이때 권리에 대한 유효 포지션이 발생한다.(☞ 뒤의 '파생권리의 첨부 제1 조건' 참조)

: 이때 1차 대여자는 2차 대여자로 대여 차수가 증가하고, 이것에 대해서 웹은 상환의 기준으로서 대여자의 차수를 구분 인식한다. 상환에 필요한 구분 인식의 방법은 1차 대여자냐 또는 아니냐로 한다. 이를 기준으로 웹에 대한 상환의 주체는 대여 주체 및 객체와 즉자적 위치에 있는 1차 대여자만 해당된다.

: 반면, 청산 과정의 유효 권리 발생에 필요한 구분 인식의 방법은 2차 이상의 대여자이냐 아니냐로 한다. 이를 기준으로 웹에 대한 청산의 주체는 2차 이상의 대여자만 된다.( '파생권리의 첨부 제1 조건' 에 따라 ☞ '파생권리의 첨부 제1 조건' 에 관한 분석 부분 참고) 그리고 유효 포지션 상태에 있다고 가정한 2차 이상의 대여자는, 그 포지션에 따라 파생권리

1.(=상품을 살 권리)을 보유하고 있으면 제1 대여자로, 상품에 대한 파생 권리2.(=상품을 팔 권리)를 보유하고 있으면 제2 대여자로 분류된다.

: 반대 교환 과정에 의한 포지션 청산은 확정시점 이후 시점에서 웸에 대한 권리 이행을 부과하는 청산과는 달리, 확정시점 이전에 보유 포지션의 변동만을 의미한다. 반대 교환 과정은 반드시 처음 웸으로부터 권리 대여를 하는 1차 대여자와 다른 1차 대여자의 양측 간 발생하거나 또는 1차 대여자와 2차 이상의 대여자 간에만 발생할 수 있다. 즉 2차 이상의 대여자 양측 간의 반대 교환과정은 이루어지지 않는다.

: 1차 대여는 대여 예치금을 매개로 웸과 1차 대여자 간에 발생하고, 2차 대여는 1차 대여자 간의 예측 기대에 따른 교환 비율을 반영한 반대 교환과정을 매개로 1차 대여자 간에 발생한다. 3차 이상의 대여도 같은 구조로 반복된다. 단, 3차 이상의 대여는 1차 대여자와 2차 이상의 대여자 양측 간에만 이루어진다. 웸의 본질상 이러한 교환 과정의 증가는 대여 관계의 증가와 의미상 같다.

: 웸의 상품에 대한 권리를 대여한 대여자 간의 교환 과정에서 권리의 단위가치는 고정되어 있으나, 교환의 비율이 1:X인 비대칭 방식에 의해 예측 시세가 반영되고 각 교환 과정이 이루어진다. 이는 대여 주체의 기대 가중치에 따른 교환비율이며, 권리 가치는 웸이 결정하는 절대적 고정 가치이므로(☜ 다음의 '(8) 상품 권리의 가치 표현' 부분 참고) 가치의 표현은 하나의 교환량에 대해 다른 하나가 등치 되는 교환량의 비율에 따라 상대적으로 결정된다.

: 대여 및 교환 과정의 본질상, 웸이 대여자로부터 받아 관리하는 권리의 대여 예치금이다. 대여자가 대여했던 권리를 상환할 시에는, 웸은 예치금이므로 대여자에게 다시 돌려주어야 한다. 이하 대여금 또는 대여 예치금 또는 대여 예치가격으로 약칭해서 동일한 의미로 쓴다.

: 따라서 웹과 대여자의 대여 관계는 대여되는 시점에 중립적이며, 대여된 권리의 수량만큼만 다시 상환하면 되는 대칭형 시장 구조이다. 대여자 간의 반대 교환과정은 대여자 주체의 기대 변화에 따라 시점마다 권리의 상대 비율이 변하는 비대칭형 시장 구조로 이루어진다.

### (3) 상품과 상품에 대한 파생권리의 분석

: 상품과 상품의 살 권리 또는 팔 권리는 모두 웹이 정의한다.
: 웹의 관점에서 상품의 권리는 판매의 객체가 아니라 대여의 객체이다.
: 상품
⇒ 특정 경제지수의 확정시점 이전에(=대여 및 반대 교환과정 진행 시점) 그 지수가 확정시점에서 특정 구간 N에 위치하지 않을 예측에 대해, 과거형인 '구간 N에 위치하지 않았다' 라는 확정성 부정 명제로 정의한다. 따라서 확정시점 이후에는 존재하거나 존재하지 못하거나의 두 가지 상태이다. 즉 확정시점 이후에 구간 N에 위치한 것으로 확정되면 이 상품은 존재 불가능한 상태에 놓여 상품 자체가 소멸된다.

단, 부정명제든 긍정명제이든, 상품의 살 권리와 팔 권리에 관한 대여 및 반대 교환과정의 구조에는 중립적이다. (☞ '파생상품 1.' 에 관한 내용을 참조)

: 확정 시점 이전인 반대 교환과정의 시점에서는 미래에 과거형으로 확정 되어야만 명제의 존재가 확정되는 상품의 본질상, 이 상품 및 이 상품에 근거한 권리를 반대 교환과정의 시점에서 시장 주체들이 직접 팔거나 살 수는 없다.

이런 이유 때문에, 확정 시점 이전의 반대 교환과정 시점에서 웹은 대여자와 상품과 상품의 권리에 대해 판매가 아닌 대여 관계로만 설정을 할 수 있다. 따라서 지수 확정 시점 이전에 대여자는 상품 또는 상품의 파생권리 자체를 가지고 있지 못한다.

대신 웹으로부터 상대 대여자가 원하는 상품에 대한 팔 권리 또는 살 권리를 대여받아 반대 교환과정에 의해 자신이 원하는 상품에 대한 권리를 가지고 있게 된다.

이 구조를 통해 상품의 존재적 불확정성을 극복한다.(☞ 이와 관련 '3. 사례 분석의 (2) 상품' 부분 추가 참고)

### (4) 상품에 대한 '파생권리 1.'

: '상품에 대한 파생권리 1' 은 편의상 '파권 1.' 또는 '살 권리' 또는 'buy-right', 'br' 을 모두 같은 개념으로 정해서 사용하도록 한다.

: 파생 권리를 대여하고 나서 그 상환시점은 지수의 확정시점과 동일하다. 만약 이 시점에 최초 대여했던 해당 파생 권리를 상환하지 못하면 대여자의 웹에 대한 상환 과정은 발생하지 않고 종결된다.

: 대여 예치금의 상환에는 반드시 대여자가 대여한 해당 파생권리만 웹이 예치금을 상환해 줄 수 있는 객체가 된다.

: 상환 과정의 경우 웹은 대여자와 그 대여한 파생권리에 대해 합치하여 인식한다. 즉 '대여 시점/대여자/대여 권리' 라는 3요소가 일치해야만 대여자는 웹으로부터 자신의 대여 예치금을 돌려받을 수 있다. 이것이 웹의 상환에 대한 대여자 구분 인식이다.

따라서 상환의 객체는 대여했던 상품의 파생권리이고, 대여 예치금을 상환 받을 주체는 상환시점에서 그 파생권리를 보유하고 있는 1차 대여자이다.

: 이에 반해, 파생권리의 청산은 대여했던 권리의 상환이 아니다. 권리 내용이 발생되는 지수의 확정 시점 이후 각 권리를 보유하고 있는 제1 또는 제2 대여자가(☞ 이 관점에서 제1, 2 대여자란, 웹에 대해 1차 대여자

와 구별됨. 이것을 '반대 교환과정에 의한 대여자의 이중성' 이라고 함) 웹에게 권리를 행사하는 과정이다. 그러므로 웹은 권리의 행사자를 대여자의 합치에 의해 구분할 필요가 없어 구분 인식하지 않는다.

: 상환 과정은 대여한 자로부터 반드시 그 대여한 권리를 돌려받고 해당 예치금을 상환해주는 구분 인식형 과정이고, 청산 과정은 권리의 효과 발생에 대해 권리 보유 주체(=제1, 2 대여자)와 의무 주체(=웹) 간에 무차별적으로 이행 및 불이행이 발생하는 당사자 비구분형 과정이다.

: 상환 과정과 권리 관계의 청산 과정은 이렇게 근본적으로 속성이 다르다.(☜ 대여 권리의 상환 기준이 되는 웹의 대여자 구분과 청산 과정은 '파생권리의 첨부 제1조건 및 2조건에 관한 분석' 의 내용을 참고)

: 상품의 내용과 반대 예측을 하는 주체가 '파생권리 1.' 을 웹으로부터 대여받는다. 그런 후, '파생권리 2.' (☞ 파생권리 1.의 경우와 같이 편의상 파권 2.=팔 권리=sell-right=sr를 모두 같은 개념임)를 가진 상대와 자신이 대여 받은 파생권리 1.을 반대 교환과정을 통해, 자신의 예측과 반대인 '파생권리 1.' 을 넘겨 버리면서, 자신은 상대로부터 자신의 예측과 같은 '파권 2.' 를 교환받아 보유한다.(☜ 본질적으로 대여 차수의 증가임)

: 상품이 긍정명제든(=지수가 구간 N에 위치했다), 부정명제든(=지수가 구간 N에 위치하지 않았다) 상관없이, 명제에 동의하는 예측을 하는 주체는 파생권리 2.를 대여하면 되고, 명제에 동의하지 않는 예측을 하는 주체는 파생권리 1.을 대여하면 된다.

각 주체는 자신의 대여권리를 상대와 반대 교환과정을 통해 자신의 예측에 유의미한 권리를 확보하게 된다. 이것을 '명제의 권리 대여에 관한 중립성' 이라고 한다.

: 다음에서 설명될 각 조건은(첨부 제1 조건, 제2 조건, 제3 조건) 대여의 전제 조건이므로 대여자는 대여의 최초 시점부터 이를 동의하고 대여받는다.

▷ '파생권리의 첨부 제1 조건' 에 관한 분석

: 파권 1.(=살 권리)의 본질은 지수 확정시점 이후에 그 상품을 살수 있다는 권리로서, 대여만 되며 1차 대여자는 권리의 행사권이 없고 2차 이상의 대여자에게만 권리의 행사권이 발생하는 조건이다. 이를 '파생권리의 첨부 제1 조건' 이라고 한다. 이것은 파생권리 2.(=팔 권리)에도 동일하게 적용된다.

: 2차 이상의 대여자란, 처음 웸으로부터 대여를 한 1차 대여자 간의 반대 교환과정을 통해 상대측의 권리를 보유하게 된 경우와(=2차 대여자) 1차 대여자와 2차 이상의 대여자들 간의 반대 교환과정을 통해 상대측의 권리를 보유하게 된 대여자를(=3차 이상의 대여자) 의미한다. 반대 교환과정이 계속되면 2차 이상의 대여자들은 3, 4…차 대여자로 차수가 증가한다.

: 웸은 상환의 주체로서는 이들 대여자의 차수를 모두 구분해 인식하나, 권리 청산의 주체로서는 차수를 구분하지 않는다. 즉 교환과정을 구별하지 않고 청산 시점에서의 권리 보유자를 제1 또는 제2 대여자 중의 하나로만 인식하여 확정시점 이후에 유효한 권리를 가진 대여자와 관계 청산 방식에 따라 처리한다.

: 청산 과정에서 대여자는 웸과 제1 대여자, 제2 대여자 즉 웸과 권리 보유자 관계로만 대응한다.

: 이에 반해, 상환 과정에서는 웸과 n차 대여자로 대응한다. 이를 '반대 교환과정에 의한 대여자의 이중성' 이라고 한다. 웸은 대여를 희망하는 해당 1차 대여자(=파권 1. 또는 파권 2.의 대여 희망자)에 대해서 희망 수량을 대여한다.

1차 대여자에게 대여되는 즉시 대여를 희망하며 대기하고 있던 상대 1차 대여자(=파권 1. 또는 파권 2.의 반대 권리인 각 파권 2. 또는 파권 1.의 대여 희망자)와 반대 교환과정을 통해 대여 권리가 처리된다. 따라서 1차 대여받은 권리를 직접 보유하는 방식은 불가능한 조건부 권리가 된다. 웹의 대여 구조가 상대에게 2차 대여할 권리만을 웹으로부터 대여하도록 강제되어 있기 때문이다.

: 결국 첨부 제1 조건에 의해 자신이 원하는 권리는 상대로부터 반대 교환과정을 통해 보유함으로써 그 권리의 효력을 발생받게 된다.

: 첨부 제1 조건은 대여자의 예측 성공과 실패에 관계없이 발생하는 첨부 조건으로, 권리 보유자의 권리 발생과 경합하지 않고 권리의 발생보다 항상 우선적으로 발생한다.

▷ '파생권리의 첨부 제2 조건' 에 관한 분석

: 확정시점 이후 파생 권리의 청산에 대한 유효한(=상품이 확정시점 이후에도 존재 가능한) 권리 내용의 추가 첨부조건은 다음과 같다.

: 확정 시점 이후 유효한 권리를 가지고 있는 대여자가(=제1 또는 제2 대여자) 웹에게 청산을 요구한다. 이때, 웹이 상품의 청산에 응하지 않을 수 있다는 조건을 '파생권리의 첨부 제2 조건' 이라고 한다.

: 첨부 제2 조건은 '파생권리의 첨부 제3 조건' 을 전제로 발생한다. 그런데 제2 조건의 발생에는 다른 전제도 있다.

이를 살펴보면,

특정 조건에서 매매가 제한된 상태를 '제한 시장' 이라고 하는데,(☞ 제한 시장에 대해서는, '파생권리의 첨부 제3 조건' 에 관한 분석 참고) 제한 시장은 첨부 제3 조건에 의해 생성되기도 하고 권리 행사자에 의한 강제매매 방어를 위해서도 생성된다. 따라서 첨부 제2 조건의 발생 전제는 정확히 제한 시장의 생성이라고 할 수 있다. 특히 실제 청산 과정에서의 첨부 제2 조건 발생은 첨부 제3 조건에 의해 생성된 제한 시장에서가 아닌, 웹의 강제 매매 방어를 위한 제한 시장의 생성에 대해서만 발생한다.(☞ '3. 사례 분석의 (4)' 를 참고)

: 그런데 첨부 제2 조건의 종결을 위한 효력 요소는 페널티(=위약금)다. 첨부 제2 조건의 발생 전제가 제한 시장이었다면, 첨부 제2 조건의 종결전제는 '페널티(=위약금)' 다. 종결 전제란, 웹이 첨부 제2 조건에 따

라 청산에 응하지 않기 위해서는 유효한 권리 보유자의 청산 요구에 관한 안정성 담보 및 그 보호를 위해 반드시 페널티(=위약금)를 물어주어야 한다는 것을 의미한다. 따라서, 청산 과정은 발생 전제와 종결 전제로 이루어진 첨부 제2 조건의 달성(=발생+종결) 과정을 통해 진행된다.

: 만약 대여된 각 권리의 대여금이 동일했다면, 웹이 대여자들로부터 권리를 돌려받는 대신 권리가격의 2배 대여금을(=실질적으로는 1차 대여자들로부터 받은 대여 예치금의 총액을 의미함) 지불하면 청산된다. 이것 역시 '파생권리 2.' (=팔 권리)에도 동일하게 적용된다.

: 여기서, 대여자가 대여했던 해당 권리의 상환 시점은 지수의 확정 시점과 동일하므로, 대여자가 자신이 대여했던 해당 권리를 확정 시점부에 상환하지 못하면 상환 과정은 발생하지 못하고 종결된다. 그러면 이 예치되어 있는 대여 예치금은 웹의 대여 예치금 계정에서 다른 계정(=웹의 위약금 계정)으로 이동되어 보관된다. (☞ 예치금 경로의 분석에 관해 뒤의 【補論】부분 참고)

: 대여자들이 자신들의 대여 예치금을 돌려받기 위해서는 지수 확정시점 이후에 자신들이 대여한 권리를 웹에 돌려주고 반환받으면 된다. 그렇지만 대여한 권리는 대여 차수 증가에 의해 돌려줄 수 없는 상태에 놓이게 되어있어,(☞ 반대 교환과정에 의해) 권리 상환에 의한 대여 예치금 반환은 어느 쪽도 이루어지지 않게 된다. 다만, 유효한 권리행사에 대한 웹의 위약 행위에 의해 웹이 유효한 권리를 가진 측에 지불해주는 위약금은 대여 예치금과 예측 성과금(=예측에 실패한 상대측의 대여 예치금)으로 지급되며 이 과정을 통해 모두의 관계가 청산된다.

: 여기서 대여자 간의 관계를 살펴보면, 시장 참여자 중의 하나인 A와 B가 있다고 할 때, '구간 N에 위치하지 않았다' 에 대해 동의하지 않고, 즉 구간 N에 위치할 것이라는 예측을 하면서 동시에 그 예측에 화폐가치를 지불할 의사가 있는 참여자를 A라 한다. 이때 B는 '구간 N에 위치하지 않았다' 라는 상품이 확정시점 이후에는 존재하지 못할 것을 기대하는

참여자라고 하면, 이 상품을 살 권리를(=A 자신의 예측에 따르면 무의미한, 무가치한, 실행 불가능한 권리) 웸으로부터 빌려서(=웸에 화폐가치를 지불하는 행위를 의미함) B 자신과는 반대 예측을 하고 있는 A와 반대 교환과정을 진행한다.

: 첨부 제2 조건의 발생은 권리 발생과 경합하지 않는다. 다만 첨부 제1 조건과는 달리 권리의 발생보다 항상 뒤에 발생한다. 왜냐하면, 첨부 제2 조건은 강제 매매에 의한 방어 시장으로서의 제한 시장을 전제로 발생하는데, 강제 매매의 원인이 권리 보유자의 권리 행사이고, 지수 확정 시점 이후 청산 과정에서 권리 발생과 첨부 제3 조건의 경합에서 권리 발생이 이긴 후에 그 권리 발생이 강제 매매의 원인으로 전제되기 때문이다.

**▷ '파생권리의 첨부 제3 조건' 에 관한 분석**

: '파생권리의 첨부 제3 조건' 은 '확정 시점 이후 웸과 대여자들 간에 상품 자체의 매매 거래를 할 수 없다' 이다. 그러나 이 조건은 무조건적 매매 거래의 불가능을 전제하는 조건은 아니다.

: 제3 조건은 대여자의 예측 성공과 실패에 따라 각 권리 보유자의(=제1 또는 제2 대여자) 권리발생과 직접 경합하여 선택적으로 발생하는 조건이다. 따라서 웸은 웸과 대여자들 간의 상품 매매가 완전히 불가능하게 전제된 모순 시장이 아니라, 특정 조건에 한해서(← 첨부 제3 조건의 발생 또는 강제 매매에 대한 방어) 시장 거래가 일시적으로 이루어지지 않을 수 있는(또는 관점에 따라 '금지되는' 으로 표현 가능한) '선택적 제한 시장' (=이하, 제한 시장)이다.

: 여기서 '선택적' 제한 시장인 이유를 살펴보면, 예측의 결과에 따라 확정 시점 이후 첨부 제3 조건이 권리와의 발생 경합에서 질 경우 제3 조건이 발생하지 않아서 상품 매매는 유효하다. 따라서 '제한 시장' 이 아닌 '정상 시장' 상태에서 권리 발생과 웸의 의무이행 과정이 진행된다.

: 첨부 제3 조건이 경합에서 이길 경우에만 한정적으로 상품 매매가 금지되는 '제한 시장' 이 된다. 그러나 모든 경우에 제한 시장이 되는 것은 아니며, 첨부 제3 조건이 발생해 제한 시장이 될 조건이 충족되더라도 무효해진 권리로 인해 권리 행사를 하지 않고 권리 보유자가 스스로 포기할 때에는 제한 시장으로 전환하지 않는다. 정상 시장으로 상태 유지된 채로 청산 과정이 진행된다.

: 반대로 첨부 제3 조건이 발생하지 않는 경우라도 유효해진 권리의 보유자가 웸에 대해 권리 행사를 강제할 때 이를 방어하기 위해 웸은 청산 과정의 필요에 따라 제한 시장으로 전환할 수도 있다.

: 따라서 웸은 특정조건에서 매매의 금지 가능 여부를 기준으로 분류되는 정상 시장과 제한 시장의 속성을 모두 가지고 선택적으로 전환되는 시장이다. 이런 이유 때문에 웸을 '선택적 제한 시장' 이라고 한다.

(☞ 제3 조건의 권리 발생과의 경합에 대한 과정 분석과 경합의 원칙은, '3. 사례 분석의 (4)' 를 참고)

: 제3 조건도 '파생권리 2.' (=팔 권리)에 동일하게 적용된다.

### (5) 상품에 대한 '파생권리 2.' (=파권 2.=팔 권리=sell-right=sr)

: '구간 N에 위치하지 않았다' 에 대해 동의하지 않고, 즉 구간 N에 위치할 것이라는 예측을 하면서 동시에 그 예측에 화폐가치를 지불할 의사가 있는 참여자를 A, 그리고 '구간 N에 위치하지 않았다' 라는 상품이 확정시점 이후에는 존재하지 못할 것을 기대하는 참여자를 B라고 한다.

: B는, A로부터 살 권리(br)를 반대 교환과정에 의해 보유하면서, 대신 A에게는 교환 객체로서 이 상품의 팔 권리를 웸으로부터 빌려서 준다. 이것의 청산은 살 권리의 청산 방식과 같다.

: 상품에 대한 권리만이 대여의 개체이고, 대여는 웸과 교환 거래자 간의 과정이며 2차 이상의 대여자 간에는 대여된 권리가 반대 교환과정으

로 반복 대여된다.

### (6) 상품의 예측에 관한 대여자 간 확률 점유율의 불평등성과 이것의 해소에 관한 분석

: 상품의 종류가 총 N개, 즉 지수의 확정 위치에 대한 예측 구간의 구별이 N개라고 할 때, 부정명제를 전제로 분석해 보면, 상품 N의 파권 1.을 대여한 자는(=파권 2.를 보유한 자) 구간 N에 있다고 예측하는 것인데, 이에 대한 상대 대여자는 구간 N에 없다고 예측하고 있다. 즉 이때의 상대 대여자는(=파권 2.를 대여한 자) N-1개의 어느 구간이든 있다고만 예측하는 'wide 포지션'(=구간 수가 많은 포지션)인데 반해, 파권 1.을 대여한 자는 반드시 구간 N인 곳에만 있다고 예측하는 'narrow 포지션'(=구간 수가 적은 포지션)으로, 파권 2.를 대여한 자에 대해 상대적으로 갖는 확률 점유율의 불평등성이 있다.

: 하나의 대여에 대해서는 그러하지만, 동일인의 다른 상품 권리에 대한 두 번째 대여가 있는 2개의 대여일 경우에 상품 N의 파권 1.을 대여한 자가 두 번째 대여에서 다른 구간 N-1 상품의 파권 2.를 대여하면 그 경우의 파권 1.을 대여한 자에 대해 확률 점유의 역(逆)불평등성을 확보하기 때문에 불평등성이 상쇄되어 해소된다. 즉 지수가 위치할 것으로 예측하는 구간의 '파권 1.'을 대여하는 수량과 위치하지 않을 것으로 예측하는 구간의 '파권 2.'를 대여하는 수량이 동일하면, 양측 대여자 간 확률 점유율의 불평등성은 존재하지 않는다.

### (7) 상품의 권리는 구간별로 대여 및 반대 교환과정이 폐쇄되어 있다.

: 구간별로 정의된 상품 권리의 대여 및 반대 교환과정은 대여된 구간의 권리 대여자들에 대해서만 가능하고, 다른 구간의 상품 권리와는 반

대 교환과정이 발생할 수 없다. 다른 구간에 지불의사가 있는 것에 대한 예측을 하려면 그 구간에 대한 권리의 대여를 별도로 하여 그 구간 내의 다른 대여자의 필요 권리를 반대 교환과정으로 보유하면 된다.

: 따라서 구간별로 정해진 상품은 각각 Yes or No 둘 중에 하나를 선택하는 문제구조로 모두 동일화된 상태가 된다.

: 확정시점 이후 청산 과정에서는 이 구분 구속에 의해 위약금이 폐쇄적으로 각 구간 상품의 유효한 권리의 행사자에게 통합 처리된다.

### (8) 상품 권리의 가치 표현

: 각 상품 권리는, 호가에 의한 가격 표시로 형성되지 않고 권리 대여자의 권리 1회 희망 교환량과 상대 권리 대여자의 권리 1회 희망 교환량에 대한 교환비율로 표현된다.(☞ 이를 '대여자 간 권리 교환구조의 비대칭성' 이라고 함.)

: 이것은 권리의 단위당 가치가 웸이 결정하는 고정 절대가치이기 때문이다. 이 교환비율과 대여량 및 단위당 대여 가격 등의 조합으로 웸의 대여 및 청산 관련 총액의 산정이 된다.

: 웸에서의 상품과 상품에 대한 파생권리는 소유권 이전에 의한 거래의 객체가 될 수 없고 대여 및 교환과정의 객로서만 가능하다. 이것은 웸이 소유한 상품과 상품의 파생권리가 교환과정 시점에서 존재적 불확정성을 내재하고 있기 때문이다. 이런 이유로 소유권의 이전이 아닌 대여와 교환 과정만으로 웸의 시장이 작동한다. 이때 웸의 시장은 파생 권리의 첨부 제1, 2, 3 조건에 따른다.

: 경제지수 예측시장 웸(WEM)에 대한 분석에서 사용할 고유 상품인 '코스피닥50' 지수의 권리 1 단위에 대한 대여 예치금 결정방식에 관해서는 3. 해당사례 기본 분석 다음에 나오는 '□ 붙임자료' 를 ' 참고

: 대여자 간 권리 교환구조의 비대칭성과 관련,

'가치=가격×수량' 일 때, 웹에서 상품에 대한 파생권리 가치의 화폐량 즉 단위당 가격은 웹이 결정하는 방식에 따른 고정치이므로, 가치의 변동은 수량의 변동 즉 '교환 비율' 에 의한다.

웹은 단위당 가격의 변화에 따른 가치 변동성 일치의 시장이 아니라, 파생권리의 교환량의 변화에 따른 변동성 일치의 시장이다. 이것은 단위당 가격이 웹에 의해 결정되는 중립 변수이기 때문이다. 따라서 1차 대여는 단위당 가격인 고정치에 의하고, 이후 교환 과정에 의한 '대여차수의 증가' 는 대여자 간 권리 교환구조의 비대칭성에 따른 교환 비율에 의한다.

:【補論】의 '▫ 구간별 대여 및 교환을 위한 주문 게시판' 부분에서 나오는 '대여자들 간의 교환비율 완전 자기결정 방식의 추가이해' 에서 정의된 개념을 원용해 웹의 상품에 대한 권리의 대여 및 교환에 관한 시장 속성을 살펴본다.

: 웹은 '파생권리의 첨부 제1조건' 에 의해 파생권리가 교환을 전제하기 때문에 재화로(=소비를 항상 전제로 하고 있는 가치물) 존재하는 것이 불가능하다. 그래서 상품(=교환을 항상 전제로 하고 있는 가치물)으로만 존재하는 시장이고, 화폐량이 아닌 상품간 교환량에 의한 변동성 일치가 이루어지므로 화폐가 개입한 교환 과정이 아니라, 즉 화폐발생 이전의 교환 과정인 가치물의 교환 과정에 의한 화폐의 기원적 기능이 도출되는 교환시장을 전제로 한다. (☞ -제I부- '7. 의사표현의 언어적 소통과 가치물의 화폐적 유통' 참고)

: 웹은 이러한 교환시장의 원리를 포함한다. 따라서 '대여 차수의 증가' 및【補論】의 '구간별 대여 및 교환을 위한 주문 게시판' 은 이 원리에 적용된다.

(9) 반대 교환과정

: 2차 이상의 대여자는 이미 대여한 권리에 대해 반대 교환과정을 통해, 당시 시점상의 기대 가중치가 반영된 교환비율로 지수 확정 시점이 전에 기존 포지션을 이탈할 수 있다.

(10) 웹의 수익

: 웹은 확정시점 이후에 유효한 권리 보유자의 권리행사에 대해 상황에 따라 의무이행을 하지 않을 경우, 대여자가 자신이 대여한 권리를 스스로는 반환하지 못하게 되어 있는 반대 교환과정의 구조로 인해 웹이 처분할 수 있게 된 대여 예치금을 웹의 위약금으로 전환해서 돌려주고 관계를 청산할 수 있다. 이때 지급하는 위약금의 특정 비율을 위약금 지급수수료로 징구한다. 이것이 웹의 수익이 된다.

(11) 웹은 상품 즉 경제지수의 종류와 구간 폭과 구간의 수, 대여 단위당 가격 등을 결정하여 예측 상품 및 상품의 권리로 정의하고 이를 운영, 유지한다.

## 3. 해당 사례의 기본분석

(1) 참가자

- 웹 : 상품을 소유한 주체로서, 웹은 상품을 살 것을 또는 팔 것을 요구할 수 있는 권리를 대여해 주는 주체이기도 하다.

– A : 상품이 확정시점 이후에 무가치한 것으로 예측해서 그 상품을 팔수 있는 권리를 가지고자 하는 주체.

– B : 상품이 확정시점 이후에 유가치(有價値)한 것으로 예측해서 그 상품을 살수 있는 권리를 가지고자 하는 주체

### (2) 상품

▶ "임의의 P 지수 확정 시점인 내일, P 지수의 값이 오늘보다 내렸다."

▶ 미래인 내일의 지수 확정시점 이후에야 실현되는 과거형 상품의 본질로 인해(☞ 명제의 본질과 등치, 앞의 '(4) 상품과 상품에 대한 파생권리의 실체분석' 부분 참조) 확정 시점 전(前)인, 권리 대여 및 반대 교환 과정의 진행 시점에서는 상품과 그에 근거한 권리가 존재와 비존재의 중간 상태에 있는 것이다.

이것은 본질적으로 존재하지 않는 상품은 아니고 존재가 아직 불확정적인 동시에 비존재가 아닌 상태라고 할 수 있다. 따라서 상품과 상품의 권리는 존재적으로 불가능한 것이 아니라 가능한 것이다.

그런데 존재의 확정 시점인 내일의 전(前)인 오늘의 대여 및 반대 교환 과정 시점에서는, 상품과 상품의 권리가 불가능한 존재들이 아니지만 존재의 불확정성 때문에 시장 주체들이 직접 팔거나, 살 수는 없다. 이런 이유로 확정 시점 이전에는 웹이 시장 참가자들에게 판매가 아닌 대여로만 관계 설정을 할 수 있다.

### (3) 대여객체

: 웹의 대여객체는 확정시점에서 상품을 살 권리(=br)와 확정시점에서 상품을 팔 권리(=sr)이고, 권리의 대여 예치가격은 웹이 결정하는 고정

값이다. 권리는 상환을 조건으로 대여된다. 만약 확정시점 이후에 상환되지 않으면 대여 예치가격은 돌려주지 않는다.

여기서는 권리의 대여가격을 q로 가정한다.

: br과 sr은 확정시점 이후에 유효할 경우의 권리 행사, 즉 웸의 의무이행을 요구할 수 있는 권리인데, 이때 웸이 의무이행을 하지 않을 때에는 위약금을 주고 관계를 청산할 수 있다.

이는 대여 전제조건으로서 대여 시점에서 A와 B가 모두 동의해야만 대여가 된다. 위약금을 지급할 때 웸은 지급 수수료를 제외하고 나머지를 지급한다. 이것이 사실상의 웸 수익이 된다.

: 위약금의 구성 본질은 유효한 권리를 행사한 측의 대여 예치금과 무효한 권리로 확정된 상대측의 대여 예치금을 합한 것이다.

### (4) 대여 및 반대 교환과정의 구조

(단, 여기서의 교환비율은 br:sr=1:1로 가정)

: A가 필요한 것은 sr이고 B가 필요한 것은 br 인데, 이것을 각각 웸으로부터 바로 1차 대여를 하면 A와 B 간에 교환거래가 발생하지 않는다.

: 반대 교환과정을 전제하지 않은 대여는 파생권리의 첨부 제1 조건에 의해 이루어지지 않는다. 따라서 sr이 필요한 A는 우선 br을 웸으로부터 대여 예치금 q를 주고 대여하고, br이 필요한 B는 우선 sr을 웸으로부터 대여 예치금 q를 주고 대여한다.(☞ 이 경우의 교환비율은 br:sr=1:1로 가정되어 있으므로)

: A와 B 간에는 대여됨과 동시에 반대 교환과정이 이루어진다. 이렇게 해서 A는 B로부터 sr을 받아오고 대신 B는 A로부터 br을 받아온다.

이후 확정 시점이 도래해서,

만약 P 지수의 값이 상품의 내용과 달리 올랐다면,

〈1〉 B는 예측이 틀린 경우다.

B는 웹에게 상품을 팔도록 할 권리를 가지고 있는데 상품 자체가 무가치한 상태에 놓이게 되었다. B는 무가치한 상품을 웹으로부터 산다고 해도 아무런 가치획득이 되지 않기 때문에 자신의 살 권리를 포기한다. B가 예측에 실패했기 때문에 B의 살 권리 실현, 즉 웹이 A에게 팔아야 할 의무의 발생 상태보다 A가 스스로 권리를 포기하는 상태가 우선 발생한다. 그래서 권리 발생과 첨부 제3 조건 발생 간의 경합은 없다. 결국 웹이 확정 시점 이후 대여자에게 상품 자체를 매매 거래할 수 없다는 파생 권리의 첨부 제3 조건 발생은 B의 살 권리의 실현보다 앞선 조건에 해당한다는 경합 원칙에 따른다.

예측 실패의 결과 시 구속되는 조건과 같은 상황이 만들어진다. 이 경우 첨부 제3 조건에 의한 제한 시장이 아닌 정상 시장 상태로 유지되며 청산 과정이 진행된다.

이유는 첨부 제3 조건이 발생해 제한시장이 될 조건이 충족되더라도, 무효해진 권리로 인해 권리의 보유자가 스스로 포기할 때에는 제한 시장으로 전환하지 않고 정상 시장 상태로 유지된 채 청산 과정이 진행되기 때문이다.

〈2〉 A는 예측이 맞은 경우다.

A는 자신의 상품을 웹이 사도록 할 수 있는 권리를 가지고 있다. 그런데 상품 자체가 상태적으로는 확정 현실과 모순을 일으켜 존재할 수 없게 되어 웹은 존재하지 않고 무가치한 상품을 살 수 없는 상태에 놓인다. A가 예측에 성공했기 때문에 A의 팔 권리 실현, 즉 웹이 A로부터 사줘야할 의무의 발생 상태가 A가 웹에게 팔 상품을 가지고 있지 않은 상태보다 우선한다.

또한 웹이 확정 시점이후 대여자에게 상품 자체를 매매 거래할 수 없다는 파생 권리의 첨부 제3 조건 발생은 예측 성공의 경우 A의 팔 권리의 실현보다 후위의 조건에 해당한다는 경합의 원칙에 따른다. 예측 성공의 결과 시 구속되는 조건 상황과 상태적으로 같아진다.

다만 이 경우는 첨부 제3 조건이 발생하지 않지만, 제한 시장 상태로 청산 관계가 진행된다. 이유는 첨부 제3 조건이 발생하지 않는 경우라도 유효해진 권리에 따른 웸에 대해 권리 보유자의 권리 행사가 이루어질 때는, 웸이 이를 방어하기 위해 청산 과정의 필요에 따라 제한 시장으로 전환할 수도 있다는 것 때문이다.

그래서 과정상으로는 첨부 제3 조건이 발생하지 않지만, 웸은 우선 제한 시장으로 전환하고 난 상태에서 A에게 상품을 사지 못하게 된 상태를 제한 시장의 상품 매매 금지 상태와 동치 시킨 후, 그에 따른 위약금을 첨부 제2 조건에 의해 주고 관계를 청산한다.

만약 가격이 상품의 내용과 같이 내렸다면,

〈1〉 A는 예측이 틀린 경우다.

A는 자신의 상품을 웸이 사도록 할 수 있는 권리를 가지고 있다. 그런데 상품 자체가 무가치한 상태에 놓일 것으로 예측해 자신이 그 상품에 대해 팔 권리를 가지고 있는 상태이기 때문에 A는 상품을 보유하고 있는 않은 것과 같은 상태로 전제된다. A가 예측에 실패했기 때문에 웸이 확정 시점이후 대여자에게 상품 자체를 매매 거래할 수 없다는 파생 권리의 첨부 제3 조건 발생은, A의 팔 권리의 실현보다 앞선 조건에 해당한다는 경합 원칙에 따른다.

예측 실패의 결과 시 구속되는 조건과 같은 상황이 만들어진다. 하지만 이때는 첨부 제3 조건에 의한 제한 시장이 아닌 정상 시장 상태로 유지되며 청산 과정이 진행된다.

결국, A는 자신의 잘못된 예측으로 팔 권리를 행사할 객체를 가지고 있지 않기에 자신의 웸에 대한 팔 권리를 행사하지 못하고 스스로 포기한다.

〈2〉 B는 예측이 맞은 경우다.

B는 웸에게 상품을 팔도록 할 수 있는 권리를 가지고 있으므로 상품을

팔 것을 요구하게 된다.

B가 예측에 성공했기 때문에 B의 살 권리 실현, 즉 웸이 B에게 팔아야 할 의무의 발생 상태가 웸이 B에게 상품을 팔 수 없다는 첨부 제3 조건보다 우선한다.

이때 웸이 확정 시점이후 대여자에게 상품 자체를 매매 거래할 수 없다는 파생 권리의 첨부 제3 조건 발생은 B의 살 권리의 실현보다 후위의 조건에 해당한다는 경합 원칙에 따른다.

예측 성공의 결과 시 구속되는 조건 상황과 상태적으로 같아진다. 이 경우는 첨부 제3 조건이 발생하지 않는 정상 시장이지만, 웸은 강제매매를 방어하기 위해 제한 시장 상태로 전환해 청산 관계를 진행한다.

웸은 이렇게 제한 시장 상태를 전제한 후 첨부 제2 조건을 통해 B에게 상품의 판매를 거절한다. 이것은 권리의 이행 의무를 하지 않는 것인데, B로서는 웸에게 상품을 사지 못하게 된 데에 따른 위약금을 웸으로부터 지급받아야만 한다.

이것은 의무이행을 하지 않을 때 교환비율에 따라 위약금을 주고 관계를 청산할 수 있다는 첨부 제2 조건에 의한다.

따라서 지급 수수료를 제외하고, 유효한 권리를 행사한 B의 대여 예치금과 무효한 권리로 확정된 교환 상대측인 A의 대여 예치금을(☜ 실질적으로는 조건 불충분으로 상환이 불가능해진 A와 B의 대여 예치금) 보관하고 있던 웸의 계정에서 모두 위약금으로 B에게 지급해주고 웸은 의무관계를 청산할 수 있다.

### □ 붙임자료 (▶ 웸을 위한 변동성 경제지수의 新구성)

: 구체적 상품 구성의 분석 (주가지수를 기반으로 '3차 지수' 창조)

(※참고로, 2005년 6월1일부터 한국의 증권선물거래소에서 발표하기 시작한 KRX100(=Korea Exchange 100) 지수와 이 책의 '코스피닥50'

은, 개념과 구성 방식은 유사하나 코스피닥50 지수는 독립적으로 개발되었으며, 또한 이 책에서 분석되고 있는 코스피닥50 지수의 거래방식은 코스피200, KRX100 등 기존 지수의 거래방식과는 서로 다름)

1. 거래소와 코스닥의 특정 주식 50개를 추출해 '코스피닥50' 지수를 생성시킨다.

2. 코스피닥50의 변동 구간을 웹 상품화
   (☞ 다음 페이지의 표는 코스피닥50의 예측 테이블임)

| | (today)<br>date 1<br>=거래시점 | +(tomorrow) date2<br>=확정시점 | 웹<br>구분 | 웹 구간 상품 |
|---|---|---|---|---|
| 코스피(거래소) | | | | |
| 코스피200 | | | | |
| 코스닥 | | | | |
| **코스피닥50** | | | | |
| **※참고**<br><br>구간의폭,<br>구간의수 등<br>구간 관련<br>세부조건과<br>내용은<br>웹에 의해<br>정의 및<br>조정 결정됨 | | 4a<코스피닥50 (date2) | = 웹4 | Date2 확정 시점에서 코스피닥은 웹4구간에 없었다. |
| | | 3a<코스피닥50 (date2)≤4a | = 웹3 | Date2 확정 시점에서 코스피닥은 웹3구간에 없었다. |
| | | 2a<코스피닥50 (date2)≤3a | = 웹2 | Date2 확정 시점에서 코스피닥은 웹2구간에 없었다. |
| | | a<코스피닥50 (date2)≤a | = 웹1 | Date2 확정 시점에서 코스피닥은 웹1구간에 없었다. |
| | 코스피닥<br>50<br>(date1) | 1코스피닥50 (date2)≤a | = 웹-0 | Date2 확정 시점에서 코스피닥은 웹0구간에 없었다. |
| | | -2a≤코스피닥50(date2)<-a | = 웹-1 | Date2 확정 시점에서 코스피닥은 웹-1구간에 없었다. |
| | | -3a≤코스피닥50(date2)< -2a | = 웹-2 | Date2 확정 시점에서 코스피닥은 웹-2구간에 없었다. |
| | | -4a≤코스피닥50(date2)< -3a | = 웹-3 | Date2 확정 시점에서 코스피닥은 웹-3구간에 없었다. |
| | | 코스피닥 50(date2)< -4a | = 웹-4 | Date2 확정 시점에서 코스피닥은 웹-4구간에 없었다. |

3. 코스피닥50의 주식 종류는 경제 및 주가 지수의 대표성을 반영할 수 있도록 웹의 내부결정에 의해 주기적으로 교체할 수 있다.

4. 상품 권리의 1단위 대여 예치금 가격 결정방식

(1) 웹의 내부 결정방식을 원칙으로,

(2) 가격 결정은 반영요소에 의해 독립적으로 계산되는 고정형 구조이다. 따라서 가격은 변수가 아니고 상수 값으로 처리된다.

(3) 웹의 반대 교환과정의 시세반영 변수는 가격이 아니고, 교환과정의 단위당 교환비율에 의한다.

(4) 상품 권리의 코스피닥50 지수 연계성 통해 권리 결과를 지수 결산형 금액 규모로 산정 가능하도록 조정

▶ 코스피닥50 지수 1의 가격 = KQ (☜ 웹의 내부 결정 상수)

▶ 상품 권리의 1단위 대여 예치금 가격 = KQ × 상품의 구간 산술 평균 지수

▶ 상품 권리의 1단위 대여 예치금 가격= KQ × 상품의 구간 산술 평균 지수 × 조정계수

(☜ 조정계수도 웹의 내부결정 상수이다. 구간별로 조정계수 값에 구간 가중치를 적용하여 구간별 상품 권리의 대여금을 차등할 수 있다.)

5. 코스피닥50 지수의 3차성에 관한 접근

: 주식 관련 지수와의 시장 비교 관점에서 차성 분류

| 1차 시장 (現物) | 1.5차 시장 (抽出) | 파생상품 시장 | |
|---|---|---|---|
| | | 2차 시장(先物) | 3차 시장(權利) |
| 코스피 (거래소종합 주가지수) | 코스피 200지수 | 코스피200 지수예측상품 (선물지수) | 선물지수에대한 매매권리 (파생상품=옵션) |
| 코스닥 | 코스닥 50지수 | 현실거래 미약 | |
| | | 코스닥50 지수예측상품 (선물지수) | 코스피 50지수 매매권리 |
| 장외 | 임의 | | |
| 코스피<br>코스닥 | 코스피닥 50지수 | 코스피닥50의 구간예측상품 | 코스피닥50의 구간예측상품에관한 매매권리 |

# 【補 論】

- □ 위약금 지급수수료의 성격
- □ 위약금 지급수수료 분석
- □ 상품 권리의 양태
- □ 구간별 대여 및 교환을 위한 주문 게시판
- □ 예치금 보관 방식
- □ 웹의 수익 방식

□위약금 지급 수수료의 성격

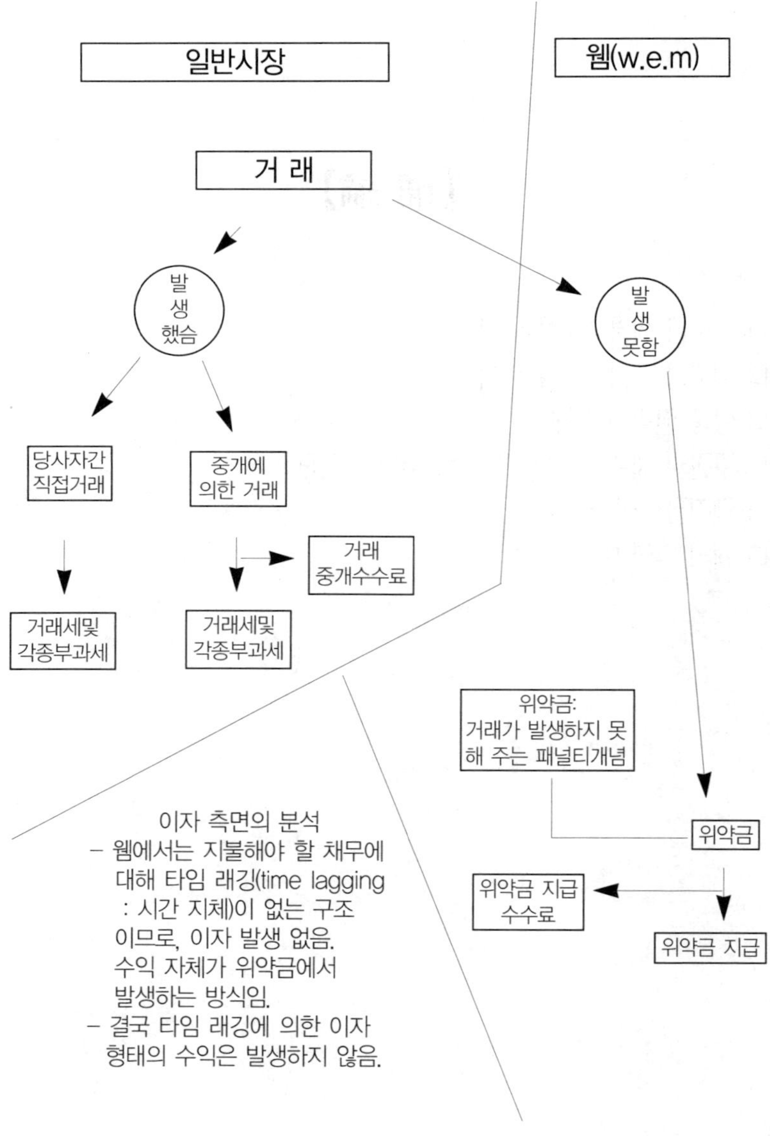

□ 위약금 지급수수료 분석

w=위약금 지급수수료율,
X=상대측의 예치금,
Y=자신의 예치금일 때,
W=위약금 지급수수료=위약금×w = (X+Y)×w
(단, w는 0〈w≤[X/(X+Y)]〈1 )

T=(X+Y)w/X
=w(1+Y/X)
=w(1+(1/v))
=총 지급수수료가 위약금중 순수익금에서 차지하는 비중이라 하고,
X/Y=승수율=v (=교환비율)라고 할 때,
w=0.05 라고 가정하면,

1. 만약,
v≥0.11이면,
위약금 지급수수료 W가 사실상의 수익금 X의 값 절반보다는 작다.
따라서 v≥0.11일 때는 w를 0.05로 한다.

2. 만약,
v≤1/19=0.0526이면,
위약금 지급수수료 W가 사실상의 수익금 X보다 더 큰 모순의 범위가 된다.
따라서 v≤0.0526일 때는, w를 w=0.5X/(X+Y)로 하되,
W가 은행이체수수료보다 적으면 이체 송금을 하지 않고 계정만 유지

시켜 준다.

3. 만약,

0.0526〈v〈0.11이면, 위약금 지급수수료 W가 사실상의 수익금 X보다는 작지만, 수익금 X의 절반보다 큰 상태가 된다. 그래서 0.0526〈v〈0.11일 때도 w를 w=0.5X/(X+Y)으로 한다.

W가 은행 이체수수료보다 적으면 이체 송금을 하지 않고 계정만 유지시켜준다.

* 은행 이체수수료 관계로, W는 지급수수료보다는 커야 한다.

* 은행 이체수수료를 위약금지급 수령자에게 별도 부담케 하는 방안 검토

□ 상품 권리의 양태

: 상품 권리의 양태는 반대 교환과정과 청산 시점의 지표

: 웹의 위약금 발생시 수령될 액수와 교환비율(=X/Y=승수율=v)과 상대측의 예치량(X/권리 1단위금액)을 표기하고 있다.

: 상품 권리의 양태

<table>
<tr><td colspan="3">상품 (살/팔) 권리</td></tr>
<tr><td rowspan="2">위약금<br>수령액</td><td colspan="2">교환비율</td></tr>
<tr><td>상대측의<br>예치량</td><td>자신의<br>예치량</td></tr>
<tr><td colspan="3">대여 시간(구분 지표)</td></tr>
</table>

□ 구간별 대여 및 교환을 위한 주문 게시판

: 주문 게시판 1.

⇒ 대여자들 간의 교환비율에 대한 ‘완전 자기결정 방식’

| 팔 권리를 다음 수량만큼 줄테니, 당신이 내놓은 살 권리 수량과 교환하자. | | | 대여/ 교환 체결 | 살 권리를 다음 수량만큼 줄테니 당신이 내놓은 팔 권리 수량과 교환하자. | | |
|---|---|---|---|---|---|---|
| 팔 권리 | 주고 싶은 수량 | 받고 싶은 수량 | | 주고 싶은 수량 | 받고 싶은 수량 | 살 권리 |
| | a | a' | | a' | a | |
| | b | b' | 즉시체결 | b" | b | |
| | c | c' | | c' | c" | |
| | d | d' | | d" | d | |
| | e | e' | 즉시체결 | e' | e | |
| | g | g' | | | | |
| | | | | | | |

: 주문 게시판 2.

교환비율을 웹이 정해놓고, 구간 별로 상품 권리의 교환비율을 웹이 대여 희망자에게 전시하여 대여자 자신이 대여하고 싶은 것을 고르게 하는 방식

: 웹에 대한 주문

주문 게시판에서 자신이의 희망하는 교환할 수량을 정하고, 상대측이 원하는 권리 X개에 내가 원하는 권리 Y개를 교환하여 보유하기 위해 선택하면, 자동적으로 상대측이 원하는 권리 X개를 대여하겠다는 주문을 웹과 체결하는 방식.

: 합성 (주문 게시판 1. 2. 방식과 웹에 대한 주문 방식의 종합)

(1) 교환비율을 대여자가 결정하면,

(2) 동일한 교환비율 의사를 가진 대여자들의 공동섹터로 진입한 후,

(3) 대여/교환 전시표 로드

(4) 전시표의 동일 비율 간 각기 다른 교환량 중에서 원하는 대여/반대교환 과정 코너를 대여 희망자가 선택

(5) 대여 주문과 교환 체결의 자동 유도

□ 예치금 보관 방식

: 단독 계좌 방식과 공동 계좌 방식으로 구분

: 단독 계좌 방식이 이체 효율이 높다.

: 계정 보호는 기본적으로 인출 제한 장치인데, 인출제한에 관한 당사자 격(格)(=웹/대여자/은행 3자의 격)과 상호구속의 관계설정은 인증 문

제로 인해 추후 결정.

1. 단독 계좌 방식

(1) 대여 예치금을 웹이, 웹 자체의 계좌에 독립 계정으로 보관한다. 이때의 대여 예치금 계정은 웹의 계좌에 유치 중이나, 상환을 대비해야 하는 예치금으로 본질은 대여자 소유의 보관금에 해당한다.

(2) 이 시점(=확정시점 이전의 대여 발생 시점)에서는 대여 예치금이 웹의 자본이 아니므로 대여 예치금의 소유자인 대여자를 보호하기 위해 웹의 대여 예치금 계정에 인출 제한을 걸어둔다. 단, 이 과정의 구현 시 웹/대여자/은행의 3자 격 등 인증 문제와 연동

(3) 확정 시점(=상환 기한 시점) 이후에서 상환이 불발(不發)하여 대여자 모두가 대여 예치금을 포기하도록 전제되어 있는데, 이때 대여 예치금이 웹의 자본으로 전환된다.

(4) 웹은 이것을 웹의 대여 예치금 계정에서 웹의 위약금 계정으로 이체시킨다.

(5) '(4)의 이체' 과정

위약금에 관한 대여자와의 최초 대여 과정에서 위약금 약정에 따라 다음의 두 가지 이체 방법이 있다.

⇒ 위약금을 대여자 양측의 예치금 전액으로 할 경우,(=위약금 불간섭 방식) 예치금 전액을 위약금 계정으로 이체시킨다. 웹이 대여금(위약금) 자체에 대해 간섭하지 않는 구조로 위약금 규모가 최대로 유지된다.

⇒ 웹의 수익을 반영해 위약금을 약정할 경우(=위약금 간섭 방식) 예치금에서 약정 위약금만 이체시킨다. 그리고 예치금 계정에서 남은 액수를 웹의 수익계정으로 이체시킨다. 웹이 대여금(위약금)에 대해 중간 단계에서 간섭하는 구조로 지급 순규모는 첫 번째 방법과 같지만, 위약금 산정 규모가 대여 예치금 총액보다 낮게 유지된다.

(6) 위약금 지급 진행

웸의 위약금 계정에서 유효한 권리의 행사자의 개별 계좌로 이체된다. 이때 (5)의 첫 번째 경우이면 지급수수료 발생하고, (5)의 두 번째 경우이면 지급수수료 없이 전액 이체 (두 경우 모두 은행에 대한 이체 수수료 발생)

(7) 종료

## 2. 공동 계좌 방식

(1) 대여 예치금을 웸과 대여자의 공동 계좌에 해당하는 제3 계좌에 보관한다.

: 대여 예치금이 웸의 보관금(대여자의 자본)이자 권리 대여에 대한 대가이므로, 웸과 대여자 모두에 자동 인출제한이 내재되어 있는 공동 계좌 보관을 통해 쌍방의 안전을 유지

(2) 확정 시점(=상환 기한 시점)에서 상환이 불발하여 대여자 모두가 대여 예치금을 포기하도록 전제되어 있는데, 이때 대여 예치금이 웸의 자본으로 전환되면서 공동 계좌에서 웸의 단독 계좌로 이체가 발생한다.(사실상 확정 시점이 상환 포기 시점과 동치임. 이 원인을 인출 제한 해제와 연동시키고 대여의 부속 조건으로 함)

(3) 단독 계좌방식의 (4), (5), (6) 진행

(4) 종료

## □ 웸의 수익 방식

: 위약금 불간섭 방식(=지급 수수료 방식)과 위약금 간섭방식

: 위약금 불간섭 방식의 경우, 마지막 계정 이체 전까지 위약금을 최대

치로 가져갈 수 있다.

여기까지가 사례 구성(1)로서, 웹에 대한 분석 내용들입니다.

### 가속(加速) 방법

여기서 '가속(加速)' 이란 '불확실성에 대한 불확실성' 을 의미합니다. 방법론의 측면으로 말하자면, 결합자본주의의 네거티브 결합을 제거하거나 최소한으로 줄임으로써 lim(목표확률)=1이 되는 것이 '가속' 하는 방법입니다. 이것은 불확실성의 파생적 연속으로 다루겠습니다.

결과의 불확실성을 현재화하여 상품으로 구성하는 것을 '파생' 이라고 하면, 수평적으로 모든 종류의 예측경쟁 시장을 만드는 '파생' 과정이 있습니다. 하나의 예측경쟁 시장을 구성했을 때, 즉 한번의 파생이 된 예측을 다시 불확실성으로 취급해서 추가적이고 동시에 연속적인 파생을 반복할 수 있습니다. 이렇게 하면 결합자본주의의 네거티브 결합을 제거하거나 최소한으로 줄임으로써 lim(목표확률)=1이 되는 속도를 빠르게 할 수가 있게 됩니다. 이것은 해당 예측경쟁 시장에서 불확실성을 상품화 하여 소비시키는데 있어 소비를 다시 불확실성으로 전환하여 그것을 또 다른 상품으로 소비시키는 것으로서, 다른 종류의 예측경쟁 시장을 구성하지 않아도 불확실성의 무한적 소비구조를 만들어낼 수가 있는 매우 효율적인 방법입니다.

따라서 이러한 가속방법은 네거티브 결합을 제거하거나 최소한으로 줄이는 속도를 높여줄 뿐만 아니라, 파생을 위해 시장 자체를 또 만들어야하는 과정이 없도록 해줍니다. 이것이 '가속' (加速) 방법의 특징입니다. 그리고 가속 방법은 공통으로 다른 종류의 예측경쟁 시장 모두에 동일하게 적용됨으로써 예측경쟁 시장의 구성수를 줄여주는 효과를 냅니다.

### 사례 분석(2)

그러면 이러한 가속방법을 설명하기 위해 실제 현실의 주식시장을 이용해 파생의 파생 즉 파생을 1회 더 해보는 사례를 인위적으로 만들어 보겠습니다.

이 방법을 그대로 다시 추가하고 연속하는 반복을 하면 가속 방법을 완전하게 구현하는 것이 됩니다. 이번 사례 역시 앞의 사례 분석(1)의 웸(WEM) 모델에서와 마찬가지로, 이해를 돕기 위해 가속 방법이 어떻게 구현될 수 있는지를 구체적인 모델로 만들어 사례 구성(2)로 소개해 설명하겠습니다. 다만, 이것은 현실적으로 이미 있는 모습이 아니므로, 실제 실행의 모습은 다르거나 부적절한 부분이 있을 수 있습니다. 하지만 가속 방법의 이해 자체에는 문제가 되지 않습니다.

사례 구성(2)는 웸의 경우와 다르게 교환 비율이 아닌 가격을 직접 사용하는 시장으로 설정하겠습니다. 가격을 사용하는 시장이 좀더 일반적인 경우에 해당할 것입니다. 참고로 파생의 파생에 관한 이번 사례 구성(2)의 모델은, 「적명」(인간과자연사, 2003, 김제국 지음)에서 소개된 'DIP' 라는 주식 파생상품의 파생상품(보험 상품의 일종으로 존재하는 것이라고 가정했음)입니다. 관련 부분을 일부 수정하고 서술을 적합하게 조정해 인용해 살펴보겠습니다. DIP라는 상품은 주식시장의 개별 파생상품에 대한 파생상품이 그 본질입니다. 사례 분석의 편의상 여기서는, DIP가 다양한 파생상품들 중 개별 주식의 파생상품인 주가 옵션에 대해서만 존재하는 것으로 가정하겠습니다.

### 사례 구성(2)

#### □ 파생상품에 대한 파생상품

DIP는 단기 계약기간 내에 일정한 범위를 넘는 급격한 개별주가의 변동으로 인해, 그 개별주가에 대한 파생상품을 매도한 사람의 증거금이 부족한 상태가 될 경우와, 파생상품을 신용으로 매입한 경우의 증거금

부족이 발생할 경우, 그 부족한 증거금을 DIP를 판매한 회사가 매입자 대신 대납해주는 파생상품이다. 즉, 파생상품에 대한 '보험'의 성격을 가지고 있다. 이 경우 DIP를 매입한 사람을 보험 가입자라고 해도 개념상 문제는 없다. 금융형 보험상품이 '보험상품'이라는 이름을 가지긴 했지만 일반 보험과는 다른 점이 있다. 아무튼 DIP를 판매한 회사를 여기서는 보험사라고 부르겠다.

DIP 매입 후 해당조건의 발생으로 증거금이 부족하게 될 경우 강제청산을 피할 수 있게 된다. 파산을 순간적으로 막아줌으로써 투자 손실이 예상되는 현재시점의 매입 파생상품으로 구성된 투자 포지션을 청산하고 최대한 빨리 다른 포지션을 구성해 회생의 기회를 가질 수 있는 일시적인, 그러나 결정적인 구제효과를 내는 것이다.

사례 분석의 가정 상, 보험사는 파생상품인 개별주식의 옵션27) 매입자를 상대로 각 포지션에 해당하는 개별주식 파생상품의 파생상품인 DIP를 판매할 수 있다. 개별주가가 오르면 이익을 낼 수 있는 롱(long) 포지션(position)의 옵션 종류에는 콜옵션(call-option)28) 매수와 풋옵션 29)(put-option) 매도가 있다. 그 반대는 숏(short) 포지션(position)이고, 그 종류에는 콜옵션 매도와 풋옵션 매수가 있다.

DIP는 이런 각 포지션에서 매도와 신용 매수에 대해서 파생상품으로서 보험 상품의 특징으로 존재한다. 신용 매수의 경우 일정증거금으로 그 증거금의 몇 배에 해당하는 개별주식의 파생상품(옵션)을 살 수 있는 것은 일반 파생상품과 동일하다.

---

27) 옵션의 개념
계약 당사자 간에 정하는 바에 따라 일정기간 내에 미리 정한 가격으로 상품이나 유가증권 등의 기초자산을 사거나 팔수 있는 선택권리

28) 콜옵션의 개념
특정상품을 정해진 가격에 매수할 권리

29) 풋옵션의 개념
특정상품을 정해진 가격에 매도할 권리

보험사는 DIP 판매 수입의 일부를 가지고 DIP 매입자의 옵션 포지션과 동일한 포지션의 옵션 매도 또는 매입으로 보험사 자신의 리스크를 방어한다.

개별주가의 변동폭이 작거나 판매 포지션이 이익이 나는 방향으로 주가 변동이 유지, 진행되면 증거금 부족이 안 생기고 보험계약기간이 종료하게 되어 DIP 판매액의 일부가 보험사의 이익으로 남는다.

이렇게 변동폭이 작은 경우 보험사는 주가의 변동방향에 무관하게 옵션을 매도 또는 매입하더라도 포지션 손실이 거의 없거나 약간의 이익을 남긴다.

주가의 가격 변동이 옵션 매도자 또는 매입자의 포지션과 반대방향, 즉 매입 DIP의 포지션과 같은 방향으로 커져서 증거금 부족이 발생하면, 보험사는 증거금 부족분만큼 손실이 발생할 수 있다. 그리고 보험가입 조건상 특정 시점에서 최초 1회 대납한 뒤 보험은 종결이 된다.

이때 보험사는 DIP 판매수입의 일부를 가지고 옵션 매도자와 반대 방향으로 포지션을 구성하기 위해, 즉 보험사는 판매한 포지션과 반대 상태로 방어 포지션을 구성하기 위해 매도 또는 매입했던 옵션 포지션의 가격 상승률로, 이러한 증거금 부족의 대납을 위한 보험 지급액을 충당한다. 이때 보험사의 방어 포지션 가격상승분이 증거금 부족분보다 많으면 이익이고, 적으면 손실을 입고 보험은 종료되는 것이다.

DIP는 그 자체가 또 하나의 상품이 되어 개별시장을 형성해서 거래가 될 수 있다. 이런 거래라고 할지라도 보험 기능이 제거된 것은 아니다. DIP를 자신이 보유한 포지션의 위험을 회피하는 수단으로 활용하는 것과는 구별된다. 이론적으로 DIP 가격은 계약의 잔존 기간, 유효가격 변동폭 지수, 계약 당시 증거금 규모 등 여러 가지 요소로 정해진다.

이렇게 해서 판매된 DIP는 보험효과를 위해 매입자가 자기보관을 하는 것을 제외하고 DIP 자체 시장으로 흘러나오는데, DIP의 자체 시장가격은 판매시장 가격과 별개로 형성될 수 있다. DIP 가격은 해당 개별주가의 최근 변동폭이 낮을수록 가격이 낮고 변동폭이 높을수록 가격이 높게 형성된다. DIP 자체거래 시장의 거래량 대부분을 차지하는 거래자들은 파생상품 딜러들과 보험사의 DIP 전문딜러들이 될 것이다. 일반 거래자들은 상대적으로 적을 것이나, 거래액의 규모를 기준으로 할 경우에는 다를 수 있다. 현실적으로는 그 반대일 수도 있다.

DIP의 거래는 불확실성의 틈에서 새어나오는 막대한 돈 줄기에 '머니게임(money game)' 의 귀재들이 벌이는 또 한 차례의 전쟁이다.

DIP 판매수익 중 어느 정도의 비율을 방어 포지션에 사용해야 하는지는 보험사의 가장 복잡하고 중요한 결정사항이다. 이것은 불확실성을 진리 삼아 가장 정교한 예측 방법론이 총동원된 '머니게임' 의 시장에서 삶과 죽음을 가르는 비율이다.

보험사는 일반 투자가의 소규모 DIP 판매액을 모두 모았기 때문에 방어 포지션을 위한 그 일부라는 것은 매우 큰 자금규모를 유지한다. 또한 방어 포지션은 판매된 DIP에 대해 개별적으로 방어하지 않고 통합적으로 관리되기 때문에 상당히 큰 레버리지 효과(=지렛대 효과)를 누릴 수 있을 것이다. 따라서 DIP 매입자의 관점에서 볼 때는 수많은 개별 매입자와 보험사의 다중적인 게임으로 보이겠지만, 보험사의 입장에서는 보험사 자신과 반대 포지션 간의 1차원 게임으로 여길 것이다.

이처럼 DIP 판매는 개별적이었지만 관리는 통합적으로 이루어진다. 통합적인 포지션 방어가 가능했기 때문에 그만큼 보험사의 레버리지 효과는 크다. 이익 규모가 크다는 얘기다. 물론 당연한 얘기지만 포지션 통합관리가 잘못되면 손실도 그만큼 크다. 이를 대비해서 손실 규모가 일정 이상 될 경우 자동적으로 손실 포지션이 청산되는 시스템으로 포지션 관리 문제를 보완해야 할 것이다. 이는 물론 100% 보완을 의미하지는 않는다. 시장이 너무 빨리 폭락할 경우 포지션 청산이 불가능하다. 어떤 갑작스런 주식시장의 악재나 돌발 변수로 인해 자동 청산도 할 수 없을 정도의 급속 폭락이 발생하면, 보완 시스템으로도 손실을 피할 수 없다. 이것은 DIP에 국한되는 얘기가 아니라 근본적으로 주식시장의 불확실성을 보여주는 것이다.

DIP 시장은 주식의 불확실성에 대해 파생된 불확실성을 다시 예측경쟁으로 서로 거래하는 시장이다.

이상이 '파생의 파생화' 에 대한 사례였습니다. 이로써 예측경쟁 시장의 기본 사례를 모두 보았습니다.

### 게임(game)

예측경쟁 시장과 선택경쟁 시장에서 공통으로 '경쟁' 이라는 개념이 나오는데, 경쟁이란 하나의 불확실성에 대해 서로 다른 생각의 의지 정도를 확률 가중치로 현재 가치화하여 거래하는 행위라고 앞에서 정의했었습니다. '확정되지 않음' 을 미래로 정의하고, 이 미래의 불확실성에 대한 '주관' 을 확률 가중치로 '객관화' 하는, 즉 가격이라는 화폐의 기호장치로 의사 표시하는 행위의 총합이 예측 경쟁이라고 했습니다.

주관의 '주관적 가치' 를 가중치라는 확률밀도로 객관화한 결과가 가격인데, 본질적으로는 교환비율도 가격의 일종이고 가격이 수반되면 거래라고 해서 그렇지 않은 교환과 구별했습니다. 그러나 표현의 관점이 서로 다를 뿐, 여전히 하나의 속성입니다.

여기서 주관의 주관적 가치가 생성하여 확률밀도로 객관화되는 것은, 예측이 확정되기 전의 시간을 따라 확신과 불신이 서로 교차하는 불확실성에 대한 특정시점의 대표 의사표시라고 보면 됩니다. 이것의 결과가 가격을 창조하는 것입니다. 이는 예측경쟁 시장의 관점에서 가격을 설명한 겁니다.

지금까지의 경쟁 개념을 경제학의 게임(game) 개념과 연결해서 살펴보면 다음과 같습니다.

경제학에서 일반적으로 사용하는 게임의 개념은, 둘이상의 주체가 상호의존적인 행동으로 결과에 대한 이해상반의 목적을 가지는 상황으로 정의됩니다. 따라서 게임은 경제활동의 관점에서 해석해 보면 매매(賣買)와 같은 개념입니다. 그리고 경제학에서 게임의 개념을 이루는 요소는 경기자의 수가 2 이상, 전략, 보수(報酬)의 3가지입니다. 경기자란 의사결정 주체이고 경기자는 서로의 관점에서 보면 경쟁관계에 있습니다. 전략은 경기자가 게임 중에 행하는 선택과 행동에 대한 기준이고, 보수는 경기자가 게임에서 선택한 전력으로부터 얻는 효용 또는 이윤을 화폐의 기호장치로 표시한 겁니다.

경제학에서는 게임의 종류를 협조적 게임, 비협조적 게임 등으로 나눕니다. 그 내용은 이 책의 주제와 관련 없어 생략하겠습니다. 게임 및 이와 관련된 개념들은 이 책에서 다루고 있는 경쟁의 개념과 대응되므로 비교해서 이해하면 됩니다. 그리고 경제학의 게임이론에서 나오는 몇 가지 개념을 추가로 보겠습니다.

### 발생확률과 비(非)발생확률

'균형' 이란 더 이상 행동을 변경할 의도가 없는 상태로 정의하겠습니다. 이러한 균형의 개념을 바탕으로 '내쉬(Nash) 균형' 을 살펴보겠습니다. 내쉬 균형은 상대방의 전략이 주어졌다고 보고, 각 경기자가 자신에게 최적인 전략을 선택할 때 경기자들의 최적 전략에 관한 조합을 뜻합니다.30)

여기서 전략의 종류에는 순수전략과 혼합전략이 있습니다. 순수전략은 각 경기자가 하나의 전략을 선택하여 그것을 지속하는 것이고, 혼합전략이란 둘 이상의 전략을 일정한 비율로(확률적) 혼합해서(무작위적) 사용하는 경우를 말합니다.

---

30) 유한 경기자수와 유한 전략으로 구성된 게임을 유한게임이라고 할 때, 유한게임에서는 최소한 1개 이상의 내쉬 균형이 존재한다는 정리로, 1994년 내쉬는 노벨상을 수상했습니다.

보수는 결과의 불확실성에 종속되는데, 경기자들이 얻는 보수의 합이 어떤 경우든 일정한 경우를 정합게임이라고 합니다. 정합게임 중 그 합이 0인 제로섬(Zero-sum)의 경우가 있습니다. 정합게임은 제로섬과 대비시켜 non-zero-sum게임이라고도 할 수 있습니다.

결과의 불확실성에 종속되므로 그 결과는 포지티브 결합이 되는 경우와 네거티브 결합이 되는 경우로 나뉩니다. 이것에 관해서는 앞에서 이 책의 주제적 전개와 관련해 자세히 살펴보았습니다.

그러면 이 책에서 말하는 '교환비율' 이라는 것을 경제학의 게임이론 개념들과 연관지어 좀더 보겠습니다.

혼합전략에서의 선택에 대한 비율을 가중치로 처리한 것을 교환비율이라고 연결시켜 볼 수 있습니다. 혼합전략 하에서 선택할 전략의 목표 결과에 대해 발생할 것이라는 주관적 확신의 정도를 확률 반영해 나타내는 경우가 있고, 반대로 발생하지 않을 것에 대한 경우가 있습니다.

이것을 각각 '발생확률' 과 '비발생확률' 이라고 구분하면, '발생확률' 을 가중치로 다룰 때는 포지티브(=여기서 포지티브는 단순히 +를 의미) 값을 취하고, '비발생확률' 은 네거티브(=여기서 네거티브는 단순히 -를 의미) 값을 취합니다. 발생확률에 대해서 네거티브 값을 취하면 비발생확률로 바뀌는 관계가 있습니다.

참고로 이 책에서 해당 부분의 별도 정의가 없는 한 확률은 주관적 가치를 객관적 가치로 전환시키는 매개 수단으로 이해하면 됩니다.

### 선택경쟁 시장과 가격

이제 선택경쟁 시장에 대해서 알아보겠습니다.

선택경쟁 시장은 일상의 일반적인 시장으로 생각하면 됩니다. 전체 시장개념에서 예측경쟁 시장을 먼저 다루어 보았고, 이제 나머지를 살펴볼 차례가 된 것입니다.

일상의 개념으로 볼 때, 선택경쟁은 상품을 사는 사람과 파는 사람이 서로 매매라는 관계를 만들어 교환 또는 거래하는 구조를 형성함에 있어서, 상품을 팔고자하는 사람들이 상품을 사고자하는 사람들로부터 선택을 받으려고 서로 벌이는 경쟁을 말합니다. 그러면 사고자하는 사람들간의 경쟁은 어떨까요? 없습니다. 선택경쟁에서 말하는 '선택' 의 주체가 사고자하는 사람 즉 매입자이기 때문입니다. 반대로 선택의 객체는 팔고자하는 사람 즉 매도자이기 때문에 경쟁은 매도자만 해당됩니다. 그래서 가격이 전제된다고 가정해, 거래에 의해 가격과 가격의 변동이 매도와 매수의 양적 불균형의 일치 또는 불일치로 발생하는 것이 아니라는 얘기가 됩니다. 이것은 이 책이 가격을 'ceteris paribus 가정' (=가격에 영향을 미치는 다른 모든 변수는 일정하다는 가정) 하에서의 공급과 수요에 의한 결과로 보거나, 그 방향에서 가격 개념을 다루거나 하지 않는다는 것을 의미합니다.

이 책은 가격을 '1차 가치' 와 '2차 가치' 에 따라 창조(또는 같은 의미로서 표현 정의는 '발생' )된 후 변동되는 것으로 설정합니다. 이것은 공급과 수요에 의한 단순 가격 결정모델 이전의 '전제 모델' 로서 구별됨을 의미합니다.

이러한 전제 모델에 의한 분석 가격은 ceteris paribus 가정의 인정을 통한 수요/공급에 의한 단순 결정 모델보다 근본적인 가격으로 볼 수 있습니다. 즉 가치물에 대한 1차 가치와 2차 가치의 변화 과정 자체가 반영된 근본적인 가격 모델이기 때문에 여기서 공급과 수요는 가격 발생 이후 가격의 변동을 설명하는 간접 변수로 취급됩니다.

이와 대비해서 ceteris paribus 가정의 인정을 통한 공급/수요의 모델은 가격 변동이전의 가격 창조 또는 가격 발생을 설명할 수 없는 제한 모델입니다. 특히 ceteris paribus 가정에 의한 가격 결정 모델은 가격의 발생 부분을 생략한 기초 분석 수단으로서만 제한적으로 유의미할 뿐입니다. 그리고 가격에 영향을 미치는 수요, 공급 이외의 다른 변수들도 모두 가격의 발생이 아닌 변동에 영향을 주는 것에 지나지 않으며 따라서 간접 변수입니다. 가격 발생은 가격 변동에 선행하며, 그 자체로 가격 발생은 가격 변동의 전제적 사실이기 때문에 가격 발생에 따른 가격 분석은 ceteris paribus 가정이 불필요합니다. 수요, 공급을 포함한 모든 가격 변수는 가격 발생의 변수가 아니라 가격 변동의 변수, 즉 가격에 대한 간접 변수이기 때문입니다. 이에 대해 가격의 직접 변수는 1차 가치와 2차 가치이며, 이 두 가지 변수가 가격 발생시 대결하는 것입니다. 이것을 전제 모델과 수요, 공급의 단순 결정모델을 통해 비교해 보면 다음과 같습니다.

수요자는(매입자와 같은 의미로 이해) 가격의 발생시 2차가치를 갖지 못합니다. 공급자만이(매도자와 같은 의미로 이해) 2차가치를 갖습니다. 따라서 가격 발생시 수요는 공급과 대결하지 못합니다. 이 상태는 가격이 없는 상태입니다. 결국 가치만 있는 상태(=가치 시장=교환 시장)로서 이 상태가 생산자와 소비자의 출발이 되며, 여기서 화폐의 기원에 따른 가격 창조(=발생)가 1차 가치와 2차 가치의 대결에 의해 이루어집니다. 이후 공급과 수요와 그 밖의 다른 간접 변수들이 같은 차원에서 대응 및 상호 작용을 하면서 이루어지는 것이 가격의 변동인 것입니다.

### 1차 가치와 2차 가치의 구성

1차 가치와 2차 가치의 관계를 좀더 살펴보겠습니다.

1차 가치는 속성상 소유자의 부여가치로서 원가와 정상이윤에 '상황조정값 a'를 더한 값입니다. a는 음의 값과 양의 값 모두 속합니다. 여기서 정상이윤이란 경제학에서 얘기하는 대로, 기업을 해당사업에 머무르게 하는 데 필요한 최소한의 이윤을 뜻합니다. 따라서 1차 가치는 경제학적 이윤과는 다릅니다. 왜냐하면 경제학적 이윤은 정상이윤을 빼고 생각합니다. 경제학적 이윤은 총수입에서 명시적 비용과 암묵적 비용을 모두 뺀 것인데, 암묵적 비용에 정상이윤이 포함되기 때문입니다. 암묵적 비용에는 정상이윤 외에 귀속임금, 귀속지대, 귀속이자가 포함됩니다. 참고로 신고전학파에서는 생산요소인 실물자본(자본재)과 이를 구입하기 위해 필요한 자본을 구분하지 않기 때문에 이윤과 이자 사이의 구분이 불분명합니다.

이 책에서 말하는 모든 이윤은 결과의 불확실성에 종속됩니다. 즉 불확정소득의 성격을 가집니다. 이것은 리카르도(D. Ricardo)의 잔여(殘餘)소득과 유사한 개념입니다.

2차 가치는 속성상 소유 희망자의 부여가치에 대한 소유자의 동의가치로서 1차 가치와 '수용 이윤값 b'를 더한 값입니다. 이러한 2차 가치는 상품의 가격에 대응하는 개념으로 이해하면 됩니다. b도 음의 값과 양의 값 모두에 속합니다.

1차 가치와 2차 가치는 계량적 가격표시의 개념이 아니라 인과적 누적층위에 의한 가치반영의 개념입니다. 원가, 정상이윤은 주어지는 독립값이고, 상황 조정값 a와 수용 이윤값 b는 상황에 따라 +와 −로 진동하는 주관적 가치입니다. 이들은 각각 부여가치와 동의가치의 스펙트럼을 결정하는 값들이며, 소유자와 소유 희망자의 심리과정을 소비의 시간계열에 따라 반영합니다.

### 소비과정 분석

소비의 시간계열에 따라 가치물이 소비과정을 거치는 구조는 다음과 같습니다.

행위를 수단 개념으로, 행동을 목적 개념으로 구분할 때, 경제주체의 시간은 행동과 행위로 구성됩니다. 소비의 객체를 시간이라 하면 시간의 구성인자는 바로 행동과 행위가 됩니다.

생산은 생산이라는 행동을 위한 행위를 소비하는 과정이고, 소비는 소비라는 행동을 위한 행위를 소비하는 과정입니다. 행위는 행동에 대해 소비됩니다. 소비 목적을 만족과 이익으로 정의하고, 소비 원인을 욕구라고 하겠습니다.

소비 대상은 중립재이며, 중립재는 소비 과정을 통해 변환합니다. 소비 주체가 소비 목적에 따라 소비 객체를 소비 대상으로 소비합니다.

소비 과정은 [소비→지불 행동→소비 실현→소비 행동]와 같이 구성됩니다.

소비 목적은 다음과 같이 분석됩니다.

소비의 결과는 욕구 충족이고, 욕구 충족의 양태에 따라 1차 가치〉2차 가치이면 '만족'이라고 하며, 1차 가치〈2차 가치이면 이익입니다. 효용은 만족과 이익의 두 가지가 있습니다. 효용 과정은 욕구가 효용에 대응되어 욕구 충족을 낳게 되는 과정입니다.

[만족, 이익]의 증가 속성 = 충만의 증가+부족의 감소
[만족, 이익]의 감소 속성 = 충만의 감소+부족의 증가

효용 과정의 결과는 다음의 3가지입니다.

1. 선재(善財) : 만족이나 이익 중 어느 하나라도 증가하는 경우
2. 중립재(中立財) : 만족, 이익 모두 불변의 경우
3. 악재(惡財) : 만족, 이익 모두 감소하는 경우 재물

그리고 소비의 시간계열에 따른 중립재의 변환에 관한 7가지 유형은 다음과 같습니다.

1.소비과정(중립재→〈행위〉→행동→효용과정)→효용과정의 결과
2.중립재→〈행위〉→〈진입〉→소비과정(선재→〈행위〉→행동→효용과정)
→효용과정의 결과
3.중립재→〈행위〉→〈진입〉소비과정(중립재→〈행위〉→행동→효용과정)
→효용과정의 결과
4.중립재→〈행위〉→〈진입〉소비과정(중립재)→〈행위〉중립재

5.중립재→〈행위〉→〈진입〉소비과정(악재)→〈행위〉악재
6.중립재→〈행위〉→〈진입〉소비과정(악재→〈행위〉→행동→효용과정)→
효용과정의 결과
7.중립재→〈행위〉→〈진입〉소비과정(선재)→선재

이자(利子)

이자에 대해 좀 더 자세히 살펴보겠습니다.

생산은 노동이 결정하고 가격은 가치(1차 가치와 2차 가치)가 결정합니다. 생산은 잉여가치를 창출하고 소비 과정에서 이를 실현합니다. 가격은 가치와만 상관하며, 심리과정인 인식 요동이 가격을 지배합니다.

여기서 경제활동은 거래와 투자로 이루어지는 것으로 규정하겠습니다. 물론 투자는 투기와 함께 투하의 한 종류입니다. 그런데 경제활동에는 투하 중에서 투기를 제외합니다.

자본 자체를 경제활동의 객체로 하는 경우의 경제활동 결과를 (±)이윤이라 정의하고, 자본 자체를 경제활동으로 하는 마찬가지의 경우에서 거래의 결과는 (±)이자, 투자의 결과는 (±)수익으로 각 분류해 정의하겠습니다. 따라서 이윤은 이자 및 수익을 포함하는 개념이 됩니다. 단, 여기서 (−) 측에 대한 분석은 (+) 측 분석과 단순 역구조(逆構造)이므로 생략하겠습니다. 그리고 자본을 제외한 가치물을 경제활동의 객체로 하는 경우의 결과는 거래, 투자에 대해 구분하지 않고 모두 이윤으로 정의합니다.

자본에 대한 이윤(☞ 이자 및 수익 개념을 포함한)이란, 가격이 다르고 가치가 동일한 둘 또는 그 이상의 자본들 간의 경제활동(=거래 또는 투자)에서 발생하는 가격의 차이로 정의하겠습니다. 이 가격 차이의 실현 시점은 생산 결과물의 이윤 실현 시점과 같고, 가치 동일화 시점은 지불 행동 시점과 같습니다. 이때 가치 동일성은 추정 심리에 의하지 않고 지불 행동에 의해 성립됩니다.

자본에 대한 이윤은 자본에 대한 단순한 기다림의 대가가 아닙니다. 자본이 생산에 투입되어 이윤을 발생하리라는 미실현(未實現) 이익에 대한 기대를 가진 생산자에 의해 해당 자본이 투입되어, 생산 과정을 거친 후에 이윤의 일부가 생산비로 전환된 형태가 바로 자본에 대한 이윤입니다. 생산자의 이윤은 단순한 기다림의 보상이 아니기 때문입니다. 기다림의 보상, 대가 또는 결과가 이자(☞ 수익 포함한)라고 한다면, 이는 이자와 수익의 직접적 소여(所與)를 기다림에 위치시키는 논리입니다.

기다린다고 이자가 발생한다는 것은 화폐의 자연 번식 즉 기다리고 있으면 돈들이 서로 교미하여 임신하고 이자를 낳는 것에 비유됩니다. 이것은 유의미한 논리일 수가 없습니다. 돈을 금고에다 묵혀 놔봐야 인플레이션이라는 병에 걸려 모두 시체가 되고 말기 때문입니다.

자본에 대한 이자 및 수익은, 자본이 생산 과정에 투입 요소로 투입되어 생산 결과물이 소비에 의해 이윤을 실현할 때만 보상으로서 성립이 가능합니다.

경제활동 객체로서의 자본은 생산 수단이고, 자본에 의한 이윤 창출은 고유적인 것이 아니라 생산 기대에 대한 미실현 가(假)이익의 현재적 진술입니다. 따라서 자본에 대한 이윤은 생산에 의한 이윤의 과정 속성과 동일한 양태를 취하고 있습니다.

한편, 경제활동의 객체가 아닌 자본은 생산 과정으로 편입됨으로써 경제활동 객체가 됩니다. 이때의 자본은 투입 요소로서의 자본과는 구별됩니다. 투입요소로서의 자본은 형태 전환되는 특징을 가지고 있습니다. 즉 임금, 물건, 재료비, 기계 구입 및 유지비 등의 생산 요소 구입비로서 전환합니다.

생산 요소는 그 본질이 노동에 의하지 않은 것이 없습니다. 가치물이 새로 창조되는 경우는 없습니다. 다만 가치물은 노동에 의해 자연물 상태에서 경제개념을 획득(=자연물의 가치물화)하여 구성되는 것입니다. 생산 결과물에 투입된 모든 요소는 모두 노동으로 환원됩니다.(☞ 노동이라는 단위로 동일하므로 생산 결과물은 가치물의 부분 연속 합으로 표현 가능함) 그리고 노동의 대상이 될 수 없으면 생산의 객체가 되지 못합니다.

사례 분석(3)

이 책에서 설명한 선택경쟁 시장과 관련된 내용 이외의 나머지는 시장에 대해 널리 알려진 일반 이론들과 모두 일치하므로 그대로 이어서 생각하면 됩니다. 그래서 여기서는 선택경쟁 시장 자체에 대한 분석은 생략하고, 선택경쟁이 제한되는 시장 현상에 대한 사례를 살펴보도록 하겠습니다. 선택경쟁의 제한 현상은 선택경쟁을 원인적으로 제한하는 경우와 결과적으로 제한하게 되는 경우로 나눌 수 있습니다.

먼저 전자에 해당하는 사례를 보겠는데, 이 사례는 현실의 네트워크마케팅(networking-marketing)을 생각하면서 이해하면 됩니다.

사례 구성(3)

ㅁ 선택경쟁의 원인적 제한에 대한 기본사례
(☞ 현실의 network-marketing을 선택경쟁의 원인적 제한에 대한 분석 틀로 함.)

네트워크마케팅(network-marketing)의 판매 구조에서 이미 먼저 가입한 가입자를 상위 가입자라고 정의하고, 가입할 의사를 가지고 있으나 아직 가입하지 않은 자(者)를 하위 가입자라고 정의할 때, 상위 가입자가 하위 가입자를 선택하는 경우를 select로 정의한다. 그리고 select에 대한 관계함수 G(select)를, 한명의 상위 가입자가 모든 하위의 가입 예정자를 select하는 구조에서의 결정력 함수로 정의한다. 이에 대해 하위 가입자가 상위 가입자를 선택하는 경우를 choice로 정의하고, 이때의 관계함수 G(choice)는, 한명의 하위 가입자가 이미 가입한 모든 상위 가입자를 choice하는 구조에서의 결정력 함수로 정의한다.

G(choice)가 제한되거나 금지되는 것을 선택경쟁의 제한이라고 하며, 이러한 시장을 선택경쟁이 제한된 시장이라고 한다. 현실에서 보자면, 네트워크마케팅(network-marketing) 시장이 이런 경우에 해당한다. 그런데 만약 상위 가입자가 자신의 이윤을 하위 가입자(일종의 소비자)에게 회전(가격 할인과 유사)시킴으로써, 상위 가입자에 대한 선택(choice)의 우열(優劣) 기준으로 연계할 수 있도록 허용되면 선택경쟁의 제한이 없어진다.

그러면 G(Select)〉G(choice)에서 G(Select)〈G(choice)로 바뀌게 된다. 이것을 '이윤율 유동화' 라고 정의한다.

선택경쟁이 제한된 시장에서, 하위 가입자가 가입했을 경우 하위 가입자들에 대한 상위 가입자의 네트워크적인 추가 이윤이라 함은, 선택경쟁을 제한함으로써 이윤율 유동화가 되지 못한 부분의 일부 또는 전부를 네트워크 내부적으로 소화시키는 것에 해당한다. 그런데 만약 선택경쟁의 제한이 해제되면 네트워크마케팅 시장은 일반 선택경쟁 시장으로 전환할 수 있다. 이것을 막기 위해서는 '시장격리' (market-capsule)를 금지하는 것을 원칙으로 할 수 밖에 없다. 이러한 시장격리의 금지 때문에 네트워크마케팅 시장은 선택경쟁을 원인적으로 제한하는 경우에 해당된다. 만약 반대로 시장격리가 가능하면, 원래의 시장을 배태(胚胎)로 하여 선택 경쟁을 할 수 있는 별도의 내부시장을 조성하는 것이 가능해져, 기준 가격과 이윤율 유동화에 의해 원래의 시장보다 낮은 내부 가격이 존재하는 내부 시장에 의한 가격편차가 발생할 수 있다. 결국 G(choice)의 제한과 금지가 해제되는 상황이 발생한다. 즉 하위 가입자가 상위 가입자를 choice하게 되는 구조가 가능해져 선택경쟁이 제한되지 않는 내부시장이 생성된다.

이로 인해 선택경쟁 제한 시장에서 일반 선택경쟁 시장으로 바뀌게 된다.

사례 분석(4)

다음으로는, 선택경쟁이 결과적으로 제한되는 경우의 사례입니다. 이번 사례의 모델 역시 선택경쟁의 제한을 설명하기 위한 목적으로 만든 인위적인 것으로서, 현실적 모습 자체를 구현함이 내용의 목적은 아닙니다. 만약 현실적으로 구현하려면, 별도의 조정이 필요합니다. 사례 구성(4)의 모델은, 주가(株價) 보정을 위한 '보상권' 및 '기대권'을 중심으로 한 것입니다. 이 모델은 주식의 시가를 소외시키는 방법입니다. 즉 보상권과 기대권이라는 수단을 통해 선택경쟁이 결과적으로 제한되는 현상입니다. 시장격리의 측면에서 접근한 것입니다. 개별 주가의 변동으로 인한 위험을(=주식 자산의 구조적 가치 하락) 보상권의 수단으로 방어합니다. 그리고 주가의 상승에 대한 기대를 보상권의 대칭 수단인 기대권이라는 것으로 구체화함으로써 결과적으로 시장격리 현상을 발생시킵니다. 이를 통해 선택경쟁이 제한되는 시장을 만들 수 있습니다.

사례 구성(4)

ㅁ 선택경쟁이 결과적으로 제한되는 사례의 분석
(☞ 주가 보정을 위한 '보상권' 및 '기대권'을 중심으로 분석함)

경제 행위는 시장에서의 참가자에 의한 선택 행위와 그에 대한 이해의 종합이라고 말할 수 있다. 시장의 개념은 물건을 실제로 거래하던 고전적 개념을 탈피해 무형의 개념 그 자체로 변화하고 있다. 즉 정보망 구축에 따른 다국적화, 실시간화, 24시간 연속 거래 등의 기술 정보적 발전이 시장의 개념을 바꾸고 있는 것이다. 이러한 시장 개념의 변동 속에 주식시장에 대한 분석은 시장 자체에 대한 성격을 이해하는데 좋은 수단이 된다.

본질적으로 주식은 자체의 가격 상승성과 함께 미래의 불확실성에서 기인하는 위험성을 가지고 있다. 주식의 가격 상승을 예측하기 위한 방법으로는 기술적 분석과 기업분석이 대표적이다. 그러나 이 방법은 그 자체가 위험을 예측하기는 하나 위험 자체를 제거하는 방법은 아니다. 여기서는 위험성 자체를 제거하는 내용을 살펴본다.

1. 방향

: 개별 주가의 변동으로 인한 위험을(=주식 자산의 구조적 가치 하락) 보상권의 수단으로 방어하는 것을 살펴본다. 그리고 주가의 상승에 대한 기대를 보상권의 대칭 기재인 기대권이라는 수단으로 구체화함으로써 결과적으로 시장격리 현상이 발생하는 것을 통해 선택경쟁이 제한되는 시장을 분석해본다.

2. 주가 보정의 목적

: 주식 매입 주체가 매입 당시의 주가에 대해, 장래 임의의 시점에서 하락할 것을 예상?우려해 매입 주식수와 동일하거나 적은 수량의 '보상권' 을 구입하여, 매입 주식의 가치 하락을 방어한다. 이를 위해 주가 상승에 대한 기대의 위험값인 예상 손실을 보정하기 위한 지불 의사를 보상권으로 실물화한다. 그리고 주가 하락시 해당 보유 주식의 매도 물량에 대해 시장 방출이 아닌 보상권 행사에 의한 폐쇄 매매 경로로 흡수한다.

주식 시장의 자금 유입과 유출이 단속 시점에서 평형을 이룬다고 (=zero-sum) 가정하면, 주가 하락시 보상권의 행사는 행사의 주체와 객체에게 각각 하락분의 보상(〉0)과 보상권 판매분(〉0)이라는 positive-sum을 발생시킨다. 단, 주가 상승시의 시장 방출은 zero-sum을 유지한다. 여기서 기대권은 주식 매입 주체가 매입 당시의 주가에 대해 장래 임의의 시점에서 상승할 것을 예상하여 그 예상을 기대권으로 실물화 하여 매입 주식의 가치 상승에 대한 기대 이익을 부여한다.

3-1. 보상권

: 매매 경로를 개폐시키면서 주가의 하락시 발생하는 주식 보유로 인한 손실을 보정한다. 그리고 이를 '시가 소외' 라 정의한다. 일종의 '시장 격리' 적인 개념이다.

3-2. 보상권의 구조

: 증권 회사가 보유한 개별주식의 폐쇄 매매를(=보상권 주식의 계정이 보상권 행사 때까지 보존된다) 통해 주식 매입자의 주가 하락으로 인한 손실을 보상권으로 극소화 또는 제거시킨다. 이때 증권회사는 보유주식의 매도 가능 물량에 대해(시차 변동량 발생) 보상권을 연결시켜 판매하여 보상권 판매 수익을 얻을 수 있다. 정산되는 결과 기준은 주가가 아니라 주식 보유수이다. 단, 증권회사의 주식보유 패턴은, (자기 소유 주식)+(증권회사가 주식 보유자로부터 빌린 주식=주식 보유자가 일정 기간 동안 예치한 주식)으로 간주한다.

3-3. 개별 주식 A에 대해

: t시점에서의 보유 주식 A의 주가를 a라 하고, 기간 b동안(t를 기준으로) 예치된 주식 수량을 c, 증권회사가 소유한 주식 수량을 d라 할 때, 증권회사의 개별주식 A에 대한 주식 계정은 t+b까지 c+d만큼이 된다.

개별주식 A에 대한 주식 매입 희망자가 t시점에서 개별 주식 A를 수량 c+d 만큼 매입할 때, 기간 e동안에(t를 기준으로 e<b) 매입 주식A의 주가 하락을 우려하여 수량 c+d 만큼의 보상권을 함께 증권회사로부터 매입한다고 가정한다. 여기서 보상권 매입 수는 주식 매입자의 입장에서 볼 때 총매입 수보다 작을 수도 있다. 보상권 매입에 의한 주식 매입분 이외의 주식은 시장에서 구입하게 된다. 그러면 기간 e동안에 주가가 a보다 하락했을 때 보상권을 행사하여 주가 하락분 만큼을 보상받을 수

있게 된다. 보상권 판매 계정의 정산은 보상권 행사에 의한 t시점에서의 매도 주식A의 수량 c+d만큼을 t+b' 에서(0〈b'〈e) 보상가격으로(☞ t〈T ≤t+e에서 시점T에서의 a 보다 낮은 주가를 보상권 행사에 의해 a로 보상하는 가격) 재매입하여 주식 보유로 이어진다. 이때 주식 예치에 대한 주당 급여를 f라 하면,

f는, 보상권 가격 I보다 낮게 결정된다.

▶ f 결정 방법

〈방법 1.〉

예치 주식 종목의 예치 기간 동안의 보상권 판매 수익에 대한 가중 평균으로 결정한다.

종목 j에 대해,

P=[종목 j의 개별 예치 주식수/종목 j의 전체 예치 주식수],

q=예치기간 중의 보상권 판매 수익이고, 0〈r〈1 이면, f=pqr

〈방법 2.〉

보상권 판매와 연동시키지 않고 'f=0' 또는 'f〈〈I' 가 되도록 비율을 임의 결정한다.

(단, '〈〈' 는 f가 I에 비해 상대적으로 많이 적은 값임을 의미한다.)

(☞ 선택경쟁의 제한을 설명하기 위한 인위적 사례로서, 이러한 목적에 적합한 사례를 구성하기 위해 편의상 여기서는 f=0 또는 f〈〈I로만 설정해서 분석하고 수치 분석은 생략함. 관련된 실제 수치분석을 해보면, 현실적으로 운영 가능한 적정 f/I의 비율을 역으로 추정할 수도 있음. 그러한 분석들과 기타 조정들을 통해야만 사례의 현실적 모델링이 가능해짐.)

보상권 행사 시점인 기간 e내에서 행사권 발생은 행사 시점의 주가가 t시점의 주가보다 낮을 때만 이루어진다. 이때 보상권 행사 방법은 주식A의 c+d만큼과 주식 A의 보상권 c+d를 함께 판매 증권회사에 매도하는

것이다. 그러면 증권회사는 그 주식을 보상권 판매 당시의 가격으로 보상해서 구입한다. 한 주당 보상분 가격 g는 I보다 높게 결정된다.(하락 비율에 따라 달라질 수 있다)

보상분 가격은 t시점에서의 판매 가격으로 마련된 보상권 계정으로 방어되며 I는 증권회사의 보상권 판매 수익으로 된다. 보상권 계정은 주식 수량 c+d로 정산되어 보상권 판매 이전의 주식 계정 상태로 환원된다. 주가가 상승할 경우 보상권 행사권은 발생하지 않는다. 이때의 보상권 계정은 t에서의 주식 매도 수익과 보상권 판매 수익으로 유지되고 기간 e가 경과하면 수익 계정 상태로 유지되면서 정산된다. 정산된 이후 시점에서 t시점의 주식A에 대한 주식 계정 관리는 c+d가 다시 되도록 t+e이후시점에서 주가가 a이하로 진입할 때 매입하거나 새로운 포트폴리오 구성을 위한 자금으로 편입시킨다. 단, 매입 시의 매입 방법은,

(1) 구속 매입일 경우는 a이하 진입 시까지 t에서의 주식 매도 수익은 대기하고,

(2) 주가 수준에 따른 상황 매입일 경우는 결정에 따라 t+e이후 임의의 시점에서 a이상일 경우라도 매입한다. 보상권 가격 I는 보상권 행사가능 기간에 따라 상대비율로 비례하여 결정된다.

### ▶ I 결정 방법

보상권의 기간, 가격을 세분화하여 질적 차이를 두고 이에 따라 보상 가격도 차별할 수 있다.

〈방법〉

t시점에서 개별주식 A를 주가 a에 수량 x만큼 매입할 때, 매입 주체가 t+e시점 동안에 개별주식 A의 주가가 a보다 하락할 것을 예상 또는 우려하여 자신의 보유 주식에 대한 자산 가치의 보정을 위해, t시점에서 개별주식 A에 대한 보상권을 수량 x만큼 주식과 함께 증권사로부터 매입

한다. 이때 x보다 적은 매입도 가능하다.

이때 증권사가 개별주식 A를 보유하고 있을 경우, t시점에서의 시장 매매가 a에 매입 주체에게 주식을 매도하고 동시에 보상권 수량 x개를 가격 I에 판매한다. 증권사는 매도 수익을 현금으로 개별주식 A의 t시점 계정에 설치시킨다.

따라서 T시점(t<T≤t+e)에서의 가격 하락으로(a보다 낮은 가격으로 도달) 인한 보상권 행사에 증권사는 방어를 할 수 있다.

보상권 행사 전의 기간 동안 개별 주식 A의 t시점 계정 ax의 관리는,

(1) 계정 ax를 유지시킨다.

(2) 주가가 a보다 상위에 있을 범위에서만 단기 매매로 매매가가 a이상을 유지하도록 구속 매매를 한다. 즉 a보다 낮은 범위에서는 계정으로부터 매매가 금지되게 한다. 즉 보상권 계정이 적어도 ax보다 크게 유지한다. 그러나 기술적으로 문제가 있을 수 있다.

T시점에서의 보상권 처리에서 주가가 a보다 낮을 경우 보상권은 행사권이 발생한다. 이 경우 보유자가 행사를 하면 보상권의 보유 수량 x에 보상권 구입 시점인 t에서의 개별 주식 A의 가격 a로 보상받는다. 즉 보상권 행사 가격은 ax가 된다. 이때 증권사는(=보상권 판매 주체) t시점에서의 개별 주식 A계정으로 보상권 행사에 대한 방어를 이미 했으므로 그 계정을 처분하여 보상권 행사를 처리한다. 결국 이 경우 증권사는 구속 매매에 의한 매매 차익과 보상권 판매 수익을 얻게 된다.

반면, 보상권 보유자는 주가 하락으로 인한 주식 보유 손실이 있으나 보상권으로 얻는 ax로 자산 가치가 그대로 유지된다. 그런데 주가가 a보다 높을 경우 보상권은 그 행사권이 발생하지 않는다. 따라서 이 경우 보상권 보유자는 주가의 상승으로 인한 보유 주식의 시세 수익으로 보상권 매입비용을 상쇄시킨다. 이 경우 보상권 행사가 있지 않으므로 계정 ax는 증권사로 귀속되면서 처분되고 구속 매매와 보상권 판매 수익은 위와

동일하게 된다.

4-1. 기대권(보상권의 대칭 개념으로서)

: t시점에서 개별 주식 A를 주가 a에 수량 x만큼 매입할 때, 매입 주체가 t에서 t+e동안에 개별주식 A의 주가가 상승할 것을 예상하여 그 상승 기대에 대한 기대권을 주식과 함께 증권사로부터 매입한다.(수량 규모는 보상권과 동일)

이때 증권사가 개별주식 A를 보유하고 있을 경우, t시점에서의 시장 매매가 a에 먼저 요구 수량 x만큼을 시장에서 매입하여 기대권 계정에 설치하고 보유 수량 중 요구 수량 x만큼을 매입 주체에게 매도한다.

그리고 보유 수량의 1/2 이내에서는 요구 수량만큼의 시장 매입없이 보유 수량의 1/2을 기대권 계정으로 설치하여 동일하게 판매수를 결정할 수 있다. 동시에 기대권 수량 x개를 가격 E에 판매한다.(기대권의 수와 기대권 판매 계정의 보유 주식 수는 동일하다)

증권사는 개별주식 A의 x만큼을 t시점 계정으로 주식 보유하게 된다. 따라서 T시점에서의 가격 상승으로(a보다 높은 가격으로 도달) 인한 기대권 행사에 증권사는 방어를 할 수 있다.

기대권 행사 전의 기간 동안 개별주식 A의 t시점 계정주식 수량 x는 주가가 a보다 하위에 있을 범위에서만 단기 매매로 매매가가 a이하로 유지하도록 구속 매매한다. 즉 a보다 낮은 범위에서는 계정으로부터 매매가 금지되게 하며 기대권 행사에 대한 방어는 보유주식 수로 이루어지므로 매매 후의 계정은 주식 수 x이상으로 돼있어야 한다. 이 역시 기술적으로 문제가 있을 수 있다.

기대권 행사의 실행은 행사한 날로부터 지정된 유보 가능시간 후에(기술적으로 요구되는 시간으로 증권사의 결정으로 설정 가능) 처리된다. T시점에서 행사가 되면 곧바로 증권사는 계정 방어를 위한 주식 처리에 들어가고, 이에 소요되는 시간을 유보 가능 시간으로 지정하게 된다.

4-2. T시점에서의 기대권 처리

: 주가가 a보다 높을 경우 기대권은 행사권이 발생한다. 이 경우 기대권 보유자가 행사를 하면 기대권의 보유 수량 x에 기대권 구입 시점인 t에서의 개별주식 A의 가격 a에서 오른 만큼인 h를 기대 수익으로 얻는다. 즉 기대권 행사가격은 hx가 된다. 이때 기대 수익가격인 h는 판매 기대권의 종류를 나눌 경우 기대권의 질에 따라 달라질 수도 있다.(기대권의 종류에 따라 기대 가격이 a보다 낮아진다)

이때 증권사는(⇒기대권 판매 주체) t시점에서의 개별주식 A계정으로 기대권 행사에 대한 방어를 이미 했으므로 그 계정을 처분하여 기대권 행사를 처리한다. 결국 이 경우 증권사는 구속매매에 의한 매매 차익과 기대권 판매 수익을 얻게 된다. 기대권 보유자는 주가 상승으로 인한 주식 보유 수익과 기대권으로 얻는 hx로 자산 가치가 증가한다. 그런데 주가가 a보다 낮을 경우 기대권의 행사권이 발생하지 않는다.

5-1. 보상권 분석

: 개별주가 상승 정도가 보상권 매입 단위 비용보다 낮을 때 그 차이만큼이 보상권 매입 주체의 손실로 나타날 수 있다. 증권사는(=보상권 판매자) 보상권 매입자의 이와 같은 손실 정도를 기술적으로 제어하는 방향으로 보상권의 개별 가격을 개별 주식의 특성 및 가격의 상대 비율로 결정할 수 있다.

이때 보상 가격인 a는 판매 보상권의 종류를 나눌 경우 보상권의 질(=보상권 가격)에 따라 달라질 수도 있다.(보상권의 종류에 따라 보상 가격이 a보다 낮아진다)

5-2. 기대권 분석

: 기대권 보유자는 주가의 하락으로 인한 보유 주식의 가치 손실과 (보상권으로 가치 하락 방어가 안 되어 있다면) 기대권 매입 가격의 손실

이 있게 된다. 기대권 매입자가 보상권도 함께 매입한 경우 보상권으로 주가하락에 대해서 보상 받을 수 있다. 이 경우 증권사는, 기대권 행사가 없으므로 계정 주식 x가 증권사로 귀속되면서 처분되는 구속매매가 있고, 기대권 판매 수익은 위와 동일하다. 보상권의 경우와 마찬가지로 증권사는(=기대권 판매자) 기대권 매입자의 이와 같은 손실 정도를 기술적으로 제어하는 방향으로 기대권의 개별 가격을 개별 주식의 특성 및 가격의 상대 비율로 결정할 수 있다.(☞ 앞의 '3-3' 에서, ▶ I 결정 방법 부분과 대비)

보상권과 기대권은 주가의 위험성 분석에 따른 위험의 방어를 위한 프리미엄부 주식이라고 생각할 수 있다. 현실에서 주식의 위험은 선물이나 옵션으로 방어할 수 있도록 되어 있으나, 보상권과 기대권은 살펴본 바대로 선물이나 옵션과는 다른 개념이다.

옵션의 복합은 '스트래들' (straddle)31) 등으로도 만들 수 있지만, 이 역시 보상권과 기대권과는 다른 개념이라고 할 수 있다. 옵션의 개념을 이용해 보상권과 기대권을 비유해 본다면, '옵션에 대한 옵션' 정도로 표현 가능하다.32) 즉 주가의 예측 방향과 실현 방향의 차이를 보상권과 기대권으로 개념화하여 미래의 계약 단위 시점에서 보상권과 기대권의 방향으로 실현될 경우 또는 실현되지 않을 경우에 대해 매입자가 자신이 취한 포지션을 선택할 수 있게 한다.

여기까지가 사례 구성(4)입니다.

### 시장 자체를 대상으로 하는 선택경쟁의 제한

다음으로는 시장 자체를 대상으로 하는 선택경쟁의 제한에 대해서 보겠습니다.

---

31) 스트래들(straddle) : 행사가격이 같은 콜옵션과 풋옵션의 매수 또는 매도
32) 앞에서 살펴본 예측경쟁 시장의 가속방법인 '파생의 파생화' 와 비교

선택 경쟁의 객체를, 시장 내에서의 선택경쟁 및 그 제한과 시장 자체에 대한 선택경쟁 및 그 제한으로 각각 나누어 생각해보겠습니다. 전자는 이미 살펴본 것으로서, 선택경쟁이 자유로운 일반적인 일상의 시장과 선택경쟁이 제한된 사례의 시장이 있었습니다.

후자는 시장 자체에 대한 선택경쟁입니다. 예를 들어보면, 범죄를 저지름으로써 얻는 효용의 시장이 있을 때 그에 대한 '상대적 시장'을 만들어 공급하여 시장 참여에 대한 의사결정 주체의 선택에 있어 양쪽 시장이 서로 선택경쟁을 하는 구조가 되도록 하는 것입니다.

여기서 시장 자체의 선택경쟁을 제한하는 것에 관해서는, 결합자본주의 하에서 시장의 창조가 자유롭게 허용?보장돼 있으므로 시장 자체의 공급 문제로 인한 선택경쟁은 원칙적으로 제한이 없다고 전제됩니다.

그런데 시장 자체가 시장 참가자를 선택하는 현상 때문에, 시장 참가에 선택되기 위해 참가 희망자들 간에 경쟁하는 역전적인 상황이 발생할 수 있습니다. 이때 시장 자체가 선택경쟁을 제한하는 것과 유사한 모습이 나타납니다. 매우 특이한 현상입니다. 이렇게 역전된 상황에서는 시장 자체에 대한 선택경쟁이 제한된다는 것이 성립 가능한데, 이때 이야기는 당연히 둘 이상의 시장 단위에서가 아니라 하나의 특정 시장에서의 문제입니다.

이런 역전된 상황은 시장 내로 참가하려는 자의 수를 제도상 또는 다른 인위적 수단으로 한정해 놓음으로써 이것으로 인해 해당 시장에 진입장벽이 존재할 때에 발생합니다.

한편, 자연적 진입장벽이 현실적으로 존재하기도 합니다. 시장의 특성상 시장에 진입?참가 입장료가 매우 큰 경우를 뜻하는데, 이것은 인위적으로 입장료를 높여놓은 것과는 다릅니다.

시장 자체의 선택경쟁을 제한하는 현실적인 이유는 상황에 따라 여러 가지 종류가 있습니다. 다만 그러한 경우의 공통적인 이유는, 시장 참가자인 수요자 또는 공급자의 과잉으로 인한 사회적 손실이, 참가의 제한으로 인한 편익 감소보다 클 경우에 시장 비효율을 막기 위한 것 때문에 시장 자체의 선택경쟁을 제한합니다.

### 해킹 시장의 구성

다음으로, 위에서 얘기한 시장 자체에 대한 선택경쟁의 예를 좀 더 구체적으로 만들어 살펴보겠습니다.

해킹의 경우를 시장이라는 개념으로 구성해서 설명해보도록 하겠습니다. 해킹(hacking)이란 컴퓨터 통신망 등을 통해 연결된 각종 시스템에 침입해 정보를 빼내거나 파괴하는 등의 불법적인 행위를 일반적으로 일컫는 말입니다. 그리고 각종 컴퓨터 바이러스 등을 제작 유포하여 불특정 다수의 시스템에 손상을 가하거나 또는 의도된 목적으로 특정의 시스템에 유사한 교란을 일으키는 행위도 해킹의 범주에 포함하겠습니다.[33]

해킹이 일어나는 현실의 상황을 '해킹 시장'이라고 하면, 이 시장은, 불법으로 규정된 법률이 잇을 경우 범죄 시장에 해당합니다. 이때 해킹 범죄 시장에 대응하는 '상대적 시장'을 만들어 해커의 선택경쟁이 가능하도록 만드는 것입니다. 선택경쟁을 위한 상대적 시장이란 사이버 공간상에 해킹을 할 수 있도록 인위적으로 구성한 시장으로서, 범죄 시장에 입장료 즉 처벌의 위험을 감수하고서라도 들어갈 의사가 있는 해커들에게 별도의 해킹 기회를 공급하는 사이트의 총체를 의미합니다. 여기서 상대적 시장이란 개념은 범죄 시장에 참가할 경우 주어지는 처벌과는 다릅니다. 처벌은 시장 자체의 개념이 아닙니다. 처벌은 범죄 시장에 참가하는 입장료라고 이해하면 됩니다. 처벌이 강력해져 해킹의 범죄 시장에 들어가기가 겁이 나서 해킹이 줄어든다는 것은, 입장료가 비싸서 해커들이 해킹 시장에 입장을 많이 못한 결과입니다.

---

33) 해킹을 하는 자를 일컬어 해커(hacker)라 합니다. 본문에서의 해커는, 악의적인 목적에서 타인의 컴퓨터 시스템과 온라인 시스템에 다양한 손상을 입히려는 의도를 지닌 자를 뜻합니다. 따라서 비슷한 의미의 크랙커(cracker)라는 용어를 포함합니다. 반면에 그러한 악의적 목적을 가지지 않고 순수하게 탐색하며 능력의 한계를 시험하는 합법적인 해킹 행위는 제외합니다.

구체적으로 보면, 사이버 네트워크상 특정한 사이트나 시스템을 국가 또는 국가의 대리기구가 운영을 해서 개방합니다. 이들이 해당 시스템의 해킹에 대해서 방어를 하는 주체입니다.

만약 해커가 이 사이트나 시스템의 해킹에 성공하면 상금을 주거나 그에 준하는 다른 효용을 얻는 시장, 즉 범죄 시장에 대한 상대적 시장을 구성하는 것입니다. 이렇게 되면 시장 자체의 선택경쟁이 유도됩니다. 이러한 선택경쟁을 통해 범죄 시장이라는 열위 시장은 축소되거나 퇴출됩니다.

그런데 목적 자체가 특정 정보를 빼내는 등 현실의 불법 범죄 시장을 선택해서 해킹으로만 추구되어야 하는 해커들은 선택경쟁이 애초부터 전제될 수 없는 경우입니다. 이러한 해커들은 상대적 시장에 의해서도 선택경쟁이 유도되지 않습니다. 이 경우는 유도 가능한 해커들과는 구별되며, 그러한 성질의 범죄는 선택경쟁 시장 밖의 현상입니다. 그래서 시장 자체의 선택경쟁이 적용되지 않습니다. 결국 시장의 참가를 제약하는 입장료 즉 처벌의 강화로 범죄 시장 내의 크기를 축소하는 방식으로 조절해야 합니다.

범죄 시장 입장료에 대해서는 바로 뒤에 나오는 범죄 통제론 부분에서 좀 더 다룰 것인데, '제한적 특수 연좌제'와 관련이 있다는 것만 언급하고 해당 부분에서 살펴보겠습니다.

여기서 해킹의 범죄 시장에 대한 상대적 시장의 사회적 운용비용은 해킹의 사회적 손실 감소분에 의해 근거를 가지게 됩니다. 이것은 처벌이라는 범죄 시장의 입장료로 인해 범죄 시장이 줄어듦으로써 발생하는 사회적 손실 감소분을 처벌 제도의 사회적 운용비용의 근거로 할 수 있는 것과 같은 개념입니다.

이번 사례 역시 시장 자체의 선택경쟁의 이해를 위해 인위적으로 만든 것으로서 현실적인 상황 자체를 재현한 것이 아닙니다. 그런 이유로 다른 측면이나 가정에 대해 설명이 가능한 범위가 제한될 수 있습니다.

### 범죄 통제론과 특별수임담당처

시장 자체의 선택경쟁을 이해하기 위해 범죄 시장과 그에 대한 '상대적 시장'에 대해서 살펴보았습니다.

그럼 좀 더 확장해서, 이 부분과 '-부록- 5.'에서 설명하고 있는 일부 내용을 연결해서 법과 정의 개념을 이 책의 주제에 맞게 재정의 해보고, '범죄 통제론'에 대해서 검토해보겠습니다.

먼저 '-부록- 5.'의 일부 내용을 보겠습니다.

국가는 궁극적으로 국가와 유권자 전체를 위해, 엄연히 불법적인 일들이지만 꼭 해야 하는 경우가 있습니다. 국가는 국민 개별의 입장에서 선과 정의로 판단되는 가치 기준과는 완전히 다른 국가단위의 가치기준을 가지고 있습니다. 예를 들어, 살인이 개개인의 입장에서는 정말 자신의 목숨을 대지급해야 할지도 모를 중죄이며 사회 최악의 범죄행위인데 반해, 국가 차원에서는 특별한 경우 매우 요구되는 행위의 하나일 수도 있다는 점입니다. 그 필요성으로 인해 단순히 인정되는 수준을 넘어 법적 한계를 넘는 권한을 부여해서라도 달성해야 하는 문제가 되기도 합니다. 그러니까 국민 개별의 관점에서는 분명히 불법행위들이지만, 특정 목적을 위한 국가 활동의 영역에서는 그 불법성을 넘어선다는 얘기입니다. 물론 공개적이고 공식적인 주체들과 실체수단으로 그런 일들을 해서는 곤란합니다. 일반적인 관점과는 너무나 다른 관점에서의 합리성이기 때문입니다. 그래서 이 부분을 실행하기 위해 비공개적이고 비공식적인 주체들과 기능들이 있어야 합니다. 일반 사회분야의 정상적인 법질서 개념의 유지와 국가 간의 차원에서 사정에 따라 보안유지를 위해서도 공식적인 조직과는 구별되는 실체들이 필요합니다.

이러한 목적과 기능에 적합한 조직구조는 어떤 모습이 적합할까요? 이 조직은 살인을 비롯해 거의 모든 종류의 불법과정에 개입될 것이고, 각 정권에 따라 그 존재의 외형이 크게 달라질 수 있는 유연한 겉모습을 가져야 합니다. 앞뒤가 사라지고, 몸통이 꼬리가 될 만큼의 큰 변동성을 가지고 탈바꿈되더라도 기능적 하자가 없어야 합니다. 따라서 이 구조는 국가와 국민 전체의 이익을 위한 권력의지를 실현하는 주체와 그것을 유통시키는 커넥터 그리고 다시 그것을 받아 실행하는 비공개 담당자 사이의 함수관계를 이루는 틀로 짜여야 합니다. 또한 이 구조는 일방적이고, 그 명령의 흐름은 무차별적임과 동시에 단절적이어야 합니다. 결국 이 외형의 구조는 정권 즉 권력주체에 따라 큰 수준으로 변하기 때문에 비공개담당자들의 자기 위치에너지와 그 실체 규정 등이 달라집니다. 다만 외형이 아닌 실질의 의의는 연속적으로 보존되어야 합니다.

이러한 특성의 조직을 필요로 하는 권력의지의 실현 주체는 사사로운 의욕을 관철하고 이것을 유용해서는 안 될 것입니다. 그리고 이 조직의 가동은 국가와 국민 전체의 이익을 위한다는 전제 이외에도 각 단위의 정권을 초월하여 계속되는 국가의 장기적(長期的) 전략에 요구되는 사항이어야 함을 또 하나의 전제로 추가해야 합니다. 이러한 요건이 충족되어야만 남용으로 인한 폐해를 방지할 수 있을 것입니다.

여기서는 권력의지의 실현 주체를 대통령으로 가정해 이러한 조직의 기본을 살펴보겠습니다.

상위의 구조 기능은 지금까지 살펴본 내용이겠고, 구성을 위한 하위의 구조 기능은 다음과 같이 정의하겠습니다. 대통령이 각급 국정수행 과정에서 장기적인 국가이익의 도모를 위한 특정 사안의 해결에 있어, 공식라인을 활용, 처리할 때 일상성을 벗어날 수 있는 부분에 대해 최종적으로 국익을 보호하기 위해 활용하는 별도의 비공개 수단으로, 이 조직의 개념을 정의합니다. 그리고 이 조직의 추가 기능으로서 대통령의 사적(私的) 영역 보호, 지원 및 공적(公的) 영역의 비공식적 요구사항 전반을 비공개로 처리하는 기능도 포함될 수 있을 것입니다. 추가 기능은 장기적인 국가전략이라는 조직 활용의 전제를 보완하기 위한 것으로 즉시(卽時)적이고, 일회적이라고 할지라도 궁극적으로 이 조직의 활용만이 안전을 담보할 수 있다는 점에 근거합니다. 이것이 이 조직의 본질적 전제는 아니라고 할지라도 기타 목적적 전제로 인정할 수 있습니다. 이 기능이 없을 경우 결국은 장기적인 국가전략에 차질을 초래할 수가 있기 때문입니다. 국정운영 과정상 대통령 개인과 관련된 다양한 민감 사안을 해결함에 있어 비체계적이고 안전성이 떨어지는 측근 개인이나 로비 라인을 활용할 경우 대통령 개인의 보호기능에 심각한 장애가 발생하고, 이것은 궁극적으로 국가와 유권자 전체에 부정적인 영향을 끼치게 됩니다. 그래서 추가 기능은 이 조직의 비체계적 목적이자, 간접적 필요 전제로서 평가됩니다. 이러한 비공개 직할사단의 명칭은 '특별수임담당처' (=이하 특임처)로 가칭해서 정하겠습니다.

여기까지가 -부록- 5.의 일부 내용입니다.

국가는 궁극적으로 국가와 국민 전체를 위해 엄연히 불법적인 일들이지만 꼭 해야 하는 경우가 있고, 국민 개별의 입장에서 선과 정의로 판단되는 가치 기준과는 완전히 다른 국가단위의 가치기준을 가지고 있다고 얘기하고 있습니다.

### 정의(正義) 과정과 법(法) 과정

이런 측면에서 통용적인 법 정신과 국가 정의의 개념이 구별됩니다. 국가가 국민의 이익을 궁극적으로 증진시키기 위해 불법적인 일도 해야 하는 것을 '정의(正義) 과정' 의 일부라고 말할 수 있습니다. 이것은 일반적인 법 과정으로는 설명이 안 되는 즉 법 과정 밖의 현상입니다.

이것을 현실적으로 '법 과정' 과 '정의 과정' 이라는 개념으로 구별해서 범죄 통제론과 연결해 검토해보겠습니다.

여기서 '정의(正義)' 란 국익실현과 유지를 위한 최광의(最廣義)의 구체적 수단이면서, 그것을 체계적으로 행사하는 총체를 포함하는 개념으로 정의하겠습니다. '정의(正義)' 의 일반 개념과는 구별되는 재정의(再定意) 입니다. 여기서 '국익' 은 사익과 공익의 합성 총합입니다. 그리고 '합성'

은 방향에 따라 갈등과 조화를 할 수 있습니다. 이유는 국익과 공사익은 합동 영역이 있으면서 동시에 합동이지 않은 영역이 있기 때문입니다. 공익과 사익 간에도 그러한 관계가 존재합니다. 국익에 대한 최광의의 국익 실현 수단/기준/이념을 '정의'(正義)라고 하면, 정의(正義)의 최소 부분 집합을 '법(法)' 이라고 하겠습니다.

이 관계구조에서 보더라도 법치주의는 국가사회에서 한계를 당연히 가지게 됩니다. 즉 법치불능인 국가사회의 영역이 엄연히 존재한다는 말입니다. 법치불능의 범위에는 각종 범죄 등이 대표적일 것입니다. 이러한 영역에서 법 과정에 의한 범죄 통제(統制)란 과연 어떤 의미일까요? 사실 범죄의 통제라는 측면에서 통제라는 말을 하기가 민망스러울 정도입니다. 공허한 선언에 불과합니다. 물론 법의 제약과 처벌로 범죄를 예방도 하고 범죄가 발생하면 가해자를 잡아 처벌하거나 피해자를 구제하는 등의 법 과정이 법치주의에 따라 가동되고는 있습니다. 그러나 현실을 보면 이러한 통제는 어이가 없을 정도로 제한적일 뿐입니다. 어떻게 보면 그냥 법과 범죄가 나란히 사이좋은 모습으로 함께 살아가는 느낌입니다. 법이 있지만 범죄는 지금 이 순간에도 발생하고, 앞으로도 발생합니다. 법이 있는 한 범죄가 있다는 말은 우리의 판단을 흐리게 합니다. 마치 범죄와 법이 서로 공생 조화하는 관계임을 받아들이고 싶어지도록 하는 말입니다. 안됩니다. 범죄 통제를 단순 '법 과정' 이 아니라 '정의 과정' 으로 확대해 접근해야 합니다. 현실과 같은 소극적 통제가 아닌 적극적인 통제 구조를 설정해야 합니다.

### 제한적 특수 연좌제

시장 자체의 선택경쟁에서 본 바와 같이, 선택경쟁을 통해 범죄를 1차 통제할 수 있습니다. 이때 선택경쟁 시장 밖의 현상이라서 시장 자체의 선택경쟁이 적용되지 않은 범죄가 발생하면 법 과정으로 처벌하는 2차 통제를 합니다. 동시에 정의 과정을 통해 법 과정의 범죄 예방적 통제 기능의 허술함 또는 전무함을 보완하여 3차 통제합니다. 그리고 여기서 2차 통제를 매우 강화하기 위해 '제한적 특수 연좌제' 를 도입할 수 있습니다.

'제한적' 이라는 것은 모든 범죄 종류가 아닌 '법률의 규정' 에 의한 경우만을 뜻합니다. 그리고 '특수' 라는 것은 연좌제를 본래 범죄의 처벌 이외에 추가해 부가 적용한다는 의미입니다. 따라서 '제한적 특수 연좌제' 는 어떤 범죄자가 제한적 특수 연좌제를 적용하도록 되어있는 범죄를 저질렀을 경우, 범죄 사실이 법원 판결로 확정되면 법률이 정한 순서상 범죄자의 혈족에게 범죄자가 선고받은 형량의 일정 비율을 추가 형량으로 별도 부과하는 것입니다. 그리고 동시에 해당 범죄로 인한 획득 재산의 몰수와 환수 등 국고 귀속조치 및 발생한 민사상 이득과 손해발생에 대해서는 귀속조치 외에 추가로 민사 적격 당사자(국가 포함)에 의한 부당이득반환청구 및 손해배상청구의 피소 주체를 해당 범죄자를 포함해 법률이 정한 순서대로 범죄자 혈족으로 하여, 해당 혈족의 연대 재산까지 청구범위로 가능하도록 하는 것입니다. 이것이 제한적 특수 연좌제의 내용입니다.

국가사회 전체의 존립을 위태롭게 하는 범죄를 중심으로, 사회적으로 강한 제약을 가해야 하는 특정의 범죄에 대해서 제한적 특수 연좌제를 적용하도록 규정할 수 있습니다.34) 이는 범죄자의 해당 범죄 시장으로 참가하는 입장료를 극단적으로 높이는 효과가 있습니다. 법 과정의 근본 취지에 부합하려면 근본적으로 모든 범죄에 대한 2차 통제에서 해당 범죄 시장의 입장료를 이처럼 높여야 하는 것이 맞습니다. 이에 대한 현행 헌법과의 위헌여부의 분석은 생략하겠습니다. 우리나라를 포함 대부분의 나라에서 유권자의 헌법개정(憲法改正) 권력의 범위는 무한계(無限界)이므로, 이를 전제로 분석 실익이 없기 때문입니다.

---

34) 다음 장인 '4.완전 과세' 에서 검토하는 국가등록청 및 '5.직접 민주정 : 납세권과 정책결정의 결합' 에서 다루는 관련 시스템 등에 관한 범죄 등에 적용 가능

그런데 법 과정에 의한 2차 통제를 강화하는 제한적 특수 연좌제와 같은 것을 모든 범죄에 적용시키게 되면 이중처벌을 받아야 하는 처벌 과잉이 발생하게 됩니다. 또한 범죄자에 대한 범죄 참가의 입장료를 높이는 기능 요소가 국가사회의 가족관계 관점에서는 연고자 처벌이라는 것 자체가 문제의 성격을 지니고 있습니다. 그래서 제한적 특수 연좌제는 말 그대로 '제한적' 으로 해야 합니다. 여기에 법 과정에 의한 범죄 통제의 상당한 영역 제한의 문제가 발생하는 원인이 있습니다. 이것은 3차 통제인 정의 과정이 추가 보완할 것입니다.

그러면 어떤 범죄가 이론적으로 제한적 특수 연좌제를 적용해야하는지 기준을 잡아보겠습니다. 법 과정에 의한 2차 통제의 미약한 구조 강화라는 측면과 '제한적' 이어야 한다는 전제 자체의 측면 모두를 충족하면서 결합자본주의와 조화가 되어야하는 것이 기준의 핵심입니다. 사실 강조하고자 하는 관점에 따라 이 기준 외에도 매우 다양한 기준이 있을 수 있으며 모두 의미있는 기준임을 인정합니다. 다만, 여기서의 기준은 결합자본주의와의 조화라는 강조점을 요소로 하고 있기 때문에 다른 기준에 의해 나올 수 있는 적용범위와 구별될 것입니다. 그러한 인정 하에서 살펴보겠습니다.

### 제한적 특수 연좌제와 결합자본주의

재산 강탈, 인신 수탈, 생명 침탈이라는 세 가지 종류로 범죄를 크게 나누겠습니다. 생명 침탈은 인신 수탈에 포함되나 별도로 구분하겠습니다.

인신 수탈 또는 생명 침탈의 범죄에 속하는 특정 범죄에 대해서 제한적 특수 연좌제를 적용할 수 있습니다. 다만, 여기서는 재산 강탈 부분에 대해서 결합자본주의와의 조화라는 기준으로 제한적 특수 연좌제를 적용하게 되는 근거만을 간단히 검토하겠습니다. 재산 강탈 범죄 중에서 세부적으로 어떤 범죄에 다시 한정할 것인지는 여기서 다루지 않겠습니다.

재산 강탈의 범죄로 분류되는 내역 중에서, 경제활동이 아닌 현상 즉 경제의 주관 단위인 시장, 화폐, 경제주체의 3면의 경제활동 ∫에 따른 맥락과 무관한 현상으로서, 경제활동 결과의 불확실성을 제거 또는 최소한으로 줄이는 것의 정반대 효과를 초래하여 lim(목표확률)을 1이 아닌 0의 방향으로 역행 수렴하도록 만드는 행위를 '특정대상경제범죄' 라고 정의하겠습니다. 이 범죄에 대해서 제한적 특수 연좌제를 적용합니다. 적용하는 이유는 이러한 범죄가 결합자본주의에서 3면의 네거티브 결합을 축소시키는 것이 아니라 반대로 추가적으로 발생시키기 때문입니다. 이러한 발생의 효과는 비효율 증가와 동위입니다. 결합자본주의의 경제활동 ∫의 외부에서 결합자본주의 자체로 손실을 주입하는 것으로 '외부손실 주입효과' 라고 합니다. 이것은 결합자본주의 자체의 구조적 결함이 아니라 결합자본주의의 구현에 장애가 요인이 외부에서 주어지는 것을 의미합니다. 따라서 제한적 특수 연좌제를 적용하고 3차 통제인 정의 과정에 의한 사전적 통제도 추가적인 수단으로 적용할 수 있습니다. 그럼으로써 절대 신용의 경제사회 토대가 한층 강화되고 결합자본주의 구현하기에 보다 적합한 국가사회의 기초가 마련될 것입니다.

### 3차 통제의 개념

3차 통제는 법 과정이 다루는 원리와는 다른 원리가 적용됩니다. 앞에서 사익과 공익의 합성 반영을 국익이라 하고, 최광의의 국익 실현 수단/기준/이념을 정의(正義)라고 하면 정의의 최소부분 집합이 법이라고 재정의(再定意) 했었습니다.

법 과정이 정의 과정의 부분인 최소 범위에 해당한다는 뜻인데, 그럼 법 과정이 아닌 나머지 부분의 것을 정의 과정으로 다루는 방법을 살펴보겠습니다.

법 과정은 범죄 발생이전에 대해서는 예방이라는 개념으로 범죄를 통제합니다. 미약하고 간접적인 통제입니다. 통제라는 말이 맞지 않을 정도로 말입니다. 현실에서 사실상 의미 없는 수준입니다. 이에 대해서 정의 과정은 사전통제라는 개념으로 범죄 발생이전 상황에 접근합니다. 사전통제는 예방과는 전혀 다른 개념입니다. 사전통제는 법 과정이 아니라 정의 과정이라고 했습니다. 따라서 통용되는 법의 일반적 기준 논리와는 다른 방법이 적용됩니다. 즉 이것은 범죄를 관리한다는 의미로 이해해 볼 수 있습니다. '관리' 하는 이유는 먼저 범죄의 발생이 필연적이고, 이 필연성을 인정한다는 것 때문입니다. 범죄의 발생을 법 과정의 기준 논리로 보면 인정이 될 수 없는 현상입니다.

하지만 현실에서는 그런 현상이 필연적이고 확정적으로 발생합니다. 법 과정은 그에 대해 예방이라는 허울로 범죄와 공존 공생합니다. 법 과정은 이 모순을 스스로는 분명 인정하지 않고도 아무 일없이 괜찮다는 듯 모른척하고 지냅니다. 오히려 범죄가 있어야 법 과정도 필요하다며 자기기만을 하면서 스스로 위로받길 좋아하고, 범죄에 항상 종속당할 수 밖에 없는 현실의 힘이라는 낭만적 위선으로 치부합니다.

법 과정은 범죄 덕에 발전하고 자기강화를 하는 구조적 한계를 지니고 있어 어쩔 수 없는 측면이 있기도 합니다. 법 과정은 영역 자체가 스스로 좁은 경계 탓에 그러합니다. 그로 인한 현실은 통탄할만한 수준입니다. 우리 앞에서 지금도 누군가 범죄 수익의 극대화를 위해 범죄 경제권 내의 약자를 유린하고 있는 비극이 수없이 일어나고 있습니다. 원치 않는 죽임의 생명 침탈과 재산 강탈 그리고 인신 수탈의 범죄가 법치만능주의의 환상을 조명삼아 우리와 가족을 유린할 시간만을 기다리고 있습니다. 아직 기력이 남아 있다면 이 현실을 아파해야 합니다. 그리고 뭔가 해야 합니다. 바로 그것이 정의(正義) 과정을 통해 법 과정의 범죄 예방적 통제 기능의 허술함 또는 전무함을 보완하는 3차 통제입니다.

3차 통제는 범죄가 발생한다는 필연적 상황에 대해, 법 과정이 하듯 눈 감았으니 안 보이는 것을 없다고 말하는 자기기만을 부리는 것이 아니라, 적극적인 범죄존재의 인정을 통해 범죄의 발생과정 자체를 사후적이 아닌 사전적으로 관리하는 것을 뜻합니다. 이런 의미에서 사전통제라고 합니다. 사전통제의 요소인 '관리' 란, 범죄 자체를 정의 과정의 목적에 맞게 간접적으로 유지하는 일체의 행위로 정의됩니다.

### 정의(正義) 과정에 따른 범죄 관리

고리 사채업과 매춘 등의 불법사업을 복합적으로 영위하면서 배후에서 범죄조직을 꾸리고 있는 집단이 있다고 가정하고, 이러한 집단을 예로 들어, 정의 과정에 따른 범죄 관리에 대해서 설명해 보겠습니다. 이번 사례 역시 '정의 과정' 을 '법 과정' 과 구별해 원리와 개념 이해를 하기에 적합하도록 인위적으로 만든 것입니다. 적용 범위와 내용은 각 경우에 따라 달라질 것입니다.

정의 과정은 통제되지 않은 특정 범죄의 국가 손실비용이, 통제된 상태의 범죄의 발생에 대한 전제적 허용 및 관리를 통해 감소되는 부분 만큼에 그 존재 의의가 있습니다.

범죄의 현상적 인정은 범죄의 양성화 개념입니다. 이때의 양성화는 공개가 아닌 비공개에 의한 '관리' 를 뜻합니다. 즉 공인화(公認化)가 아닙니다. 이것은 정의 과정에 의한 관리론을 바탕으로 범죄의 사전통제를 위해 발생을 전제하고 관리목적 내에서만 허용한다는 뜻입니다. 즉 이 범위는 법 과정의 경계의 바깥 부분으로, 2차 통제 영역 외 부분입니다. 법의 통제권을 이탈하는 것인데, 양성화와 관리의 전제되는 속성입니다. 물론 방임이 아니라 정의 과정에 의해 3차 통제를 합니다.

여기서 예로든 고리 사채업과 매춘 등의 불법사업을 하는 배후 범죄 집단을 정의 과정에서 3차 통제한다는 말은 그 존재를 인정하고 범위와 발생의 국가사회 허용 구조 내에서 조절하는 사전 통제를 실행한다는 것을 의미합니다. 이것은 범죄 집단의 최상위 계선을 국가 또는 국가의 대리기구가 직접 운용, 대체, 조정하거나 간접으로 제어하는 방식입니다.

여기서는 국가의 대리기구가 담당하는 것으로 하고, 이 기구는 다른 기구의 검토 없이 '-부록- 6.'에서 분석한 '특임처'로 가정하겠습니다. 정의 과정에 따른 이 부분 통제기능에 더 적합한 조직 기구의 검토가 필요하지만 여기서는 생략하겠습니다. 그리고 간접 제어하는 것으로 가정하겠습니다.

3차 통제의 전제들에 따라 위 범죄조직은 이미 범죄를 저질렀고, 앞으로도 저지를 것으로 확정돼 법 처벌이 가능한 대상들입니다. 법에 의한 처벌 과정이 별도로 없더라도 범죄조직과 조직원들에 대해서는 특임처가 정의 과정에 필요해 체계적으로 부여받은 해당 권능의 범위 안에 법의 과정적 성격에 포함된 처벌수단의 발동이 들어있으면 직접 징벌이 가능합니다. 이것은 범죄자의 징벌 비선택(非選擇)에 대한 무권리성(無權利性)에 근거합니다. 법의 과정에 의한 징벌과 같은 효과이며 법의 과정 경계 바깥 영역이라는 전제와 범죄 구성의 이미 달성이라는 전제 등으로 정의 과정에 이러한 권능을 부여하는 조건이 가능해집니다. 징벌의 내용과 수위는 법 과정과 다르며 정의 과정의 목적에 따른 3차 통제의 별도 기준에 따를 수 있습니다.

이 지점에서 법의 과정과 정의 과정의 차이점이 분명해집니다. 법의 과정은 종료성, 과거성, 범죄사실 확정을 위한 절차성을 속성으로 하고, 정의 과정은 개연성, 미래성, 이미 범죄를 구성하여 발생한 구속가능성, 범죄사실 예정성을 속성으로 합니다. 정의 과정의 속성을 바탕으로 사전 통제를 특임처가 할 수 있는 겁니다. 따라서 특임처가 범죄 집단에 대해 정의 과정에 따른 기준을 직접 적용해 범죄의 양과 질을 사전 통제합니다. 직접 제어하는 방식은 이 사전 통제가 특임처에 의해 직접 수용되는 것이고, 간접 제어하는 방식은 특임처의 정의 과정상 부여된 범죄 집단에 대한 적합하고 효과적인 권능 행사로 범죄의 양과 질에 대한 기준을 자발적으로 수용하도록 강제합니다.

이렇게 해서 범죄 집단은 법 과정에서 미결(未決)의 처벌 객체가 아닌,

정의 과정으로의 통제 객체로 전환됩니다. 특임처는 국가를 대신해 정의 과정의 목적을 위해 규정되는 특정의 범죄에 대한 통제기준의 범위 내에서 범죄 발생을 통제적으로 허용합니다. 그리고 행위주체에 대해 범죄를 행할 권리를 부여하며, '관리' 에 따를 의무를 사전에 부과합니다. 다만, 이러한 범죄 관리에 대한 기조는 영역이나 통제 범위가 다른 법 과정의 관점에서는 해석되지 않습니다.

의무를 사전에 부과하는 것은 특임처가 정의 과정의 목적에 따라 부과하는 징벌 집행의 권능 외에 추가적인 권능입니다. 특임처가 의무 부과와, 그 의무의 수용 자체를 강제로 결정하는 일방적 구조입니다. 이것은 범죄자의 징벌 비선택(非選擇)에 대한 무권리성(無權利性)을 유추 적용한 근거에 의합니다. 간단히는 범죄의 구성이 이미 된 경우이므로, 범죄 영업에 의한 활동으로 효용을 획득할 수 있는 허가를 얻는 대신 범죄영업에 대해 국가가 정한 영업 규정을 지키겠다는 반대급부에 해당합니다.

이렇게 해서 정의 과정에 의한 범죄 관리를 사전 통제라는 측면에서 사례 분석해 보았습니다.

## 유한 임계량

우리는 앞에서 수정자본주의 경제의 주관 단위를 시장, 화폐, 경제주체의 세 가지로 분류했었습니다. 이러한 3면의 개별단위 자체는 결합자본주의에서도 3면으로서 그대로 적용됩니다. 지금까지 이들 개별단위 3면 중에서 시장에 대해서 살펴본 것입니다.

화폐는 다음 장인 '4장. 완전 과세' 부분에서 추가 분석할 것이고, 경제주체에 관한 분석을 먼저 하겠습니다.

채무를 제외한 가치의 소유량이 특정 정도를 넘게 되면 경제주체가 스스로는 직접 생산에 추가 참여하지 않게 되어 노동시장에서 퇴장하는 지점이 있습니다. 이 지점의 가치 소유량을 '유한(有閑) 임계량' 이라고 정의하겠습니다.

유한 임계량의 몇 가지 특징을 살펴보겠습니다.

유한 임계량보다 초과한 범위에서는 생산과 시장 참여라는 경제활동을 중단하고도 이윤이 발생합니다.

그리고 그때의 이윤량은 반드시 경제주체 자신의 주관적 화폐가치 수입욕구를 채울 수 있는 수준이어야 하는데, 이것은 유한 임계량을 초과하는 지점의 조건이기도 합니다. 유한 임계량에 미달하는 범위에서는 유한 임계량에 도달하도록 생산과 시장 참여를 계속하도록 경제주체에게 '자본 환상 함수' 가 제공됩니다.

'가치[∫]−가치[Σ]=이윤〉0' 으로 되는 상태를 '유효경제' 라고 했었습니다. 이 조건을 자본주의 재생 유지의 근거로 할 때, 경제활동의 결과가 가치[∫]〈가치[Σ]이 되면 경제주체에 의한 해당 경제활동은 '무효경제' 가 되고, 경제활동은 중단, 위축, 소멸을 하여 재생 유지가 멈추게 됩니다. 자본 환상 함수는 시장의 이러한 현상과 관련이 있습니다. 시장에 참가하고 있는 경제주체의 경제활동이 무효경제로 되었을 때, 자본 환상 함수는 경제활동의 재생 유지가 멈추게 되는 방향의 자본주의 시장 원래 흐름에 역행하는 원인으로 작동을 합니다.

반면에 경제주체의 경제활동이 유효경제로 되었을 때는, 자본 환상 함수가 아닌 유효경제라는 결과 자체가 경제활동의 재생 유지를 시장 원래의 방향에서 순행적으로 강화합니다. 이때는 결과적으로 자본 환상 함수의 크기가 증가합니다. 그리고 자본 환상 함수는 유한 임계량을 초과한 경제 주체의 존재를 근거로 공급됩니다.

### 투자와 투기

유한 임계량을 초과하는 영역에서 경제활동 없이 이윤의 재생산이 가능한 것은, 본질적으로 경제활동의 방법이 직접에서 간접으로 전환되었기 때문입니다. 이렇게 간접 경제활동에 의한 이윤 재생산을 '이윤의 재생' 이라고 정의해 구별하겠습니다.

그리고 직접 경제활동에 의한 것은 '이윤의 재생산' 이라고 하겠습니다. 직접 경제활동이란, 경제주체가 직접 생산에 추가 참여하기 위해 노동시장에서 퇴장하지 않고 벌이는 경제활동을 의미합니다.

간접 경제활동만으로 생활하는, 즉 유한 임계량을 초과한 영역에 있는 자들은, 유한 임계량을 초과한 영역에 있으면서도 직접 경제활동으로 생활하는 자들과는 구별됩니다. 전자를 유한 자본가라도 정의하고, 후자를 활성 자본가라고 구분해 정의하겠습니다.

간접 경제활동은 자본의 투하를 구성 요소로 합니다. 투하에는 투자(investment)와 투기(speculation)가 있습니다. 투자는 생산부분에 대한 자본 투하이고, 투기는 비생산부분에 대한 자본 투하를 뜻합니다. 참고로 여기서 정의하는 투기는, 현실의 금융시장 등에서 이루어지는 거래 방법인 투기적 투자와는 다릅니다.

이윤이 발생할 수 있는 두 가지 경로는 노동과 자본입니다. 노동은 노동력의 제공을 통해, 그리고 자본은 투하 즉 투자와 투기를 통해 경제활동으로 각각 투입됩니다. 이중에서 노동과 투자 부분이 생산 과정과 관련됩니다. 자본 투하 경로가 생산에 직접 연결되면 '생산' 이고, 만약 연결이 안 되면 '비생산' 으로 분류합니다. '연결되면' 이란, 생산을 목적한 투하라고 정의됩니다. 따라서 비생산의 경우도 투하 경로 상에서 생산으로 전환될 수 있습니다.

즉 비생산으로의 진입 이후에라도 진행 과정에서 생산과 직접 연결되는 경로 유입이 있을 수 있습니다.

투자와 투기의 이익 구조에 관한 차이점을, 간단한 예를 들어 설명해 보겠습니다. 부동산 투자와 부동산 투기가 있습니다. 부동산 투자는 토지와 건물이라는 부동산의 개발가치를 통해 이윤을 획득, 공유하는 것이고, 부동산 투기는 토지, 건물의 유한성을 바탕으로 발생하는 자본 수익만을 획득, 공유하는 것을 말합니다.

부동산 투자는 투하 주체가 개발 자체에 직접, 간접으로 동승(同乘)함으로써 개발 결과의 수익을 분배, 획득하는 이익 구조입니다. 이에 반해, 부동산 투기는 투하 주체가 타인의 소유를 제한하는 소유 효력을 행사함으로써 토지, 건물의 '2차 가치'와 '1차 가치'의 차이가 크게 발생하여 나오는 수익을 획득하는 이익 구조입니다.

'포지션' 개념

지금부터 분석해 가는 내용에서는 위에서 구분한 자본가의 개념을 기준을 달리해서 정의를 변경하겠습니다. 위에서 자본가를 유한 자본가와 활성 자본가로 구분했었습니다. 유한 자본가와 생산 자본가는 모두 투하의 주체입니다. 간접 경제활동이냐 직접 경제활동이냐를 기준으로 앞에서 유한 자본가와 활성 자본가로 나누었습니다.

지금부터는 그 기준이 아니라, 투하 중에서 투기와 현재 시점으로 관련된 자본가의 해당 상태를 '유한 자본가'로 국한해 재정의(再定意)하고, 투자와 현재 시점으로 관련된 자본가의 해당 상태를 '생산 자본가'라고 국한해 재정의하겠습니다.

유한 자본가의 간접 경제활동을 위한 투하가 투자일 경우, 이때의 유한 자본가는 생산 자본가로 분류됩니다. 따라서 생산 자본가는, 직접 경제활동으로 생활하는 활성 자본가와 투자와 연관된 유한 자본가 등을 모두 포함하는 공위(共位)의 개념입니다. 그리고 노동자는 노동력의 제공을 통해 생산요소물주체의 상태에 있는 자와 동위의 개념입니다.

자본가가 경제활동의 과정에서 생산요소물주체의 역할을 할 때는 자본가에서 전환하여 노동자와 동위(同位)가 됩니다.

따라서 유한 자본가, 생산 자본가, 노동자는 모두 상태적 개념으로 하나의 경제주체가 특정 시점에서 하나 이상을 점유할 수 있습니다. 이러한 개념을 통틀어 '포지션(position)'이라고 하고, '포지션'이란 '경제주체의 정의(定意)된 기능대로 작동하고 있는 순간의 상태'라고 정의하겠습니다.

따라서 노동자와 생산 자본가는 고정적 개념 즉 계급 단위로 취급하지 않겠습니다. 상태적으로 계속 변하는 포지션의 개념입니다. 시점과 상태에 따라서 유한 자본가, 생산 자본가, 노동자라는 포지션은 하나의 경제 주체를 기준으로 계속 바뀌면서 전환되는 것입니다.

수정자본주의에서 경제주체는 이처럼 작동하는 현재 시점의 기능에 따라 포지션을 점유합니다. 따라서 포지션은, 거의 신분에 가깝게 취급했던 계급과는 다른 개념입니다. 계급은 지속적이고, 경제층위 상 배타성을 속성으로 하며 일정 시점 이상을 상대 계급으로 전환되지 않음을 가정으로 합니다. 이렇듯 포지션과 계급은 구별됩니다.

## 소비

생산 자본가와 노동자는 생산과 관련되어 경제활동을 하며 시장에 참가하고 '판매' 와 '구매' 를 합니다. 구매에는 '소비적 소비' 와 '소유적 소비' 가 있습니다.

소유적 소비에는 생산시설을 구매하거나 생산을 위해 원재료를 구매하는 것과 같은 생산을 위한 예비적 소비가 있고, 여러 채의 주택 소유처럼 소유자를 기준으로 현재 시점의 소비실현 가능량을 초과하는 보유적 소비가 있습니다. 소비적 소비는 소유적 소비가 아닌 소비입니다. 여기서 '소비실현' 이란 앞에서 정의한 개념 그대로입니다. 즉 가치물의 소비 가능 절대량이 제거되는 상태입니다.35)

---

35) 그밖에 소비 등 다른 개념도 앞에서 정의한 그대로입니다.
참고
- 목적 동시성 시장 : 시장 진입 목적이 교환 의존성의 교차 만족에 의해 달성 되는 시장.
- 목적 개별성 시장 : 시장 진입 목적이 가치 동일화에 의해 달성 되는 시장.
- 생산 요소물 : 1차 가치가 0 이 될 수 없는 가치
- 생산 결과물 : 생산 요소물이 투입되어 산출된 자연적, 인위적인 모든 결과물로서 가치물이며 (상대적 개념이 아닌 절대적 개념으로서의) 1차 가치가 0이 될 수 있다.
- 생산자 : 생산 결과물에 1차 가치를 부여할 의사가 없는 자
- 소비자 : 생산 결과물에 2차 가치를 부여할 의사가 없는 자
- 생산 수단 : 생산 요소물을 투입하여 자연적 변위나 인위적 가공을 통해 생산

유한 자본가는 생산에 참여하지 않은 채로 생산이익을 획득, 공유하고 시장 활동상으로는 구매와만 연결됩니다. 앞에서 유한 자본가란 계급 개념이 아니고 포지션 개념이라고 했습니다. 그에 따라 보면, 유한 자본가 포지션으로 예비적 소비를 할 수는 없습니다.

만약 예비적 소비를 한다면 그 순간 유한 자본가의 포지션이 아닌 다른 포지션으로 전환하는 것입니다. 그리고 노동자가 자신의 임금 중에서 소비와 은행 저축을 제외한 부분 중에서 누적해놓은 십만 원이든, 1억 원이든 '자본화 가능 잉여' 를 투자할 경우 생산 자본가의 포지션을 획득합니다.

### 자본 환상 함수

수정자본주의 하에서 모든 경제주체는 포지션 전환을 통해 자신이 유한 임계량에 도달하고, 궁극적으로는 '간접 경제활동으로 생활하는' 으로 정의했던 유한 자본가 포지션을 영구히 유지하려는 노력을 합니다. 그렇기 때문에 경제주체는 '자본 환상 함수' 의 종속변수입니다. 시장에 참가하고 있는 경제주체의 경제활동이 무효경제로 되었을 때, 자본 환상 함수는 경제활동의 재생 유지가 멈추게 되는 방향의 자본주의 시장 원래 흐름에 역행하는 원인으로 작동한다고 했었습니다.

투기와 연관된 의미로 정의했던 유한 자본가를 제거하거나 최소한으로 줄이는 것은, 자본주의 '무효경제' 를 제거하거나 최소한으로 줄이는 것과 유사한 효과를 가졌습니다. 다만, 투기와 연관된 유한 자본가가 무효경제가 발생하는 것의 모든 원인은 아닙니다. 원인들 중 하나입니다. 그리고 이것은 자본 환상 함수의 공급원들 중 하나이기도 합니다.

---

결과물을 산출하는데 동원된 구체적, 비구체적 모든 수단.

- 생산 : 생산자가 가치물에 대한 자신의 해석을 구속시키는 것.
- 소비 : 소비자가 자신의 해석으로 상품에서 재화성을 발견하는 것.
- 소비 실현 : 가치물의 소비 가능 절대량이 제거되는 상태.
- 소비 과정 : 생산자에 의해 상품에 구속되었던 해석을 해제시키는 과정.
- 소유 : 가치물의 생성과 소비와 보유와 소멸의 각 상태에 대한 지배

자본주의에서 자본 환상 함수와 무효경제는 발생 조건상으로 순행관계에 있기 때문에, 투기와 연관된 유한 자본가를 축소하는 것은 부분적으로 자본 환상 함수를 축소하는 것과도 서로 순행관계에 있다고 볼 수 있습니다. 그런데 자본 환상 함수가 유한 임계량을 초과한 경제주체의 존재를 근거로 공급되므로, 이러한 경제주체 중의 하나인 투기와 연관된 유한 자본가도 자본 환상 함수의 공급원이 됩니다.

자본 환상 함수가 그 기능상 무효경제와 함께 존재해야 하기 때문에, '간접 경제활동으로 생활하는' 으로 정의했던 유한 자본가 포지션과 더불어 투기와 연관된 유한 자본가 역시 자본 환상 함수의 공급 필요를 근거로 존재 의의를 가지게 되는 것입니다. 다만, 유한 임계량으로 도달하기 위해 투기와 연관된 의미의 유한 자본가로 전환하는 것은 무효경제를 줄이는 것과는 무관합니다. 따라서 유한 자본가 포지션으로의 전환 현상은 제거하거나 최소한으로 줄여야 합니다.

이런 이유로 투기와 연관된 유한자본가는 존재 자체만이 의미가 있는 것일 뿐, 그 존재의 정도는 국가사회의 기준에 따라 철저하게 조절되어야만 합니다. 이 방법은 '4장. 완전 과세' 에서 다루겠습니다. 완전 과세의 목적이 투기와 연관된 의미의 유한 자본가 포지션을 축소하는 것 자체는 아니지만 부수적으로 그런 효과의 수단도 됩니다. 참고로 앞으로 구별 없이 쓰는 한, '유한 자본가' 란 투기와 연관된 의미의 유한 자본가를 뜻하는 것으로 하겠습니다.

유한 포지션을 줄이는 것이 전체 경제활동을 위축시키지는 않습니다. 자본은 유한(有閑)성에 기초한 수익과 생산성에 기초한 수익을 구별하지 않기 때문입니다.

예측 경쟁시장의 창조로 충분한 투자 자본의 활동기회가 보장되고, 유한 자본의 비생산적 흐름을 차단, 생산 자본으로 전환해 전체 경제를 활성화시키면 유한 포지션의 수축이 전체 경제활동의 위축으로 연동되지 않습니다.

### 유한 포지션과 자본 환상 함수

유한 포지션을 줄이는 것과 자본 환상 함수 자체와의 관계는 다음과 같습니다.

먼저 유한 포지션이 줄어듦으로써 무효경제가 줄어들면 자본 환상 함수가 줄어드는 순행관계에 있습니다. 극단적으로 유한 포지션이 모두 제거되었다고 가정을 하더라도, 유한 포지션은 무효경제 유발의 원인들 중 하나이므로 무효경제가 사라져서 자본 환상 함수가 사라지는 것은 아닙니다. 유한 포지션의 제거로 자본 환상 함수의 공급도 모두 사라져서 무효경제의 축소 회로가 동작을 멈추는 구조의 관계들이 아닙니다. 유한 포지션은 실제로는 존재하지 않거나, 그 가능성이 매우 희박할지라도 존재할 수 있는 기대만으로도 유한 포지션에 의한 자본 환상 함수의 공급 기능은 발휘되는 특성이 있습니다.

따라서 존재의의가 유한 포지션의 축소나 제거와 완전한 상충 관계에 있는 것도 아닙니다.

한편, 포지션의 고착화가 심화되어서 포지션 전환이 거의 불가능해지는 상태가 있습니다. 자본 환상 함수를 더 이상 제공하지 못하는 단계로 진입한 상태에서는, 자본 환상 함수가 '도박 함수'로 대체됩니다. 유한 임계량에 도달할 가능성에 대한 다양한 기대와 믿음의 합리적 기반에 변성이 일어납니다. 이것이 진정으로 우려할만한 문제입니다.

'도박 함수'는 예측경쟁과 정반대의 구조입니다. 즉 경제행위의 상대방간 거래의 비대칭성을 전제로 하는 것입니다.

### 실업(失業)

실업은 자발적 실업과 비자발적 실업으로 크게 나눌 수 있습니다. 비자발적 실업은 생산요소물주체에 의한 노동 포지션이 실업상태일 때 발생하는 것입니다. 자발적 실업은 생산요소물주체 중에서 노동 포지션이 아닌 포지션으로 분류되는 경계 포지션에 해당할 때이며, 그리고 유한 포지션의 경우도 있습니다.

비자발적 실업은 생산예비 포지션이고, 자발적 실업 중의 경계 포지션은 생산은퇴 그룹과 생산가능 그룹이 있습니다. 이것은 생산예비 포지션과는 다릅니다.

경계 포지션 중 생산가능군은 우선 생산예비 포지션으로 전환시키고, 비실업 상태로 다시 이동시켜야 합니다. 비실업 상태는 생산요소물주체와 관련이 있습니다.

비실업 상태의 노동 포지션은 생산지속 그룹과 은퇴예정 그룹으로 나뉩니다. 경계 포지션의 생산은퇴 그룹과 노동 포지션의 은퇴예정 그룹은 보호되어야 하고, 자발적 실업 상태인 경계 포지션의 생산가능 그룹과 유한 포지션은 축소되어야 합니다.

### 금융유한주의(金融有閑主義)

경제주체의 소득이 노동 포지션에 의한 것보다 자본 포지션에 의해 들어오는 것이 더 많아지는 일시적 상태가 있을 수 있는데, 이때를 유한(有閑)적 포지션 전환 상태라고 합니다.

총소득 I= 노동의 소득 L+자본의 소득 C 일 때, 이러한 유한 포지션 전환의 현상을 국가 단위에서 발생시키는 수준을 'C°L' 이라고 하면,

C°L=C/L라고 하겠습니다.

C°L의 최대값을 C°L(max)라고 하면,

0≤C/L≤C°L(max), I=L+C 이므로,

0≤C/(I−C)≤C°L(max),

여기서, C=[(대출규모 U)(투자수익율 r)(환율 E)]/[투자 위험 R] 으로 놓겠습니다. 그리고 r=(위험수익)$^2$(화폐수요)$^2$/(보장수익)$^2$ 이라고 하겠습니다. (다른 변수들 및 인접 효과는 분석 편의상 생략하겠습니다)

그러면, C°L는 C가 증가하면 증가하는 관계이므로, 대출규모가 많아지게 되는 투자 상황이 증가하고, r이 적정하게 탄력적으로 유지되면서

환율이 높아지면 C ° L은 증가하는 상황이 조성됩니다. R은 줄여야 하는 변수인데, 제도적 개선 및 상호적인 규제 철폐 등이 방법이고 미래 결과의 불확실성을 현재화하여 소비시켜 제거하는 등의 시장적 방법이 있습니다. 제도적으로는 모든 R을 포함할 수 없습니다. 이런 방법으로 R을 최대한 줄이는 상계를 하고 이득 전환을 증가시킵니다.

한 국가의 C가 증가하면 C ° L이 증가합니다.

이때 자국(自國)의 C ° L을 증가시키는데, 타국(他國)의 C ° L을 감소시키면서 자국의 C ° L(max)를 달성해나가는 방향의 선택을 '금융유한주의' (金融有閑主義)라고 정의하겠습니다. '금융유한주의' 는 현실의 맥락에서 보자면 '제국주의' 의 현대적 모습과 유사한 종류로 보입니다.

제국주의는 우선 타국에 자국민을 이식(移植)시킵니다. 그리고 전면적으로 타국의 경제 가치를 경영?수탈하는 방식을 취합니다. 초기 생산물의 이식을 통한 소비 종속의 구조에서, 나중에는 생산적 이윤을 착취하는 단계로 바뀝니다.

이는 다시 자본의 이식을 통한 타국의 경제 체제 자체를(불황 및 위기 상태 포함) 통제하여 자본 증식을 달성하면서 자본에 의한 체제 종속을 간접적으로 강화하는 현대적 모습으로 변천했습니다. 이러한 구조를 현대적 제국주의를 볼 때 금융유한주의와 비슷한 개념으로 이해해도 되겠습니다.

### 부의 재편성

여기서 부(富)의 재분배와 부의 재편성을 구별해 보겠습니다.

부의 재분배란 부의 규모와 포지션의 현상 유지를 전제로 하고 부를 인위적인 각종 정책을 통해 이전 또는 다른 경제적 원인에 의해 결과적으로 재배치되는 것입니다. 한편, 부의 재편성은 포지션 전환을 전제로 하고 일시적, 부분적, 지속적 포지션 전환을 수반하면서 부가 이동하는 경제적 원인과 정책적 수단의 과정 현상입니다.

부의 재편성 탄력도와 국가 역동성은 보통 비례관계입니다. 국가 내부적으로 볼 때 포지션의 전환 탄력성이 떨어지게 되어, 포지션의 고착화 정도가 높아지는 상황 또는 지점에 놓이게 되면 국가 외부로부터 탄력성을 높일 수 있는 동력을 구하게 됩니다.

위에서 정의한 '금융유한주의'의 개념 조건을 완화해서 타국과 자국의 C°L 관계가 서로 제로섬(zero-sum)이 아닌, 즉 현실적으로 non-zero-sum인 상호주의를 전제로 한다면, 금융유한주의는 선과 악의 가치적 문제가 아니라, 국가와 국가 내부의 경제주체가 포지션 전환 탄력성을 제고하기 위해 타국과 타국의 경제 주체가 벌이는 정상적인 경제활동으로서의 게임 현상으로 볼 수 있습니다. 금융유한주의는 그것의 추구로 인해 발생한 피해자적 입장에서 감정적 격분으로만 바라보아야 하는, 본질적으로 악한 속성의 것이 아닙니다.

현실 그 자체로서의 금융유한주의에 대한 합리적인 응전(應戰)은, 세계 개방 경제의 흐름과 상호주의를 전제로 하여 자국의 경제주체 포지션 전환 탄력도를 높이는 수단으로서 추구되어야 합니다. 이러한 방향의 동력을 더 얻는 유효한 방법으로서 금융유한주의를 이해하고 적극적으로 접근하는 것이 필요합니다.

### 비대칭 경제

포지션 고착화가 심화되어서 포지션 전환이 거의 불가능한 상태가 있습니다. 이와 함께 유한 임계량에 도달할 가능성에 대한 믿음을 자본 환상 함수가 더 이상 제공하지 못하는 단계로 진입하면, 자본 환상 함수를 '도박 함수'가 대체한다고 앞에서 언급했습니다.

도박 함수는 예측경쟁과 정반대의 구조입니다. 즉 경제행위의 상대방 간 거래의 비대칭성을 전제로 합니다.

도박 함수의 조건은, 첫째 일정 기간 내에서 제로섬이고, 둘째 직접 경제활동에 의한 효과 발생량이 없고, 셋째 위험 효용과 예상 수익의 편차가 확률요인이든 기술요인이든 관계없이 무조건 자본 환상 함수가 제공하는 것보다 크다는 것입니다.

예측 경쟁은 위험 효용과 예상 수익의 편차가 기술적 요인과 확률적 요인을 모두 처리, 반영하여 대칭적으로 결정됩니다. 반면에, 도박 함수와 연관되어 있는 비대칭 경쟁은 기술적 요인에 의해서만 결정되는 특징이 있습니다. 확률적 요인이 있어야 평등한 경쟁이 되고 기술적 요인만 있으면 불평등 경쟁이 됩니다.

그런데 만약 경제주체가 이런 불평등 경쟁을 선택한다면, 이것은 포지션 고착화에 의해 자본 환상 함수가 더 이상 작동하지 않기 때문입니다. 현실적으로 이런 현상은 개별 경제주체의 포지션 중에서 가장 장기적(長期的)인 대표 포지션인 경제적 지위의 변동, 특히 상승 변동이 크게 낮아지는 모습으로 나타납니다.

이것은 가난한 자가 부자가 되기는 어려워지고, 가난한 자가 계속 가난을 유지하거나 더 가난해지는 작동과, 부자가 더 부자가 되거나 그대로 유지되거나 가난한 자로 되는 것은 정상적으로 작동하는 형태의 두 가지 양상을 함께 포함합니다. 요약하면, 가난한 자가 부자로 되는 것이 어려운 상황을 나타냅니다.

비대칭 경제는 이와 같은 비대칭 경쟁과 도박 함수를 전제로 합니다. 비대칭 경제계수 $\oint$를 $\oint$=[위험 효용/예상 수익]라고 정의하겠습니다. '예상 수익≤위험 효용' 이면, 즉 $\oint \geq 1$이면 경제주체는 비대칭 경쟁을 선택하게 됩니다.

이때는 경제 주체가 예측 경쟁을 선택하도록 바꾸는 것이 당연히 필요한 일입니다. 예를 들어, 안정적 폭리가 가능한 자본주의 독점 구조나, 막대한 부의 불법적 상속 등은 예상 수익을 축소시켜 국가사회의 $\oint$를 높이게 됩니다. 이 결과는 종속변수인 위험 효용을 높이는 새로운 원인으로 작용하기도 합니다.

$\oint$이 높은 상태는, 네거티브 결합을 제거하거나 최소한으로 줄이는 예

측 경쟁에 의한 결합자본주의의 가장 중요한 효과를 저감시키고, 결국 비대칭 경제영역을 확장시키게 됩니다. 현실적으로 경제주체들의 노동과 투자의욕을 상실케 하는 부정적인 효과부터 촉발시키는 현상으로 관찰됩니다.

### 결합자본주의와 경제활동의 분류

이상의 개념들을 종합해 경제활동을 분류해 보겠습니다.

예측과 선택을 객체로 하여 자유로운 교환 또는 거래를 인정하는 시장을 구성합니다. 그리고 현재의 거래 의지가 확률을 통해 가격으로 표현되도록 허용, 보장한다고 할 때, 비효율을 줄이는 것을 경쟁이라고 정의하고, 경쟁으로 경제활동이 이루어지고 있는 영역을 '경제적 경제부분' 이라고 하겠습니다. 경쟁 외부를 '비경제적 경제부분' 이라 합니다.

경제적 경제부분에는 대칭경제 영역과 비대칭경제 영역이 있습니다. 대칭경제 영역은 두 가지의 시장으로 이루어집니다. 하나는 선택경쟁 시장입니다. 그리고 다른 하나는 시장, 화폐, 경제주체 3면의 ∫에 의한 네거티브 결합 제거 또는 축소에 관한 예측경쟁 시장입니다.

단위별, 종류별, 층위별로 존재하는 예측경쟁 시장의 통합구조를 만들어 국가사회 전체의 경제 효과와 경제활동 결과의 불확실성을 제거하거나 최소한으로 줄이는 방향에서 경제주체의 기대행위가 이루어지도록 할 수 있습니다. 예측경쟁 시장으로 모든 투하 시장을 동일 차원으로 통합한다는 뜻입니다.

그리고 실물에 대한 판매와 구매가 이루어지는 선택경쟁 시장을 제외한 나머지 선택경쟁 시장과 불확실성의 현재화 거래에 기초한 예측경쟁 시장을 모두 예측경쟁으로 동차원적인 통합을 합니다. 이렇게 되면 경제주체의 모든 기대행위가 통합적인 예측경쟁 거래로 전환됩니다. ∫에 의한 네거티브 결합을 제거 또는 축소하는 것이, 선택경쟁 시장 중의 일부인 투하(투자와 투기)와 함께 예측경쟁 시장 구조로 일원화할 수 있음을 의미합니다.

실물에 대한 판매와 구매가 이루어지는 선택경쟁 시장과 나머지 예측경쟁으로 통합된 시장의 두 가지 시장 모두 하나의 결재방식으로 처리됩니다. 이것이 결합자본주의의 시장 형태인데, 두 가지 시장구조에 대해서 하나의 결재구조를 적용하는 시스템으로 구성됩니다. 이에 대해서는 완전 과세를 통해 다음 장에서 분석하겠습니다.

# 4장. 완전 과세

지금까지 시장과 경제주체에 대해서 살펴보았습니다. 이번 4장에서는 화폐의 진화와 결합자본주의에 있어 과세 문제에 대해 다루어 보겠습니다.

이 책의 개념들로 보면 자본주의는 다음과 정의할 수 있습니다. 언어에 의해 발생, 결정된 가치가 물건과 결합하여 가치물화 된 상태에서 화폐적으로 교환 거래되면서, 상대방에 의해 언어 소통구조에 따라 가치물이 재해석되는 과정에서 부가되는 가치를 전체 가치의 화폐량으로 치환하는 것을 자유롭게 허용하는 경제제도입니다.

이러한 자본주의의 개념을 바탕으로, 자본주의가 역사적 변천을 거치면서 변형된 수정자본주의 경제의 주관 단위를 시장, 화폐, 경제주체의 세 가지로 분류했었습니다.

시장, 화폐, 경제주체라는 3면의 ∫에 따르는 네거티브 결합을 제거하거나 최소한으로 줄이기 위해, 경제활동 결과의 불확실성을 현재화하여 소비시키는 것이 필요했습니다. 이는 곧, 모든 종류의 시장을 자유롭게 만들고 자유롭게 공급할 수 있도록 허용과 보장을 의미합니다. 이것을 제도적으로 만들어야 하는데, 경제체제와 정치체제의 두 가지 측면을 맞물려서 현실적 실행이 하나의 기능으로 제도화되도록 해야 합니다. 이 제도 전반을 가리켜서 결합자본주의라고 정의했었습니다. 그리고 여기에 필요한 경제체제의 현실적 수단을 예측경쟁으로 검토해 보았습니다.

이번 장에서는 결합자본주의 정치체제의 전제적인 수단이 될 '완전 과세' 에 대해서 검토해보겠습니다.

참고로 제I부의 '6장. 언어의 의사소통 구조' 와 '7장. 의사표현의 언어적 소통과 가치물의 화폐적 유통' 부분의 정의와 내용을 모두 그대로 전제하겠습니다.

### 주제적 전개의 개요

반복되는 느낌이 있지만, 전체적인 흐름을 다시 한 번 살펴보겠습니다.

시장, 화폐, 경제주체로 이루어진 3면의 각 개별단위가 결합되는 ∫에서, 3면의 결합 네거티브를 제거하거나 최소한으로 줄이기 위해 결과의 불확실성을 소비하면 수정자본주의의 ∫상 비효율이 제거됩니다. 이 과정에서 불확실성을 소비하는 모든 종류의 시장을 자유롭게 만들어 공급하는 시장 창조의 자유를 허용, 보장하는 결합자본주의를 구성하는 것이 이 책의 주제적 전개 중의 하나라고 했었습니다. 이때 불확실성을 소비하는 시장은 3면의 개별단위의 하나인 시장과는 구별됩니다. 3면의 하나인 개별단위의 시장은 구체적 또는 비구체적 상품의 개별적 거래의 개념공간을 뜻하고, 불확실성을 소비하는 시장은 '예측경쟁 시장' 이라는 것으로 정의해서 살펴보았습니다.

따라서 결합자본주의에서의 전체 시장은 3면의 하나인 선택경쟁 시장과, 3면의 ∫상 네거티브 결합을 제거하거나 최소한으로 줄이는 예측경쟁 시장으로 이루어져 있습니다. 이것이 경제체제의 시장 측면입니다.

이에 대해 예측경쟁 시장을 제도화하여 3면 개별단위의 경제활동에 따르는 과세 문제를 결합하는 완전 과세에 대해서 다루는 부분이 정치경제의 융합 측면입니다. 그리고 다시 완전 과세의 납세권을 입법권과 결합하는 방법을 통해 직접 민주정으로의 확장을 하게 됩니다. 이것은 다음 장인 '5장. 직접 민주정 : 납세권과 정책결정의 결합' 에서 다루고, '6장.

방법론 : 결합자본주의와 직접 민주정의 구체적 실현' 에서는 관련되는 방법론의 일부를 소개할 것입니다.

이상의 흐름이 주제적 전개의 전체 모습입니다.

화폐

예측경쟁 시장과 선택경쟁 시장에서 공통으로 쓰이는 '경쟁' 이라는 개념은, 하나의 불확실성에 대해 서로 다른 생각의 의지(意志) 정도를 확률 가중치로 현재 가치화 하여 거래하는 행위라고 정의했었습니다. '확정되지 않음' 을 미래로 정의하고, 이 미래의 불확실성에 대한 주관을 확률 가중치로 객관화하는, 즉 가격이라는 화폐의 기호장치로 의사 표시하는 행위의 총합이 예측 경쟁이라고 했습니다.

그런데 예측경쟁 시장의 경제활동과는 달리, 선택경쟁 시장인 일반 시장의 거래 중에는 과세 기관에 노출되지 않는 규모가 상당합니다. 현실에서 화폐에 의한 경제활동 상 거래되는 모든 내역의 정확한 파악이 현재의 경제 구조로는 어렵기 때문입니다. 이것은 과세되어야 할 부분의 누락이 반드시 존재하는 현실적인 모습이기도 합니다.

화폐는 가치물의 교환 의존성을 극복해줌으로써 상품 교환거래의 매개물 기능을 수행한다고 했습니다. 제I부의 '7장. 의사표현의 언어적 소통과 가치물의 화폐적 유통' 부분에서 얘기한 관련 내용을 여기서 다시 보겠습니다.

상품은 화자(話者)의 역할을 합니다. 이에 대해 청자(聽者)는 그 상품에 대한 자신의 언어적 해석을 통해 획득할 가치와 지불할 가치 간의 우열(優劣)을 판단을 하는 자입니다. 이것을 통해 청자가 소비 욕구를 얻게 되면 가치물 획득을 위한 가치물과 화폐 간의 교환과정에 들어가는 것입니다.

실제로 이 과정을 소비과정이라고 하며, 소비과정은 상품의 소유자인 생산자에 의해 해당 상품에 구속되었던 가치를 언어적으로 해석하여 화폐로 해제시켜 실현하는 과정이라고 정의했습니다. 따라서 화폐는 언어의 한 종류인 것이고, 언어의 일반 현상은 화폐에 모두 적용됩니다. 개인들이 매개언어 획득을 위해 경쟁을 하는 것은 모든 가치와 매개언어가 서로 치환되는 현상 때문인데, 이렇게 치환되는 가치는 화폐와도 치환관계에 놓입니다. 화폐가 언어의 일종이면서 특히 매개언어에 해당되기 때문입니다. 개인들은 매개언어를 획득하기 위한 경쟁을 하는데, 이것은 화폐를 획득하기 위한 경쟁과 같은 구조입니다.

종합해보면, 화폐획득을 위한 경쟁은 구조적인 측면뿐만 아니라 본질적으로는 매개언어를 획득하는 것과 동일한 것입니다. 가치를 발생시키고 인식하여 결정하는 모든 과정은 언어가 지배하기 때문입니다. 화폐 역시 언어에 의해 발생한 가치물의 특수한 형태인 상품의 일종이라서 그렇습니다.

다음에서는 이러한 화폐 기호장치의 수량적 등가인 가격 과정에 대해서 분석해 보겠습니다.

### 가격 과정

판매자가 제시하는 가격을 '표시가격' 이라고 정의하면, 표시가격은 판매자의 가치 요동에 따라 변화하며 구속됩니다. 가치 요동이란 인식 요동의 표현격37)입니다.

표시가격에 대해 구매자가 화폐가치 동일화 여부를 결정하여 표시가격과 화폐가치 동일화38)를 하겠다는 표시가격 수용을 하면 가격 지불행위를 통해 수용가격과 표시가격을 동일화시킵니다.

---

36) '화폐 기호장치의 수량적 등가' 를 가격이라고 정의합니다. 그리고 '화폐의 기호장치' 라는 말도 가격을 의미합니다.

37) 제 II부 3장의 관련 부분 참고
「생산은 노동이 결정하고 가격은 가치(1차 가치와 2차 가치)가 결정하는데, 생산은 잉여가치를 창출하고 소비 과정에서 이를 실현합니다. 가격은 가치와만 상관하며 심리과정인 인식 요동이 가격을 지배합니다.」

38) '화폐가치 동일화' 는, '화폐가치의 기호장치인 가격의 동일화' 의 준말.

그렇게 되면 매매가 종료됩니다. 이것은 구매자 측면에서만의 얘기고, 판매자 측면을 함께 고려하면 동일화의 종류가 나뉩니다.

판매자가 해당상품에 스스로 인정하는 2차 가치를 가격으로 등가(等價)시킨, 판매자 자신의 내면의 가격을 '가치가격' 이라고 정의하겠습니다. 그러면 가격 결과는 표시가격>가치가격, 표시가격=가치가격, 표시가격<가치가격의 세 가지로 나누어 볼 수 있습니다.

이러한 가격 결과는 2차 가치와 관련된 가치 요동이 원인이고, 이는 가치가격의 요동과 같은 말입니다. 표시가격은 일단 가치가격의 요동 범위 내에서 정해지는데, 정해진 표시가격은 이후 가치 요동을 원인으로 다시 변합니다. 이 변하는 순간에서 위의 세 가지 동일화 과정을 교차하다가 '표시가격=가치가격' 이 되는 순간의 상태에서 화폐의 가치동일화가 일어나면 매매가 발생하는 것입니다.

현실의 모습으로 보면, 폭리를 받고 판매한 경우나 정상적인 매매가 이루어지거나 또는 이윤을 줄이는 판매인 할인판매, 원가보다 낮은 판매인 덤핑 등 모든 매매의 완성은 본질적으로 표시가격과 가치가격이 일치하는 순간에 일어나는 것입니다.

같은 의미로 표시가격과 가치가격이 불일치하고 있는 상태에서는 매매가 일어나지 않습니다. 이 상태는 상품이 대기하는 시간이라고 생각하면 됩니다.

이것은 모두 화폐가치의 동일화가 일어나지 않고 있는 상태에서의 모습들입니다. 이 상태에서 화폐가치의 동일화가 일어나기 위해서는 판매자의 가치 요동으로 가치가격이 변해서 표시가격이 바뀌던가, 또는 화폐가치 동일화의 수준이 가격 과정의 외부에 있는 구매자에 의해 수용가격 자체가 독립적으로 변해서 표시가격을 수용하는 일이 발생해야 합니다. 만약 현실에서 할인 판매를 하고 있다고 보면 원래 가격표에 붙어있는 가격과 표시가격은 서로 다른 겁니다. 판매시점의 가격인 할인가격이 바로 표시가격입니다. 표시가격은 구매자가 화폐가치를 동일화하는 가격입니다.

요약하면, 가격 결과는 표시가격>가치가격, 표시가격=가치가격, 표시가격<가치가격의 세 가지 중 하나로 귀착되는 현상이고, 귀착된 가격 결과는 가치 요동에 의해 변하는 것입니다. 표시가격 주체인 판매자의 심리 과정이 반영된 가치 요동에 따라 판매자가 해당상품에 대해서 스스로 인정하는 2차 가치가 있을 때, 이것을 가격으로 등가(等價)한 내면의 가격인 가치가격이 표시가격과 같은 상태가 유지되는 동안 구매자에 의한 화폐가치 동일화가 발생한다면 매매가 완료됩니다.

### 가치와 가격의 대응 구조

그런데 화폐 가치가 기호장치인 가격으로 표현됨에 있어, 주관적 차원의 '가치'가 객관적 차원의 '가격'이라는 수량으로 반영되고 있는데, 가치와 가격은 같지 않은 차원입니다. 그렇기 때문에 같지 않은 차원의 가치가 가격으로 전환되어 표현되는 데에는 차원 문제가 따릅니다. 주관 차원인 가치와 객관 차원인 가격은 일대일 점적(點的) 대응에 의해 전환되어 표현처리가 안됩니다. 범위적인 집합적 대응으로만 가능합니다. 이런 이유로, 100만 원짜리 카메라와 100만 원짜리 구두를 각각 샀을 때, 두 상품 모두 100만원이므로 화폐 가치의 기호장치인 가격 차원으로는 동일하지만, 카메라에 대한 판매자 및 구매자의 가치 관계와, 구두에 대한 판매자 구매자의 가치 관계는 서로 동일하지 않습니다.

표시가격, 가치가격, 화폐가치 동일화라는 이들 세 가지는 가격의 차원에서 동일화되는 것일 뿐 가치 관계에서는 그렇지 않습니다. 인식 요동과 인식 요동의 표현격인 가치 요동 그리고 그것의 변화를 반영하는 표시가격, 2차 가치에 의한 가치가격과 1차 가치에 의한 화폐가치 동일화 등 모두가 가격을 결정하는 가치들의 관계에서는 모두 별개로 요동하고 있습니다. 이것들이 가격 결과라는 과정을 통해 표시가격과 가치가격이 같아지고, 다시 여기에 화폐가치 동일화가 일어나면 모두 가격 차원으로 전환되어 표현된 상태에서 동일화가 됩니다. 결국 가치 관계에서는 불일치하더라도 말입니다.

위에서 주관 차원인 가치와 객관 차원인 가격은 일대일 점적(點的) 대응에 의해 전환되어 표현처리가 안되고 집합적 대응으로만 가능하다고 했는데, 이와 관련해 제I부의 '6장. 언어의 의사소통 구조'에서 살펴본 언어에 관한 내용을 다시 보겠습니다.

의사소통의 과정에서 다루고 있는 언어는 앞에서 전제한 대로 불완전언어입니다. 불완전언어는 실재와 존재가 불일치한다고 하였는데, 이것의 의미는 언어가 표상하는 것이 실재 자체를 일대일로 '존재화' 시키지 못함을 말합니다. 정확히 말하면, 두 가지 경우가 있습니다. 첫째는 언어로 표상된 존재의 의미영역 안에 아예 실재가 없는 경우이고, 둘째는 의미영역 안에 어디엔가 있지만 일대일로 대응되는 상태가 아니라 유사하지만 다른 많은 주변부의 의미들과 함께 범위적으로 들어있는 경우입니다. 우리는 의도하거나 또는 의도하지 않거나 이 두 가지 경우로 언어를 구사하게 됩니다. 이것을 집합의 개념으로 살펴볼 수 있습니다. 특정한 의미를 전달하기 위해 어떤 단어를 사용한다는 것은 그 단어가 포함하고 있는 많은 의미소 중의 하나를 전달하기 위해 단어라고 하는 표현소에 들어 있는 많은 의미소를 한꺼번에 전달하는 것과 같습니다. 그러니까 단어라는 표현소는 그것이 담고 있는 많은 의미소들의 전체집합이라고 볼 수 있습니다. 이러한 표현소들을 문법체계에 맞게 연결하여 합집합과 교집합을 만들어내는데 이것이 문장입니다. 이렇게 해서 의사의 전달과 소통이 이루어집니다.

의미소를 전체집합인 표현소들 간의 합집합과 교집합의 적절한 비율로 해서 매개언어를 공유한 사이에서 대화가 이루어져야 오해 없는 의사소통이 가능합니다. 여기서 의미소와 표현소를 하나로 묶어 개념쌍이라고 정의하겠습니다. 개념쌍은 언어의 권력현상에 따라 의미소와 표현소의 분리, 교차결합, 의미소의 증감 등 변화를 겪으면서 진화론적 과정을 겪습니다. 의미소는 개인언어 중 1차 언어와 대응하고, 표현소는 2차 언어와 대응합니다.

개인 간의 의사소통이 이루어지려면 전달하고자 하는 개인언어와 매개언어와의 대응이 있어야 상대방이 이해할 수 있도록 전달됩니다.

따라서 의미소와 표현소에 의하면, 이 대응은 점적(點的) '교차 대응'이 아니라 집합적 속성의 '교환 대응' 입니다. 일대일 대응이 아니라는 뜻입니다. 표현소는 명목부분이고 개념부분에 해당합니다. 그리고 의미소는 술어부분이고 설명부분에 해당합니다. 바로 집합의 원소들에 해당합니다.

매개언어도 이와 유사한 구조를 가지고 있습니다. 다만 그 집합적 단위의 규모가 더 크고 내부 부분집합의 층위가 더 많은 구조입니다. 의사를 전달하고자 하는 개인언어와 매개언어가 서로 교환 대응을 하기 위해서는 언어교환의 부등식이 필요합니다. 방정식 관계일 수는 없습니다. 점적 교차대응이 아닐 뿐만 아니라 개인언어와 매개언어의 집합규모와 층위가 서로 다르기 때문입니다.39) 먼저 전달의미를 가진 표현소가 개인언어 중의 2차 언어를 선택해 매개언어에서 부분집합과 대응합니다. 이렇게 대응된 표현소는 기호장치를 통해 전달하고자 하는 개인에 의해 상대방에게 표시됩니다.

이상에서 본 언어 현상과 같이, 주관 차원인 가치와 객관 차원인 가격은 일대일 점적(點的) 대응이 아니라 범위적인 집합적 대응을 합니다. 이러한 방법으로 가치와 가격은, 가치의 가격화를 통해 서로 차원을 달리하는 관계에서도 통교하는 것이 가능해집니다. 한편으로는 이러한 이유 때문에, 현실에서 가격이 같은 상품들이라고 해도 그 상품들에 대해서 느끼는 가치가 서로 다른 것입니다.

---

39) 하나의 표현소 안에 들어있는 의미소들의 집합 1단위를 1층위라고 합니다. 이때 개인언어와 매개언어는 모두 내부적으로는 보면 무한층위이나, 매개언어의 층위는 개인언어들의 교집합적인 층위이므로 서로의 층위는 다릅니다.

이렇게 서로 다른 가치를 가지고 있는 상품이 결과적으로 동일한 크기의 가격으로 표현되었다면, 가치의 가격화 과정은 결국 교환 의존성을 극복하는 원리의 다른 관점이라는 것을 알 수 있습니다. 화폐의 관점으로 보면, 가치가 가격으로 바뀌는 과정은 위와 같은 범위적인 집합적 대응 구조에 따라 화폐에 의해서 이루어지므로, 화폐가 가진 교환 의존성 극복의 속성이 과정 자체에 당연히 내재하게 됩니다. 그래서 가치의 가격화 결과에서 상품간 가격이 동일화되었다면 교환 의존성이 극복된 것과 같은 의미입니다. 가격 과정과 화폐 속성이라는 두 가지 맥락에서 교환 의존성 극복의 원리는 이렇게 연결되어 있습니다. 이러한 연결의 본질은 화폐의 속성에 의한 것으로, 화폐는 언어의 일종이기 때문에 가치의 가격화 현상과 본질 모두가 언어 현상으로 풀이된 것입니다. 한편, 가치의 가격화 현상은 최종 상품에만 해당하는 것이 아니라, 중간재에도 모두 적용됩니다.

### 기호장치의 개념

제I부 '6장. 언어의 의사소통 구조' 에서 화폐가 본질 상 매개언어의 한 종류라고 했습니다. 관련 내용을 다시 보겠습니다.

화폐는 기호장치의 속성을 가지고 있습니다. 우리가 화폐라고 할 때 대부분 화폐의 본질을 의미하기보다는 기호장치의 속성을 지닌 지폐나 주화, 증권, 전자화폐 등을 의미하기 때문입니다. 이 둘의 개념을 엄격하게 구분하지 않고 화폐라고 하면 원래 화폐 본질의 기호장치인 지폐 등을 혼용하고 있는 것입니다. 잘못되었다는 지적은 아닙니다. 그렇게 이중적인 의미를 모두 포함하고 있음을 설명하고자 하는 겁니다. 그런 이유로 화폐의 본질인 가치와 화폐 본질의 기호장치인 지폐가 화폐라는 단어로 같이 사용됩니다. 그러나 매개언어의 한 종류인 화폐의 본질과 그 기호장치에 해당하는 지폐나 주화 등은 이런 기준에서 서로 구별됩니다. 이 책에서는 구별하여 사용해야 할 부분에서 그 개념을 확정하면서 사용하되, 화폐를 일반적으로 언급할 때는 지폐 등의 기호장치로 의미해서 사용하겠습니다. 따라서 기호장치로서의 화폐는 가치보다는 가격과 대응되는 개념이 됩니다. 지폐는 가치와 그 가치를 표시한 구체물로 이루어져 있습니다. 이때 가치를 표시하는 방법이 수(數)이므로 non-sound signal이고, 이것을 가격이라고 정의합니다. non-sound signal의 현실적 유형이 지폐라면 종이라는 구체물이 바로 현실적, 물리적 수단이 되는 겁니다. 수(數)가 표시하는 가치의 문제 등은 모두 매개언어의 현상으로 분석하면 됩니다.

다음에서는 이러한 화폐의 본질적 속성을 바탕으로 화폐의 현실적인 모습을 살펴보겠습니다. 그리고 그렇게 분석된 실물화폐의 변천을 화폐의 본질적 속성으로 설명하면서 완전 과세를 분석하겠습니다.

### 사유 비한정재의 준공공재 상태 구성

경제적 최적화(=Economical Optimization)란 경제적 잉여의 최소화와 동일 개념으로, S를 '개인의 경제적 잉여 축적의 총합' 이라 할 때 경제적 최적화는 lim(S)=0로 정의했었습니다.

사유 한정재가 준사적재 상태에서, 소유 주체에 의한 재산권 행사의 불행사가 있으면 경제적 최적화에 반(反)한다고 규정했습니다. 그리고 준사적재 상태는 준공공재 상태와 동위라고 했습니다. 이때 경제적 최적화 즉 경제적 잉여의 최소화는 준(準)사적재 상태의 사유 한정재를 그것과 동위인 준(準)공공재 상태로 재설정하여, 소유 주체에 따른 가치물 상태의 변질인 사유 한정재의 변질에 대한 제한 이탈을 발생시킴으로 가능해집니다. 그렇게 되면 준공공재 상태이기 때문에 사유 재산권의 침해 소지는 제거됩니다. 결국 준공공재 상태에서 소유 주체의 사유 한정재에 대한 잉여 최소화 불이행의 이행을 반대로 강제할 수 있는 근거가 마련됩니다. '3장. 결합자본주의' 의 '경제적 최적화' 단원에서는 사유 한정재만을 경제적 최적화의 대상으로 제한해서 살펴보았으나, 여기서는 비한정재를 포함하는 소비 가능한 모든 가치물로 대상을 확대해서 경제적 최적화를 적용시키는 분석을 하겠습니다.

한정재는 생산의 주체가 없는 동시에 생산의 객체가 될 수 없는 가치물입니다. 이에 비해 비한정재는 생산의 주체가 있는 동시에 생산의 객체가 될 수 있는 가치물로 정의했었습니다. 그리고 공공재는 추가 소비에 대해 한계비용이 0이고 공급 적용에 있어 수요 수준에 따른 차별성이 적용되지 않으며, 소비 가능 절대량은 변화가 없고 상대량만 변화하는 특성을 가진 가치물입니다. 사적재는 추가 소비에 대해 경합성과 배제성이 동시에 적용되는 가치물로 절대 소비의(⇒소비 가능성의 영구적 제거) 전제가 가능하고 소비 실현의 과정이(⇒객체의 소비 가능성 절대량이 제거되는 과정) 존재한다고 했습니다. 이에 사유 한정재를 준(準)공공재 상태로 재설정하여 소유 주체의 사유 한정재에 대한 잉여 최소화 불이행의 이행을 반대로 강제할 수 있다는 분석을 했었습니다.

그러면 위에서 경제적 최적화의 대상을 소비 가능한 모든 가치물로 전면적인 확대를 한다고 했는데, 이것은 사유 비한정재의 준공공재 상태의 구성을 포함한다는 것을 의미합니다.

사유 한정재의 준공공재 구성은 한정재의 다음과 같은 속성에 의해서였습니다. 소유 독점과 가격 표현의 이중성에 의한 가격 대결의 불평등이 없는 소유를 전제로, 소유의 가능 객체를 생산의 가능 객체로 간주할 때 본질적으로 생산의 주체가 없는(=생산의 객체가 될 수 없는) 한정재는 기원적으로 자연의 산물이고 사회의 잉여물입니다. 한정재에 대한 원칙적이고 본질적인 사적 절대 소유란 없습니다. 다만 우리 모두는 한정재에 대한 영원한 임차인일 뿐입니다. 그래서 한정재를 사유(私有)에 의한 지배양식에 종속시킬 때는, 그것은 순수 사적재가 아닌 '준(準)사적재' 라는 변질된 상태로 구성된다고 했습니다.(준사적재 상태는 준공공재 상태와 동위)

사유 비한정재는 사유 한정재와 마찬가지로 자본주의에서 모든 사유

가치물에 대한 소유의 경제적 전제인 소유 독점과 가격 표현의 이중성에 의한 가격 대결의 불평등이 없는 소유를 전제합니다.

그런데 특정 시간대에서 사유 비한정재에 대한 소유자 절대 소비의 가능량 가운데 소비 실현 과정 내에 있는 것을 제외한 나머지 부분은, 절대 소비 전제가 가능은 하지만 소비 실현 과정의 추가발생은 불확정적인 상태입니다. 따라서 소유자에 의한 소비 실현 과정의 추가발생 전까지는 다른 경제주체의 추가 소비를 위한 경제활동의 객체로 구성이 가능해집니다. 이때 소유권의 이전이 없는 조건을 전제로 하면 사유재산 침해 소지가 원천적으로 없으면서, 추가 소비 가능성에 대해 한계비용이 0이고 공급 적용에 있어 수요 수준에 따른 차별성이 적용되지 않으며, 소비 가능 절대량은 변화가 없는 조건을 모두 충족하면서 미래의 불확정적 상대량만 변화가 가정되는 특성을 가질 수 있게 됩니다. 이것을 사유 비한정재의 준공공재 구성이라고 합니다. 이렇게 되면 사유 비한정재를 경제적 최적화의 대상에 포함시킬 수 있어, 경제적 최적화의 대상이 소비 가능한 모든 가치물로 전면적인 확대가 가능해집니다.

경제적 최적화의 관점에서 보자면, 사유 한정재의 잉여 최소화 불이행에 대한 반대 강제와 같은 효과를 사유 비한정재에 대해서도 발생시킬 수 있는 근거가 마련됩니다.

반대 강제의 방법으로서 서로를 구별하자면, 사유 한정재에 비해서 사유 비한정재는 간접적인 강제입니다. 사유 비한정재는 준공공재 구성의 특성상 간접 강제의 효과가 소유권 이전의 원인으로 되지 않기 위해 잉여 최소화의 불이행을 직접적으로 반대 강제하지 않습니다. 완전 과세 체계를 통해 사유 비한정재에 대한 다른 경제주체의 추가 소비를 위해 정상적인 경제활동의 객체 구성이 가능해지도록만 하는 것입니다. 이것이 간접적인 강제의 핵심 내용입니다. 이에 비해 사유 한정재의 반대 강제는 경우에 따라 소유권 이전 등을 원인 내용으로 하는 직접적인 반대 강제를 할 수도 있습니다.

사유 한정재와 사유 비한정재에 대한 경제적 최적화의 이론적 방법은 이렇게 서로 구별되지만, 두 가지 모두 경제활동의 객체로서 선택경쟁 시장과 예측경쟁 시장에서 완전 과세에 따른 동일한 결재 시스템이 적용되는 것은 같습니다.

지금까지의 준공공재 또는 동위인 준사적재 구성에 관한 분석은 모두 S를 개인의 경제적 잉여 축적의 총합으로 정의하고 있습니다. 따라서 사유 한정재와 사유 비한정재를 분석의 전체 대상으로 삼고 있습니다. 그런데 만약 S를 개인이 아닌 국가 또는 공공(公共) 주체의 수익활동에 의한 경제적 잉여 축적의 총합으로 분석 차원을 달리해서 본다면, 그리고 이때의 S를 구별해 S' 라고 정의해서 보면, 가치물의 준공공재 구성 단계가 필요치 않고 바로 S' 에 대한 lim(S' )=0로 적용할 수 있습니다. 해당 S' 발생이 자본 원인적 차원에서 이미 가치물의 (준)공공재 요건을 전제하고 있기 때문입니다.

따라서 이 경우, lim(S)=0와 lim(S' )=0는 각각 달성을 위한 접근 방법도 서로 다릅니다. lim(S)=0의 방법은 결합자본주의와 완전 과세 등 이 책 전반의 주제에서 포괄적으로 다루고 있으니 참고바랍니다. 한편 lim(S' )=0의 방법은 lim(S)=0와는 다르게 별도의 이론적 구성 과정이 없이 자본 원인적으로 (준)공공재 요건이 전제로서 충족되어 성립하기 때문에 상대적으로 간단합니다. 여러 가지 방법 중 하나를 예로 들어보겠습니다.

국영기업 내지 공기업의 최종 이윤에 대해서 법적 승인 이외의 방법으로는 일체의 내부 유보 또는 임의 소모하지 못하도록 규정하여, S' 에 해당하는 최종 이윤을 모두 국고로 환류시켜 예산의 특정항목으로 자동 편입되도록 합니다. 해당 항목은 감세 또는 복지를 위한 프로그램의 재원이나 취약 계층을 위한 현금 대용의 소비 쿠폰(coupon) 등 정책 과정의 목적에 따라 다양하게 설정될 수 있습니다.

위탁 경영 등의 다양한 합리화 조치에 의해 민영화 수준으로 수익성을 개선하는 장치를 마련한다는 조건을 전제로 한다면, 국영기업과 공기업 등의 소유를 일부 한정된 사적 주체로 이전함으로써 모든 이윤이 상대적으로 소수인 주주에게 포획되는 민영화보다는 S' 를 국민 전체가 정의롭게 향유하는 것이 더 중요한 기준이 될 수 있습니다. 이것은 궁극적으로 달성된 효율성 제고의 결과가 민영화에 의해 상대적 소수의 이익으로 전락하는 것을 방지할 것입니다. 특히 민영화의 대표적인 방법인 국민주 형태의 모집은 공모 단위를 국민 전체로 할 뿐이며, 결과적으로는 주식을 매수한 소수의 잔치입니다. 그리고 S' 가 줄어드는 이상 국민 전체의 형평성 기준으로도 비교될 수 없습니다. 따라서 진정한 의미의 '국민 주주화(株主化)' 수단이 아닙니다.

결국 S' 의 규모를 줄이는 것이 아니라 적정하게 유지하고 활성화해서, lim(S' )=0의 규모와 효율을 높여 국민 개별에게 복지 재정 및 조세, 그리고 소비 쿠폰 등의 수단으로 그 배당 효과가 최광의(最廣義)로 직접 파급되도록 하는 것이 S' 에 의한 국민 주주화 방식의 진정한 모습일 것입니다.

## 화폐의 다음 진화에 필요한 '전제상태'

개인의 특정 시간대에서 사유 비한정재에 대한 소유자의 절대 소비 가능량 중에서 소비 실현 과정 내에 있는 것을 제외한 나머지 부분에 대해서 보자면, 절대 소비 전제가 가능하지만 소비 실현 과정의 추가발생 여부는 불확정적인 상태입니다.

그래서 소유자에 의한 소비 실현 과정의 추가발생 전까지는 다른 경제주체의 추가 소비를 위한 경제활동 객체 구성이 가능해진다고 하였는데, 이것을 방법적으로 구현하기 위해서는 화폐의 진화에 대해서 먼저 살펴보아야합니다.

실물 화폐의 존재형태가, 무형의 기록가치에 의해서 저장되는 상태로 진입하여 실물 화폐의 유형이 소멸하고 표현가치만 남게 되는 상태를,

화폐의 진화에 필요한 '전제상태' 라는 말로 규정하겠습니다. 제I부의 '7장. 의사표현의 언어적 소통과 가치물의 화폐적 유통' 부분에서, 화폐는 모두 3가지가 있다고 분석했었습니다. 상품화폐, 수단화폐, 목적화폐의 세 가지인데, 여기서 규정한 '전제상태' 에서는 2차가치〉1차가치=0인 상품화폐만 존재합니다.

그리고 이 상품화폐의 가치변동이 수단화폐의 기능을 모두 대체합니다. 동시에 1차가치〉2차가치≠0인 목적화폐와, 2차가치〉1차가치≠0인 수단화폐는 모두 소멸하는 상태를 뜻합니다. 참고로 여기서 말하는 목적화폐와 수단화폐의 소멸이라 함은, '전제상태' 의 구성을 위한 가정으로서 현실적인 모습으로는 실물화폐의 법정 폐기 및 법률에 의한 유통금지를 뜻하는 것으로 하겠습니다.

### 화폐의 변천

목적화폐란 쉽게 말하면 수집용 화폐로 보면 되고, 수단 화폐는 우리 지갑 속의 돈으로 이해하면 됩니다. 이 두 가지가 실물화폐인데, 긴 역사를 가지고 있습니다. 알려진 바로는 실물화폐로서의 돈은 기원전 7세기에 탄생했다고 합니다. 그런데 본격적으로 사용된 것은 기원전 560년경 터키 서해안에 있던 '리디아' 의 국왕인 크뢰수스(기원전 595~546년) 시대에 와서라고 합니다.

그 전에는 주로 물물교환을 하거나 금이나 곡물을 사용해 거래를 했다고 하는데, 「일리아드」, 「오디세이아」에서는 쇠고기가 실물화폐로 나오기도 합니다. 리디아에서는 소가 귀해서 금을 사용했는데, 금은 거래할 때마다 무게를 재야하는 번거로움이 있었습니다. 그래서 여러 종류의 원 모양 금속판에 낙인을 찍어 그 낙인에 찍힌 무게를 보장하는 방법을 고안했습니다. 그렇게 만들어진 동전을 새면 간단히 거래를 진행할 수 있었습니다. 그러나 그런 편리함에도 불구하고 돈이 상인들의 신뢰를 얻어내고 널리 쓰이는 데까지는 상당한 시간이 걸렸습니다. 리디아의 돈이

나라밖 무역로(貿易路)의 반대편에서도 통용될 것이라는 '확신'이 필요했던 겁니다.40)

이때의 통용력은 현대적 의미의 통용력과는 다를 수 있으나, 본질적으로는 같은 얘기입니다. 즉 돈이 표시하고 있는 가치만큼을 상대도 인정하고, 아울러 주고받을 수 있어야 진짜 돈이라는 사실입니다. 돈에 대한 신뢰의 문제는 기원전이나 지금이나 가장 중요한 요소라는 점을 알려주는 것 같습니다.

이후 실물화폐인 돈은 오랫동안 주화(鑄貨)인 동전이 주로 통용되었습니다. 그러다가 종이로 만든 실물화폐인 지폐(紙幣)가 유통되기 시작했는데, 이는 유럽의 금 세공업자들이 금을 받고 증표로 주고받던 인수보관증이 금을 대신해서 거꾸로 통용되면서 발명되었다는 설이 있습니다. 일종의 금 예치 영수증인 인수보관증은, 상거래에서 통용되다가 금 세공업자에게 제시하면 보관증에 기록되어 있는 양만큼의 금을 찾을 수가 있었습니다.

이 과정이 반복되고 널리 퍼지면서 인수보관증은 상거래에서 실제 금과 같은 가치로 통용될 수 있었던 것 같습니다. 이후 금 세공업자들은 인수보관증의 교환가치를 인식하면서 보관하고 있던 금보다 많은 양의 인수보관증을 발행하기 시작했습니다. 발행된 인수보관증이 일시에 돌아오지 않는 한 금의 인출에 문제가 없었고 금 가치의 회전율을 높여 유동성을 창조하는 기능을 해주었습니다.

금본위가 아니라는 점이 다릅니다만, 현대의 은행이 인출에 대비한 지급준비금 비율을 제외한 돈을 바탕으로 은행권 자기앞수표를 발행하는 등의 방법으로 통화를 창조하는 것과 같은 원리입니다.

금본위 시절에 돈의 통용력이란 지폐의 기원처럼 금과의 교환을 근거로 했지만, 금본위제가 폐지된 오늘날 돈의 통용력은 국가 법률에 의해 가치를 보증하는 법정화폐로서 그 근거가 바뀌게 되었습니다.41)

---

40) 「이야기로 읽는 부의 세계사」의 pp. 32~33 일부 인용함, 데틀레프 귀르틀러(Detlef Gurtler) 지음, 장혜경 옮김, 웅진지식하우스, 2005년

동전과 지폐, 각종 화폐 등가물 등 돈이라는 것은 그 역사만큼이나 다양한 모습으로 존재했습니다. 이런 실물화폐는 화폐가치의 기호장치로서 가장 친숙하고 대표적인 것이었습니다. 그런데 최근 들어, 지폐가 동전을 대체했듯이 이러한 실물화폐 자체를 대체하는 화폐가치의 기호장치가 등장하고 있습니다.

이들 기호장치는 형태가 없는 무형이라는 것을 가장 큰 특징으로 합니다. 이것은 위에서 말한, 실물 화폐의 존재형태가 무형의 기록가치에 의해서 저장되는 상태로 진입하여 실물 화폐의 유형이 소멸하고 표현가치만 남게 되는 상태입니다. 화폐의 진화에 필요한 '전제상태'라 하여 규정했던 것과 같은 상태의 무형 화폐를 나타내는 말입니다.

이것을 화폐의 속성으로 표현하자면 가장 화폐다운 화폐라고 할 수 있습니다. 순수한 가치만으로 이루어져있다는 점에서 그러합니다. '전제상태'에서 2차가치>1차가치=0인 상품화폐로서 현실의 각종 전자화폐가 그러한 예입니다. 그 외에도 다양한 신용카드에 의해 지급 수단과 거래방법이 혁명적으로 대체되고 있습니다. CPU라는 중앙처리장치와 메모리, 무선 송수신 장치 등으로 이루어진 작은 칩들이 집적된 내장형 스마트카드가 거래상의 연산을 자동으로 처리하며 현실의 거래수단으로 정착되고 있습니다.

### 금전의 특질

현실의 거래수단은 실물화폐의 대명사인 금전 즉 돈이 대부분 맡아왔습니다.

우리나라 민법에서 금전은 특수한 동산(動産)으로 봅니다. 여기서 유가증권, 특히 지시채권이나 무기명채권은 채권이지 동산은 아닙니다. 민법이 금전을 '특수한' 동산으로 본다는 얘기는, 민법학자들의 표현으로 말하자면 "동산이기는 하지만 물건이 가지는 개성을 갖고 있지 않으며,

41) 「The History of Money」의 pp. 132~135 일부 인용함, Jack Weatherford 지음, Crown Publishers, 1997년

가치 그 자체이므로 점유가 있는 곳에 소유가 있다"라는 뜻입니다.

민법이 '특수'하다는 말까지 쓰는 이유는, 금전이 근본적으로는 1차 가치<2차 가치인 상태에 머물러 있어야 정상인데, 이 화폐가치의 부등식이 바뀌는 경우가 있어서 교환의 일반성과 특정성을 함께 가지는 이중성이 내재하기 때문입니다.

여기서 교환의 일반성은 상품화폐 및 수단화폐의 성질을, 그리고 특정성은 목적화폐의 성질을 각각 의미합니다. 특정성은 화폐의 기원적 기능에 따른 성질의 하나이기는 하지만, 화폐의 본질적 기능은 상품화폐로서(이하 수단화폐도 마찬가지임) 가지는 1차 가치<2차 가치에 따른 교환의 일반성입니다. 여기서의 교환 일반성은 '교환 의존성이 없는'으로 정의됩니다. 제I부의 '7장. 의사표현의 언어적 소통과 가치물의 화폐적 유통' 부분에서 분석한 바, 교환 의존성이 없는 것이 상품화폐라고 했습니다. 교환 일반성은, 1차 가치>2차 가치가 아니기 때문에 있는 성질로서, 특정성과 반대 상태에 있기 때문에 상품화폐는 특정성에 강제되지 않습니다. 그래서 점유와 소유가 일치하게 됩니다.

이상이 민법의 돈에 대한 개념을 이 책의 관점으로 풀어본 것입니다.

타인의 상품화폐를 점유하면 곧 소유권을 구성한다는 것은 물권적 청구권을 인정하지 않겠다는 얘기입니다. 돈은 '1차 가치<2차 가치'인 상태에서 교환을 전제로 가치 실현을 할 수 있는 내재적 특질로 인해 특정성을 가진 '물권'일 수가 없고, 다만 돈의 수량에 따른 가치량에 의해서만 구별될 뿐이라는 얘기입니다. 결국 동일 수량의 가치량을 가진 같은 화폐단위(또는 동일 수량으로 나타낼 수 있는 환율이 계산된 외국 화폐)의 다른 돈으로 완전하게 대체됨으로써 특정성을 가질 수 없으므로 물권적 청구권을 인정하지 않겠다는 것입니다.

그런데 일부의 경우이지만 돈이 현실에서, '1차 가치<2차 가치' ⇒ '1차 가치>2차 가치'로 바뀌는 경우도 있습니다. 이에 대해서 민법학자들은, 돈은 동산이기는 하지만 물건이 가지는 개성을 갖고 있지 않으며 가치 그 자체이므로 점유가 있는 곳에 소유가 있다고 봅니다. 따라서 사후의 문제는 부당이득반환청구로 해결하면 충분하고, 선의취득이 적용될 여지가 없는 것으로 해석합니다. 다만, 금전일 때에는 선의취득을 하는 것으로 규정한 민법 제250조 단서의 '금전'은 물건으로서의 금전을 의미한다고 통설적으로 봅니다. 여기서 '물건이 가지는 개성'은 1차 가치>2차 가치에 의한 특정성인데 일반적으로는 없다고 볼 수 있지만 항상 없는 것은 아니고, 경우에 따라서는 특정성을 부여할 필요가 있기 때문에, 단서로서 규정하고 있는 것으로 이해됩니다. '돈이 가치 그 자체'라는 말은, 1차 가치<2차 가치가 성립하는 상태가 돈의 상태에서 대부분이라고 전제하는 것을 의미합니다. 더 정확히는 항상 이 상태여야만 그 말이 조건 없이 맞을 수 있습니다. 하지만 그러기 위해서는 '1차 가치<2차 가치이면서 동시에 1차 가치=0'이어야 합니다. 그러면 점유가 곧 언제나 소유가 될 수밖에 없는 교환의 절대 일반성이 나옵니다. 특정성이 아예 없어진다는 뜻입니다. 그러나 드물기는 하지만 현실에서 돈이 물건처럼 특정성을 가지는 경우는 있습니다.

이러한 돈의 이중성을 인식해서 민법 제250조 단서를, 물건으로서의 금전이라고 해석하는 것입니다. 이런 점을 종합해서 금전이 특수한 동산으로 불리면 되겠습니다.

### 완전 과세와 불완전 소비

지금부터는 화폐의 진화에 대한 분석을 통해 완전 과세의 개념과 그 방법에 대해 살펴보겠습니다.42)

경제활동은 거래와 투자로 분류하겠습니다.

---

42) 관련 개념
가치물 : 구체적, 비구체적 결핍을 충족시켜 주는 물건
소비 실현 : 가치물의 소비 가능성 절대량이 제거되는 상태
직접 동기 : 가치물에 대한 소유자의 소비 실현이 전제되는 동기
간접 동기 : 가치물에 대한 소유자의 소비 실현을 전제하지 않은 동기

직접동기에 의한 소유권 이전을 수반한 경제활동으로서, 가치물에 대해 2차가치=0이고, 1차가치〉0인 상태의 소유권 이전활동을 '거래' 라고 정의합니다. 그리고 투자는 투하의 한 종류이기도 한데, 간접동기에 의한 소유권 이전을 수반한 경제활동으로서, 가치물에 대해 1차가치=0이고, 2차가치〉0인 상태의 소유권 이전활동을 '투자' 라고 정의하겠습니다.

실물 화폐의 존재형태가 무형의 기록가치에 의해서 저장되는 상태로 진입하여, 실물 화폐의 유형이 소멸하고 표현가치만 남게 되는 상태를 화폐의 진화에 필요한 '전제상태' 라고 했었습니다. '전제상태' 에서는 2차가치〉1차가치=0인 상품화폐만 존재합니다. 그리고 이 상품화폐의 가치변동이 수단화폐의 기능을 모두 대체하는 동시에, 1차가치〉2차가치≠0인 목적화폐와 2차가치〉1차가치≠0인 수단화폐는 모두 소멸하는 상태입니다. 목적화폐와 수단화폐의 소멸이라 함은, 현실적으로 이러한 '전제상태' 의 구성을 위한 가정으로서 실물화폐의 법정 폐기 및 법률에 의한 유통금지를 뜻한다고 앞에서 언급했습니다. 쉽게 말하면 전자적인 결재만 가능한 상태를 인위적으로 만들어 놓은 상황을 전제하겠다는 얘깁니다.

이러한 '전제상태' 에서 상품화폐에 의해 경제활동 즉, 거래 및 투자가 발생한 이후에 거래에 의한 가치물의 소비 결과≠0인 상태 및 투자에 의한 가치물의 소비≠0인 상태가 반드시 발생하는데, 이를 '불완전 소비' 라고 정의합니다. 다시 말해, 소비의 목적상 거래 이후의 소비 결과는 0이어야 하고 투자 이후의 소비는 0이어야 하는데, 그렇지 아니한 경우를 '불완전 소비' 라고 한다는 뜻입니다.

경제적 최적화(=Economical Optimization)란, 경제적 잉여의 최소화와 동일 개념으로서, S가 개인의 경제적 잉여 축적의 총합이라 할 때 경제적 최적화는 lim(S)=0 로 정의로 했었습니다. 경제적 최적화의 대상은 소비 가능한 모든 가치물이라고 했습니다. 따라서 불완전 소비는 사유

한정재와 사유 비한정재에 모두 해당합니다. 이 개념을 불완전 소비와 결합시키면 다음과 같습니다.

불완전 소비의 총합은 바로 개인의 경제적 잉여 축적의 총합과 동일합니다. 즉 불완전 소비의 총합은 S가 됩니다. 따라서 경제적 최적화는 lim[불완전 소비]=0 와 같아집니다.

시장, 화폐, 경제주체로 이루어진 3면의 각 개별단위가 결합되는 ∫ 에서, 3면의 결합 네거티브를 제거하거나 최소한으로 줄이기 위해 결과의 불확실성을 소비하면, 수정자본주의의 ∫ 상 비효율이 제거 또는 축소됩니다. 이것이 이루어지는 예측경쟁 시장의 lim[목표확률]=1의 문제가 결합자본주의의 생산 부분에서의 최대 주제였다면, lim[불완전 소비]=0의 문제는 결합자본주의의 소비 부분에서의 최대 주제입니다. 이 주제는 '완전 과세' 라는 방법론으로 그것의 달성 전제를 이루게 됩니다. 결합자본주의의 생산 부분에서 예측경쟁 시장이 있었다면, 결합자본주의의 소비 부분에서는 완전 과세가 있는 것으로 대비해서 이해하면 됩니다.

## 국가등록청

상품화폐의 가치동일화는, 가치물의 2차 가치에 대한 상품화폐의 화폐량 동일화에 의해 거래 및 투자가 이루어지는 상태를 의미합니다. 상품화폐의 가치동일화 방식을 완전 과세에 맞게 살펴보면 다음과 같습니다.

실물 화폐의 존재형태가 무형의 기록가치로 저장되는 상태로 진입하여 실물 화폐의 유형이 소멸하고 표현가치만 남게 되는 상태인 '전제상태' 를 구성하면, 가치물의 가치를 표현가치만으로 완전히 치환할 수 있습니다. 그러면서 동시에 '전제 상태' 가 아닌 상태에서 화폐가 갖는 특정성이 없다는 성질, 즉 무차별성을 표현가치의 기록방식을 통해 제거합니다. 무차별성의 제거 방법은 '화폐량 코드(code)' 라는 것으로 가치물을 구별할 수 있게 하면 됩니다.

여기서 화폐량 코드란, 소유자의 2차 가치를 화폐량으로 하여 해당 가치물의 구분 코드와 합성하는 것으로 정의하겠습니다. 가치물의 구분 코드는 해당 가치물의 소유를 특정하는 것이고, 화폐량을 여기에 합성하면 소유자가 현재시점에서 소비 과정의 실현을 하지 않고 가지고 있는 모든 소유물에 대해서 얼마에 팔 의사가 있는지를 상시적으로 공시하는 기능을 가집니다.43)

만약 현재시점에서 소비 과정 실현을 하지 않고 있으면, 화폐량 코딩을 해야 하는데 현실의 여러 사정으로 화폐량 코딩을 하지 않고 있었다 하더라도 소유물을 경제활동의 객체로 전제하려면 반드시 화폐량 코드를 얻어야 합니다.

왜냐하면 1차가치>2차가치≠0인 목적화폐와 2차가치>1차가치≠0인 수단화폐는 모두 소멸한 상태 즉, 현실적으로 위의 '전제상태'의 구성을 위한 것으로서, 실물화폐의 법정 폐기 및 법률에 의한 유통금지를 이미 가정했기 때문입니다. 현실적으로 화폐량 코딩이 안 된 부분의 존재는 당연히 있을 수밖에 없는 자연적인 현상입니다.

이것은 화폐량 코딩 이전 상태로서, 완전 과세를 전제로 하는 결합자본주의에서 불완전 소비의 대상은 화폐량 코딩이 된 모든 소비이므로 화폐량 코딩의 자연적 불완전성 현상은 lim[불완전 소비]=0와 서로 상충되지 않는 것으로 간주합니다.

화폐량 코딩의 자연적 불완전성 부분을 제외하면, 불완전 소비의 상태가 완전 소비의 상태로 구성 가능해지며 경제적 최적화의 달성이 가능한 상태로 전환됩니다.

이와 같은 완전 소비의 가능 상태에서 가치물(상품 및 재화)의 소유에

---

43) 화폐량 코드는 국가사회 경제주체의 모든 재산과 같은 의미이므로 가장 높은 수준의 보호가 필요한 부분입니다. 첫째는 화폐량 코드에 대한 기술적 보호이고, 둘째는 화폐량 코드에 대한 제도적 브호입니다. 먼저 제도적 보호는 화폐량 코드를 관리하는 (가칭)국가등록청에 대한 침해 또는 침해의 시도를 국가사회의 존립을 위태롭게 하는 범죄로 규정하고, 제한적 특수 연좌제 처벌 및 사전적 통제 등을 적용하여 보호하는 것을 말합니다. 그리고 기술적 보호는 암호체계를 통한 코드 자체의 방어입니다. 기술적 보호와 관련된 읽을거리는 –부록–7.에 수록했습니다.

대한 완전한 등록을 실현합니다. 이것의 현실적 실현을 위해, 가치물의 완전한 등록 및 경제활동(거래와 투자)에 대한 상품화폐의 가치 동일화 과정에 필요한 물적 시스템 운용을 주관하는 (가칭) '국가등록청' 을 설치 운영합니다.

국가등록청44)(The National Institution of Registration & Transfer of Digital Valuation-Code)을 통해 경제활동과 소유에 대한 완전한 공시주의(公示主義)45)가 달성됩니다. 그러면 lim[불완전 소비]=0의 잠재상태 달성을 위한 완전 과세의 전제가 구현됩니다.

특정 시간대에서 사유 비한정재에 대한 소유자 절대 소비의 가능량 가운데 소비 실현 과정 내에 있는 것을 제외한 나머지 부분은, 절대 소비 전제가 가능하지만 소비 실현 과정의 추가발생은 불확정적인 상태입니다. 따라서 소유자에 의한 소비 실현 과정의 추가발생 전까지는 다른 경제주체의 추가 소비를 위한 경제활동의 객체로 구성이 가능해진다고 하였는데, 바로 이것을 방법론적으로 구현하는 수단이 국가등록청입니다. 또한 국가등록청은 완전 공시주의의 근거가 됩니다.

### 국가등록청의 시스템 개요

국가등록청의 시스템 개요를 간단히 살펴보면 다음과 같습니다.

유무형의 가치물은 화폐량 코딩에 의해 상품계정과 재화계정으로 각 구분되어 개별화된 소유 상태를 구성하며, 이에 따른 경제활동(거래와 투자) 과정에 의해 계정 전환을 반복합니다. 여기서 소유란 앞에서 정의한 대로 가치물의 생성, 소비, 보유, 소멸의 각 상태에 대한 지배를 의미하는 개념입니다.

---

44) (가칭)국가등록청에 대한 침해 또는 침해의 시도는 국가사회의 존립을 위태롭게 하는 범죄로 규정하고 '제한적 특수 연좌제' 를 적용합니다. 국가사회 전체의 존립을 위태롭게 하는 범죄를 중심으로, 사회적으로 강한 제약을 가해야 하는 특정의 범죄에 대한 적용의 사례입니다.

45) '완전 공시주의' 란, 완전 소비의 가능상태에서 소유에 대한 등록과 가치동일화 과정이 통합되어 일반 모두에게 주지되는 것으로 정의합니다.

국가등록청은 거래와 투자 및 화폐의 결재라는 기존 하나의 경제활동 과정을 두 가지 현실적 행위로 분리시킵니다. 그래서 전자는 경제주체 당사자가, 후자는 국가등록청이 서로 분리해 처리합니다. 물론 거래와 투자의 객체인 가치물과 해당 결재는 경제주체의 화폐량 코드에 의해 실질적으로는 연계되어 있습니다.

이것은 제I부의 '6장. 언어의 의사소통 구조' 및 '7장. 의사표현의 언어적 소통과 가치물의 화폐적 유통'에서 분석한 바와 일치하는, 즉 가치물과 가치가 의사소통과 완전히 동위인 구조로 대응하는 모습을 현실적으로 실현한 것입니다. 가치물과 가치의 소유형식 및 표현형식을 언어에 의한 의사소통적인 구조로 구현한 것을 의미하며, 이러한 변화에 따라 거래와 투자의 경제 과정도 언어 과정과 동위로 바뀌게 되는 것을 의미합니다.

단위별, 종류별, 층위별로 존재하는 예측경쟁 시장의 통합구조를 만들어 국가사회 전체의 경제 효과와 경제활동 결과의 불확실성을 제거하거나 최소한으로 줄이는 방향에서 경제주체의 기대행위가 이루어지도록 할 수 있습니다. 예측경쟁 시장으로 모든 투하 시장을 동일 차원으로 통합한다는 뜻입니다. 그리고 실물에 대한 판매와 구매가 이루어지는 선택경쟁 시장을 제외한 나머지 선택경쟁 시장과 불확실성의 현재화 거래에 기초한 예측경쟁 시장을 모두 예측경쟁으로 동차원적인 통합을 합니다. 국가등록청의 시스템은, 경제주체의 모든 기대행위가 통합적인 예측경쟁 거래로 전환되도록 합니다. 그럼으로써 ∫에 의한 네거티브 결합을 제거 또는 축소하는 것이 선택경쟁 시장 중의 일부인 투하(투자와 투기)와 함께 예측경쟁 시장 구조로 일원화됩니다. 그리고 이처럼 일원화된 통합 예측경쟁 시장과, 실물에 대한 판매와 구매가 이루어지는 선택경쟁 시장의 두 가지 시장 모두 국가등록청의 시스템에 의해 하나의 결재방식으로 처리되는 것이 가능해집니다. 즉 결합자본주의의 전체 시장에 대한 결재 처리가 국가등록청에 의해 통합될 수 있습니다.

## 완전 과세의 실현

완전 소비의 가능 상태에서 소유에 대한 등록과 가치동일화 과정이 통합되어 일반에게 주지되는 것을 '완전 공시주의' 라고 정의할 때, 이것에 의해서 소유와 경제활동(거래와 투자)의 통합이 이루어지면 결국 경제적 최적화의 잠재상태를 달성합니다. 이로써 국가등록청에 의한 가치물의 계정 전환과 상태 유지 등 경제활동의 통합 처리가 가능해지므로 완전 과세를 실현할 수 있습니다.

완전 과세란 과세할 거래, 투자 행위의 완전한 포착을 통해 완전 징수 즉, 과세가 가능한 거래, 투자 행위에 대해 세금을 모두 부과하여 세입화할 수 있는 상태를 의미합니다.

앞에서 이와 관련해 언급했던 내용을 다시 보겠습니다.

국민이 세금을 내고, 국가가 그것을 거두어서 재정정책을 펼칩니다. 납세는 국민의 의무로서 법으로 정해진 대로 세금을 내도록 되어 있지만, 현실은 꼭 그렇지만은 않습니다. 최대한 세금을 내지 않는 것이 돈버는 거라고 믿고 있습니다. 개별적으로는 맞을 수 있으나 국가 전체적으로는 맞을 수 없고, 궁극적으로 보면 개별적으로도 그것은 잘못된 생각입니다. 정해진 대로 세금을 정확히 거둬서 시장 비효율을 보완하고, 더 많은 유권자들에게 물적인 공공 서비스와 다양한 복지 수단 등의 재정정책이 충분히 실행되어 더 많은 혜택이 사회 전체적으로 제공될 수 있는 것이 결국 개별적으로도 이익이 되는 것입니다.

그럼 과세 문제의 핵심은 어디에 있는 것일까요? 과세가 되었는데 내지 않고 버티는 체납이나, 고의로 과세를 피하거나 절세 기술을 통해 세금을 줄이는 현상들이 여기서 말하려는 논의의 핵심이 아닙니다. 바로 핵심은, 자유로운 경제활동을 보장하는 수정자본주의의 현재 모습 자체가 과세를 해야 할 모든 대상의 거래 경로를 완전하게 포착할 수 없다는 구조 자체에서 비롯되는 문제입니다.

국가는 한해 예산이 정해지면 세금을 거둬들여 이를 집행합니다. 세수입과 세출이 서로 비슷할 수도 있고, 적자가 되기고 하고, 흑자가 되기도 합니다. 세수입은 경제 상황변화와 과세정책 등에 따라 과세의 규모 자체가 계속 바뀌며 변동하는 유동적 변수이고, 정부지출은 집행년도 전년에 미리 정해서 계획한대로 집행하므로 상대적으로 고정되어 있는 전제적 변수입니다.

물론 정부의 재정정책 기조에 따라서는 탄력성이 없는 건 아닙니다. 법의 테두리 내에서 인위적으로 다양한 적자, 흑자 재정정책을 구사합니다. 세출은 기본적으로 정부가 예산안을 만들어 국회심의를 거쳐 통과되면 집행하는 구조로 되어있습니다.

세입은 과세 규모와 세율에 따라 결정되는데, 세금을 거둬들이는 기조나 상황 등에 따라 편차가 있겠지만 국가의 과세규모와 세율에 따른 세입은 대개 세출 총액과 비슷하다고 보면 크게 틀리지 않습니다. 이것은 실제에 있어 통화정책을 무시한 고려입니다.

현재는 과세의 구조자체가 과세 대상의 거래 경로를 모두 포착할 수 없는 상태지만, 어찌되었건 그 상태에서 국가가 거둬들이고 있는 세입과 쓰고 있는 세출 규모가 서로 비슷하게 유지되고 있다는 점이 중요합니다.

만약 과세를 해야 할 모든 대상의 거래 경로를 완전하게 포착할 수 있는 경제 시스템을 가지고 있다면, 현재 상태의 세율을 그대로 유지하는 것이 아니라, 세출총액에 맞추는 세율을 찾아내서 낮추면 됩니다.

이는 과세 대상인 모든 거래에 대해 징수한다는 점에서 법적으로 잘못된 접근이 아니며, 세입과 세출이 원래의 상태와 비슷하게 유지되도록 세율을 낮춘다는 점에서도 납세자의 추가적인 피해를 의미하지 않습니다. 과세를 해야 할 모든 대상들의 거래 경로를 완전하게 포착할 수 있는 경제 시스템 하에서는 과세 원천의 확대 등 세율의 하향 조정이 가능합니다.

결국은 세입과 과세 규모, 징수의 효율 등이 모두 상당한 탄력으로 늘어나게 될 것이므로 세율과 과세항목을 경제규모와 정책기조에 맞게 유연하게 조정해 나가면 됩니다. 특별히 특정 계층의 납세 불평등이 발생하지 않도록 전제하면서 말입니다.

이렇게 과세를 해야 할 모든 대상 거래나 투자 경로를 완전하게 포착할 수 있는 경제 시스템은 '완전 과세' 를 전제로 합니다.

### 지하경제

완전 과세라는 말 자체가 풍기는 어감(語感) 때문에 "세금을 많이 내겠구나!"하는 생각이 들 수 있는데, 현실은 오히려 반대가 될 것입니다.

현실적으로 완전 과세는 국가예산과 국가경제 규모가 일정하게 변동 또는 유지한다는 가정 하에서, 정상적인 국민들의 정상적인 경제활동에 대한 과세부담을 대폭 줄여주거나, 최소한 현재 이하로 유지시켜 줍니다. 과세율에 대해서는 큰 폭의 수준으로 낮추게 됩니다. 왜냐하면 국가예산과 국가경제 규모가 일정하게 변동 또는 유지한다는 가정 하에서는 과세 원천이 확대되는 비율만큼 과세와 과세율이 낮아질 수 있기 때문입니다.

과세 원천의 확대는 완전 과세의 자동적 결과이므로 별도의 검토가 필요 없는 내용입니다. 그러면 과세 원천의 확대 종류에 대해서 살펴보겠습니다.

먼저 유한 임계량으로 도달하기 위해 투기와 연관된 의미의 유한 자본가로 전환하는 것은 무효경제를 줄이는 것과는 무관합니다. 따라서 이러한 유한 자본가 포지션은 제거하거나 최소한으로 줄여야 합니다. 이것은 완전 과세로 달성되면서 동시에 그 결과는 과세원천의 확대로 연결됩니다.

그리고 다른 하나는, 너무나 유명한 '지하경제' 의 문제입니다.

지하경제라는 말은 암시장, 그림자시장, 비공식시장, 블랙마켓(Black Market) 등 다양한 표현으로 불립니다. 한마디로 불법경제가 발생하는 시장입니다. 지하경제의 규모를 측정하는 것은 대충 추산하는 것 밖에는 방법이 없습니다. 방법이라는 말자체가 맞지 않을 정도로 부정확합니다. 그도 그럴 것이 지하경제라는 말 그대로, 어디서 어떻게 일어나는지는 그 불법 경제행위에 참가한 자들만이, 그것도 자기들 해당되는 부분만 알고 마는 형편인데다 기록상의 흔적도 공식적으로는 없는 것이니 정확하게 측정하는 것 자체가 전제되지 않습니다. 대략 납세신고서에 적은 수입과 실제로 소비되는 돈 사이의 불일치 규모를 추산한다거나, 통화흐름의 속도 등을 추적하는 등의 방법으로 짐작하는 정도입니다. 1997년 오스트리아 경제학자인 프리드리히 슈나이더(Friedrich Schneider)는 통화수요의 변화를 추적하는 방법으로 미국의 지하경제 규모를 추산한 바 있습니다.

그 결과에 따르면, 1970년대 미국 지하경제은 GDP의 2.6%~4.6% 정도였고, 1994년에는 GDP의 9.4%인 약 6,500억 달러에 달하는 것으로 나왔습니다. 그리고 다른 방법으로 지하경제를 추산한 미국 국세청장인 찰스 로소티(Charles Rossotti)는 1998년 미 의회에서 1997년 거두어들이지 못한 연방 세액이 약 2,000억 달러에 이른다고 말했습니다. 이것은 미국 정부가 1년간 노인을 대상으로 하는 의료보험에 지출하는 금액보다도 훨씬 많은 액수입니다. 평균 연방 세율을 14%로 볼 때, 미국인들이 개인 소득 중 약 1조 5천억 달러를 신고하지 않았다는 얘깁니다. 이 추정치에는 범죄 행위로 인한 수익이 포함되지 않았으므로 전체 지하경제 규모는 상상하기 힘들 정도로 큽니다. 아울러 다른 대부분의 나라는 미국보다, 정상적인 경제 규모에 대한 지하경제의 비율이 훨씬 크고 심각합니다.

나라마다 그 원인은 다양하겠지만, 고(高)실업, 고(高)세율, 불법 이주민의 유입, 자연적 조세저항 이상의 조세 저항 등의 소프트(soft)한 원인과 불법범죄 수익과 각종 뇌물 등에 의한 불법자금, 각종 불법 돈세탁, 전통적 국제범죄의 금융결합 등 하드(hard)한 원인으로 지하경제는 그

규모가 계속 증가하고 있습니다. 프리드리히 슈나이더의 연구에 의하면, 영국의 경우 GDP의 12.5%, 이탈리아는 GDP의 27%에 이릅니다. 옛 소련 국가들은 훨씬 큽니다. 에스토니아의 지하경제 규모는 GDP의 39%, 러시아는 GDP의 45%, 우크라이나는 GDP의 51%를 차지하며, 전체 경제의 절반을 넘어 극단적으로는 볼리비아의 경우 65%, 나이지리아는 76%에 이르는 것으로 추정된다고 합니다.46)

우리나라는 믿을만한 자료가 없어 생략하겠습니다.

완전 과세와 과세 원천의 증가

지하경제라고 하면 대규모 조직범죄자들과 연관되어 있는 특별한 사람들만의 얘기 같지만, 위의 내용을 통해서 보자면, 일상적인 것들도 지하경제의 하나에 속할 수 있다는 점을 알 수 있습니다. 정상적인 물건을 가지고 우리들 주변에서 이루어지는 정상적인 거래나 투자에서도 그 경제활동이 회계적으로 누락된다면, 그것이 합법이냐 불법이냐의 기준으로 나누어 볼 때, 분명히 불법경제 즉 지하경제에 해당합니다. 고의든 아니든, 자신의 경제활동에 대한 모든 내역을 회계적으로 처리하고 국세청에 신고해서 100% 과세부담을 하는 국민은 없습니다. 그렇게 하려고해도 현실적으로나 기술적으로 어렵습니다. 결국 원치 않아도 국민 대부분이 불법을 저지르고 범죄구성을 하고 있는 상태에 놓여있는 이상한 꼴이 됩니다.

완전 과세는 우선 이 부분을 해결해줍니다. 그러면서 동시에 유한 자본가 포지션의 축소에 따른 과세 원천의 확대와 정상적인 경제활동에 기한 과세누락이 아닌 나머지 불법경제에 대한 포착으로 인한 과세 원천의 확대가 이루어집니다. 그러면 완전 과세에 의한 정상 경제 부분의 국민 과세율을 낮출 수 있게 됨으로써, 과세 부담은 대폭 줄여주거나 최소한

46) 「불법의 제국」의 pp. 12~15 일부 인용함. 에릭 슐로서(Eric Schlosser) 지음. 김은령 옮김, 동방미디어, 2004년

현재 이하로 유지시켜 주는 것이 가능해집니다. 전체 세수입은 정상 경제 부분의 국민 과세부담을 대폭적으로 낮추더라도 비가역적으로 줄지 않을 것입니다. 과세 원천의 확대에 의해 예산 균형에 필요한 유연성과 국가정책 실현을 위한 예산 탄력성이 모두 매우 높아질 것이기 때문입니다.

과세 원천 증가의 유형을 종합하면, 완전 과세는 유한 자본가 포지션을 축소하면서 과세 부분이 늘어나고, 축소된 포지션의 자본은 투자 부분으로 유입 전환되어 정상 경제과정으로 과세 원천을 확대합니다. 그리고 완전 과세에 의해 불법경제 부분이 축소되면서 자본 투하가 정상 경제 과정으로 유입 전환됩니다. 이때 투자는 바로 정상 경제과정으로, 투기는 유한 자본가 포지션의 축소와 그 결과에 따른 과세 원천 증가과정을 거쳐서 정상 경제 활동 부분으로 유입 전환되어 과세 원천을 확대합니다.

### 과세의 일반적 과정

현실에서 부동산에 대한 실제 거래가격을 등기하는 제도는 완전 과세와 국가등록청 제도의 완전 공시주의에 대한 매우 초보적인 모습으로 이해해 볼 수 있습니다. 완전 과세와 국가등록청 제도를 전제로 하면 판매자와 구매자 간의 이익률이 스스로 통제될 수 있습니다. 즉 이것은 국내 사회 내부적으로 인정되는 수준의 원가 달성을 의미하며, 낮은 세율의 적용이 가능해 원가에 의한 이윤율 통제와 이윤율 증폭 욕망의 바람직한 조정을 이뤄내고 결국 적정 과세로 이어지도록 합니다.

과세의 일반 대상인 경제활동의 기본 요소를, 우리나라의 상법에서 규정한 영업(상법 46조1호~21호)을 하는 상행위로 단순하게 가정하겠습니다. 여기에는 영업적 상행위인 상법 46조 이외의 행위로서, 기업성과 영업성(=영리목적+계속성+영리의사), 그리고 상인적 설비(인적+물적)를 갖춘 준상행위도 포함하고, 영업을 위하여 하는 보조적 상행위와 특별법상 담보부사채신탁법과 신탁업법 등의 상행위도 포함합니다. 이러한 것을 모두 포함하는 영업 개념을 기본 요소로 하는 경제활동의 결과에 대해서 과세가 이루지는 모습을 세법 과정의 일반으로 간주하겠습니다. 이런 기준으로 경제활동을 두 종류로 나누어 보면, 상행위에 기초한 의도적 욕구의 충족이 상행위의 발생 시점과 현재에서 일치하는 경우와, 미래적으로 일치하는 경우가 있습니다. 전자의 경우를 거래라고 정의하고, 후자를 투자라고 정의하겠습니다.

따라서 경제활동은 거래와 투자로 이루어집니다. 각 상행위의 구체적 실현 상황은 다르더라도 모두 거래와 투자로 분류됩니다. 이렇게 경제활동이 이루어지고 나면 세법에 따라 세금이 정해지고, 기한을 정해 납부해야 할 의무가 생깁니다. 그런데 자신 또는 자신의 기업이 내야할 세금을 세법에 맞게 경제활동의 결과를 풀어서 계산하는 것은 그리 쉬운 일이 아닙니다. 상대성 이론의 아인슈타인이 소득세를 계산하는 세법에 대해서, 그 어떤 물리방정식보다 어렵다고 농담처럼 하소연했다는 일화가 있습니다. 세금 계산이 복잡한 것은 어디나 마찬가지인 것 같습니다. 이러다보니 세금 계산을 위해 세무사, 공인회계사에게 많은 돈을 주고 세무회계 업무를 위탁하고, 기업 내에선 경리팀까지 운용합니다. 세금을 계산하고 신고하여 납부하는 일만을 처리하는 건 아니지만 그 일이 주요한 일인 것만은 틀림없습니다. 더 나아가 이러한 자기 세금에 대한 계산과 업무 처리과정에서 절세 또는 탈세를 하기 위해 가장 유리한 세금처리 방법 선택에 애씁니다.

세금을 납부하는 행위는 자신의 경제활동에 대한 회계적 정리를 해서 신고하는 행위와 벌어들인 소득으로 해당 세금을 내는 행위로 구분될 수 있습니다. 두 행위 중 후자의 행위에는, 납세자 스스로의 신고에 의한 결과를 바탕으로 세무기관이 세액을 고지한 것을 납부하는 것과 세무기관이 직접 납세자의 경제활동에 대한 세무조사를 통한 계산으로 납세자에게 세액을 부과하는 것의 두 종류가 있습니다. 그런데 세금이라는 것은 헌법과 법률의 규정에 의해 금전가치를 국가에게 제공하는 의무이기도 하지만, 납세자의 소유권 일부에 대한 침해 현상이기도 합니다. 이러한 침해의 정당성은 헌법과 법률의 규정에 의한 납세의무로 일차 설정되지만, 이것은 법의 기질 상 국가의 납세자에 대한 일방적 정당화 강제입니다. 납세자의 국가에 대한 양방향적인 정당화의 자동 충족은 아닙니다. 납세자가 납세에 관해 자발적 의사를 인정하지 않는 경우에 이것은 납세자의 소유권에 침해 인식을 발동시킵니다.

법으로 정해 놓은 의무란, 그 의무에 대한 이행을 동의 없이 일방적으로 강제할 수 있다는 뜻입니다. 하지만 그 의무에 대한 인정은 양방향적인 문제입니다. 세금 과정에서 납세자의 국가에 대한 자발적 의사가 없다면, 납세의무에 대한 양방향적인 정당성은 완성되지 못합니다. 납세자들 중에는 국가사회가 자신과 가족의 생명과 안전을 보호해주고 다양한 복지 혜택 등에 감사해서 나라에 세금을 내는 것의 국가 정당성을 적극적으로 인정하고 매우 소중하게 생각하면서 자발적으로 세금을 내는 사람들도 있을 것이고, 그렇지 않은 경우도 있을 것입니다. 후자에 해당하는 사람은 세금 과정에 대한 양방향적 정당성이 충족되지 않은 상태가 됩니다.

이상이 현실에서의 납세에 관한 일반적인 모습입니다. 그런데 완전 과세와 국가등록청을 전제로 할 때 납세는 다른 특징으로 접근해 볼 수 있습니다.

### 완전 과세와 국가등록청에 의한 과세 특징 (1)[47]

납세란 납세자의 인정 관점에서 양방향적인 정당성의 문제라고 했습니다. 납세라는 것은 법적인 의무의 문제만은 아닙니다. 양방향적인 정당성이 충족되지 못한 경우라면, 결국 그 관점에서 보자면 국가에게 자

47) '완전 과세와 국가등록청에 의한 과세 특징 (2)'는 5장의 후반부에 있습니다.

신의 소유권 일부를 침해당하고, 그 침해당한 부분을 급부로 제공하는 행위가 납세입니다. 이때 급부는 세금이 확정되기 전까지는 특정적이지 않습니다. 그리고 침해당한 소유권의 일부를 국가에 이전(移轉)할 때, 일반적 경제활동의 급부라면 이전(移轉)에 대한 반대급부를 받게 되지만, 납세라는 급부행위는 당연히 반대급부가 없습니다. 납세의무 불이행에 따른 처벌의 면제가 소극적 의미의 반대급부라고 할 수 있겠지만, 양방향적인 정당성이 충족되지 않은 조건이라면 처벌 면제가 반대급부로 대응되지 못합니다.

따라서 이러한 사정에 기초하고 있는 납세라는 특수한 급부의 제공에서는, 급부제공에 필요한 사무를 급부 수혜자가 부담하는 것이 반대급부로 대응해야 합니다. 그래서 이것을 '납세사무처리의 청구권'(이하, '사무 청구권')으로 정의해서 보면, 국가는 납세자의 세금 관련 사무를 모두 처리하여 줌으로써, 납세자의 사무 청구권에 대한 국가의 의무를 이행하는 것입니다. 그러면 결국 국가가 가지고 있는 세금이라는 특수 급부의 청구권에 기초한 반대급부로서의 납세자 사무 청구권에 대한 국가 이행을 납세자에게 제공하는 것입니다. 이렇게 되면, 양방향적인 정당성의 불충족으로 인한 소유권 침해 인식이, 급부와 반대급부의 대응으로 균형을 가질 수 있게 됩니다. 이 과정은 완전 과세와 국가등록청 시스템으로 처리될 수 있습니다. 원리를 살펴보면 다음과 같습니다.

경제활동 결과에 따라 다양한 과세 대상이 발생하면, 납세자의 사무 청구권이 함께 발생합니다. 그러면 동시에 국가는 국가등록청을 통해 경제활동의 결과를 포착하고, 결재 시스템에 연동되어 있는 과세 계산 프로그램의 결과로 완전 과세 상태를 구성하고, 이를 해당 납세자에게 고지하는 방식입니다.

완전 과세와 국가등록청의 운용 구조에 의하면, 거래 또는 투자의 발생과 동시 시점에서 과세가 자동적으로 이루어진다고 보면 됩니다.

선택경쟁에 의한 거래 등의 경우에는 현실의 과세체계가 그대로 준용되면 될 것이고, 예측 경쟁의 경우에는 선택경쟁 시장과 같이 다룰 것인지 아니면 비과세 대상으로 할 것인지는 현실의 정치경제 상황을 고려하여 타당성 있게 결정할 사안으로 보입니다. 과세든 비과세든 국가등록청의 시스템 상에는 큰 문제가 없습니다.

그리고 3장에서 살펴본 웸(WEM)이라는 시장 형태로 예측경쟁 시장을 국가등록청이 직접 운영한다고 가정하면, 예측 경쟁에 의한 경제활동인 웸에서 시장 참가자들로부터 받는 거래수수료 형태의 수익이 있습니다. 웸은 그 거래의 특성 상 거래세가 발생하지 않으므로, 예측 경쟁으로 인한 경제활동의 결과 발생하는 거래수수료 형태의 수익을 세금으로 치환하는 규정을 통해 과세와 같은 징수 효과를 낼 수 있습니다. 이렇게 되면, 웸의 교환 원리에 기초한 거래세 부존재의 비과세 구조 자체는 유지하면서도, 과세와 동일한 효과로 국가등록청이 운영될 수 있습니다.

# 5장. 직접 민주정 : 납세권과 정책결정의 결합

이번 5장에서는, 완전 과세 상태에서의 납세권을 직접 민주정과 연결해 '공통의 연결소자' 라고 정의한 구조를 완성하는 일을 하겠습니다.

이 책은 앞에서 예고했듯이 새로운 경제제도의 제작원형(Prototype)을 구성하고, 그 원형을 각 나라마다의 정치체제와 결합하여 국가체제를 새롭게 구축(Building)할 수 있도록 매개하는 공통의 연결소자를 함께 만들어 제공할 것입니다.

지금까지 이를 위해서, 3장에서는 새로운 경제제도의 제작원형(Prototype)을 구성했었고, 이것을 4장에서 완전 과세 부분과 결합해 보았습니다. 이제 이렇게 결합된 완전 과세를 국가등록청의 시스템과 함께 직접 민주정의 요소들을 구현하는 수단으로 만들어 공통의 연결소자를 완성하겠습니다.

**정치경제 체제의 첫 번째 흐름**

본론에 들어가기 전에 이 부분과 관련된 역사적 흐름을, 주제적 도입 차원에서 간단히 살펴보기로 하겠습니다.

앞에서도 나왔던 혁명이라는 말은, 쓰는 상황에 따라 다양한 의미로 사용되고 있습니다. 이 책에서 혁명이라 함은, 국가체제를 무력적 수단을 배제하지 않고 전복하여 전면적 변화를 시도하는 것으로 정의했었습니다. 혁명론은 일반 혁명론과 특수 혁명론의 두 가지가 있는데, 이 책의 주제는 일반 혁명론과 관계가 있습니다. 일반 혁명론을 역사적 단계로 살펴보는 것은 주제적 전개의 이해를 위함일 뿐, 혁명 자체를 이 책의 방법론으로 채택하고자 함은 아닙니다.

'일반 혁명'이라고 한다면, 반대로 '특수 혁명'이 있겠습니다. '특수 혁명론'은 나라마다의 특정 상황에서 놓인 이데올로기를 바탕으로 벌어졌던 혁명의 각기 다른 양상을 추적해서 주로 왕정과 공화정권의 붕괴과정과 새로운 헤게모니 장악 세력들의 다양한 교체 과정을 다룹니다. 이와는 달리 '일반 혁명론'은 통치체제와 역사적 배경 등과 밀접한 관계가 있습니다.

통치체제라는 것은 현재 세계 대부분의 국가가 비슷한(동일하지는 않지만 기본 구조차원에서 비슷한) 구조입니다. 그것은 영국의 17세기 후반 명예혁명 이후 존 로크의 사회계약 가설에 의한 의회주의의 옹호와 입헌군주제, 몽테스키외의 권력 분립론과 법치주의에 따른 행정권 독립, 대의제 민주주의의 발전 등을 공약수로 해서 20세기 이후 2차 세계대전의 종결과 더불어 세계로 수출돼 퍼진 체제를 말합니다. 이 구조는 사실상 공산, 사회주의 국가도 운용의 실제와 그 무게중심이 다를 뿐, 내용은 동일하다고 보면 됩니다.

존 로크가 1688년의 명예혁명을 옹호하기 위한 이론을 두 개의 논문으로 쓸 당시, 죽임을 당할까 무서워서 숨어서 썼다고 합니다. 즉시 발표도 못하고 만든 지 1년 후인 1690년 익명으로 발표를 했습니다. 당시에는 이런 이론들이, 지금처럼 당연하고 익숙한 것들이 아니라 완전히 새로운 발명품들이었습니다. 이전 시대를 '혁명적으로' 바꾸는 역할을 했던 이론들임을 뜻합니다.

몽테스키외의 권력 분립론은 현재 우리가 살고 있는 통치체제의 가장 기본을 이루는 이론인데, 그 당시에는 듣도 보도 못한 신기한 발명품에 해당합니다. 하지만 수백 년이 지난 지금은 너무나 당연하고 익숙해서 항상 존재해온 것인 듯 생각될 정도이지만 말입니다.

만들어질 당시에 이러한 이론들은, 절대왕정을 몰아내고 16세기를 거치면서 형성되기 시작한 근대자본주의의 주인공들인 부르주아 계급(신흥 귀족)의 세상을 열었습니다. 그 당시 새로운 세상을 열었던 이런 이론들의 발명은 의회주의와 권력분립이라는 신기한 발명품을 제공한 전대미문(前代未聞)의 엄청난 사건이었습니다.

여기까지는 주로 왕의 권력을 빼앗는 부르주아들의 이야기입니다. 이건 부르주아들이 경제적 기득권을 가지고 있다는 점에서 양쪽(왕과 부르주아) 기득권 세력의 권력내부 다툼이라고 할 수 있습니다. 이 점이 이후 전개되는 프롤레타리아와 부르주아의 다툼과 다른 점입니다.

부르주아가 왕이 가지고 있던 권력 중에서 처음에는 입법권력, 나중에는 행정권력과 그 나머지 정치권력 전부를 빼앗는 과정을 통틀어서 '부르주아 혁명'이라고 부릅니다. 주인공이 부르주아였기에 이를 부르주아 혁명이라고 합니다.

이것이 도시노동자 계급의 출현과 더불어, 후에 참정권이 점점 확대되면서 현대적 의미의 대의제 민주정이 정착되는 상황을 시작하는 출발점이 됩니다. 그러면서 산업혁명이 이어졌습니다. 프롤레타리아 즉 무산자 계급의 한계적 최저 생활이, 사적 자유라는 부르주아 기득권 세력의 법적 정신에 기초해 최악으로 치달았습니다.

초기 사회주의론자들이 이를 경고하고 치유하려고 했으나, 마르크스가 나타나 이들 초기 사회주의의 역부족을 비판했습니다. 마르크스는 '이대론 안 된다. 자본주의는 사회주의로 치유될 수 있는 것이 아니라, 대공황 등 자본주의 내생적 모순으로 스스로 붕괴될 거니까, 그런 파국 전에 프롤레타리아가 국제적으로 단결해 부르주아적 자본주의를 폭력으로 타도하는 것만이 살길'이라고 주장하면서, 공산당 선언을 합니다.

### 정치경제 체제의 두 번째 흐름

그리고 한참 뒤, 이것을 나름대로 해석하고 이어받은 레닌이 20세기 초반 러시아 짜르 왕정을 쿠데타로 무너뜨리고 세계 최초의 공산주의 혁명을 성공시킵니다. 이것이 통치체제와 관련된 두 번째 흐름의 혁명이었습니다. 20세기 공산주의 국가는 사유재산제도를 엄격히 제한하고, 결국은 상속의 제한입니다만, 국가가 나라 경제 전체의 방향을 결정하여 모든 재화의 생산과 분배를 주도하는 공산주의식(초기 사회주의자들의 경제모델과는 다릅니다) 경제체제를 채택합니다. 그런데 그 거대한 역사의 실험은 결국 실패로 끝났습니다.

이 과정에서, 레닌의 볼세비키 혁명이후 1차 세계대전이 있었고, 1930년대 대공황이 정말로 왔었습니다. 마르크스가 분석했던 근대자본주의는 사실상 이때 끝납니다. 이로 인해 사회주의식(일종의 공산주의식이라고 해도 틀린 건 아닙니다) 모델을 도입한 수정자본주의(말이 자본주의지 원래 자본주의와는 다릅니다)가 탄생합니다. 극적인 자본주의의 변신이었습니다. 살기 위해서 말입니다.

근대자본주의가 제 모습을 갖추면서 만들어지는 데에는 거의 300년 이상이 걸렸지만, 수정자본주의는 대공황이라는 드라마에 의해서 상대적으로 매우 짧은 시간에 케인즈에 의해 이론화되고 만들어집니다.

이렇게 해서 17세기 이후 만들어진 통치체제는 수정자본주의라는 경제체제와 합쳐져서 다시 기운을 차린 후, 2차 세계대전이라는 전쟁 특수를 통해 대공황을 극복합니다. 1차 세계대전과 2차 세계대전의 가장 성공적인 적응 국가였던 미국이 영국을 대신해 대전 이후 현대 세계의 패권국(覇權國)이 됩니다.

현재 세계 대부분의 국가는 이런 맥락 하에서 만들어지고 존재하는 통치체제를 가지고 있습니다.

경제정책에 대한 관점을 놓고 새케인즈학파와 새고전학파가 사이좋게 싸워가면서 만들어낸 재정정책과 통화정책 등의 국가개입 수단을, 재량 중심이든 준칙 중심이든 각 나라들은 자국(自國)에 알맞게 사용하고 있습니다.

현대 수정자본주의의 최대 핵심은 국가 즉 정부의 경제 개입을 통한 생산성 촉진과 복지정책의 실행입니다. 이를 위해 정부는 재정정책과 통화정책을 사용하는데, 그 핵심에는 조세가 있습니다. 이 조세와 조세의 분배 그리고 이를 정책 목적으로 연결하는 결정을 입법화하는 데에 바로 의회가 있습니다.(무게 중심과 그 역학관계가 어떠하냐에 따라서 대통령제 또는 내각제라고 불립니다. 이는 나라마다 양상이 다르지만 원리는 같습니다. 이런 것을 현대의 행정 국가화 현상이라고 합니다)

17세기~18세기까지는 경제체제의 분화가 없었기 때문에, 통치 체제와 경제 체제를 서로 별개로 나누어야할 이유가 없었습니다. 이후에 경제체제가 통치체제를 구별해버리는 뒤집기 현상이 나타났으므로 현재의 통치체제는 대개 경제체제의 양상을 포함해 별도로 분석합니다.

그런데 이 책에서는 정치와 경제의 결합하는 통치체제 자체를 주제적 방법론의 하나로 끌어들이고 있어 구별을 할 필요가 없습니다. 국가체제를, 3장의 결합자본주의 경제체제에다 다양한 모습의 정치체제가 결합, 조합된 '정치경제 체제' 라는 개념으로 보면 됩니다.

그 이유는 현재 이미 경제체제가 17세기, 18세기에서와 비슷하게 대부분 국가체제상 서로 구별이 없는 상황에 진입했고, 특히 앞으로 21세기~22세기의 경제구조를 민주적 방법에 의해 통치체제와 기술적으로 통합하는 것이야말로 이 책에서 만들어낼 국가체제의 핵심이기 때문입니다.

### 정치경제 체제의 세 번째 흐름

17세기 이후 만들어진 통치체제는 20세기에 들어 수정자본주의라는 경제체제와 합쳐져서 지금의 주류를 이루고 있습니다. 이 책은 여기서 그 다음 세 번째 흐름의 통치체제에 관한 실마리를 찾으려고 합니다.

민주주의가 대의제로 운영될 수밖에 없었던 현실적 한계와 실제 운영의 문제점, 그리고 그것의 극복 방법(=직접 민주정 실현의 방법)을 구체적으로 분석하겠습니다.

앞에서 결합자본주의 모델과 완전 과세라는 조세 체제를 분석했었는데, 이것들을 입법권으로 연결하는 방법을 만들겠습니다. 그리고 그렇게 하자면 동시에 사법부가 이원화되어야 하는데, 관련된 방안을 종합해서 세 번째 흐름의 국가체계를 구성해보겠습니다.

이것을 나라마다 특수한 정치, 경제제도의 사정에 충격을 주지 않으면서 국가체계 상의 정치경제 시스템에 연결하기 위해서 바로 '공통의 연결소자' 를 만듭니다. 나라마다의 상황을 한 번에 깨고 부수고 다시 짓는 순간적인 작업으로 결합자본주의를 실현하는 게 아니라, 기존의 각자 사정과 결합자본주의라는 새로운 시스템을 하나로 합성해주는 공통의 연결소자를 사용합니다.

그러면 시간 충격을 없애면서 새로 짓는 방식과 결과적으로는 같은 효과를 낼 수 있습니다. 방법론에 있어 차이가 있겠지만, 존 로크나 몽테스키외가 그 시대에서 다음 시대를 열어내는 새로운 통치체제를 발명한 원리와 비슷합니다.

이것은 폭력이 수반하는 혁명이 일어나지 않고, 그래서 피를 부르지 않고서도 모든 유권자가 행복하고 잘사는 국가체제를 만들어 오래도록 유지하는 방법을 찾아가는 노력 행위 그 자체입니다. 물론 이 책의 최고의 목표이기도 합니다.

### 직접 민주정의 개념 재고(再考)

이제 제II부의 '2장. 제도 구성을 위한 기본 분석들' 에서 살펴본 직접 민주정의 개념에 대해서 다시 보겠습니다.

정치체제 면에서 군주가 나라를 다스리는 것을 왕정이라고 할 때, 왕정이 아닌 것을 공화정이라고 했습니다. 권력분립, 법치주의, 대의제 민주주의 등은 모두 공화정을 근본으로 합니다. 입헌군주제라 하여 왕실을 상징적으로 두고 있는 국가들이 있지만, 이것도 정치과정의 내용적으로는 공화정과 본질을 같습니다. 반대로 공화정이지만 정치과정의 내용상 왕정에 더 가까운 나라들도 있습니다. 그리고 왕의 역할로 일정 지역을 다스리는 부족국가 형태가 남아 있기도 합니다. 여기서는 공화정을 중심으로 살펴보겠습니다.

공화정이 돌아가는 현실체제는 매우 다양합니다. 실상은 국가의 수만큼 다양하다고 보아도 됩니다. 경제체제는 다른 국가들과 비슷해야만 자국의 발전에 도움이 되는 측면이 강해서 수정자본주의 경제체제가 전 세계적으로 비슷하게 보급되어 있습니다.

외국의 간섭에 의하기도 하지만 자국의 전체적인 이익에 따라 이러한 동일화는 더욱 빠르게 진전되고 있습니다. 무역이나 금융시장의 확대, 과학기술 교류 등은 모두 비슷한 경제체제를 전제로 합니다. 그런데 정치체제는 다릅니다. 각국의 역사나 처한 시점의 상황 등에 따라서 다양한 제도적 틀로 만들어져 있습니다. 그렇다고 분류도 어려울 만큼 서로 다르다는 얘기는 아닙니다.

경제체제에 비해서 상대적으로 각국의 상황에 따라 여러 모습으로 되어 있다는 말입니다. 자국의 경제체제를 운용하는 방식을 결정하는 것이 주로 정치체제의 몫입니다. 그렇다면 경제체제가 현재와 같이 동질화되고 있는 것은 국가마다 나름대로 가지고 있는 다양한 정치체제의 과정상 결과라고 볼 수 있습니다.

이 점은 정치와 경제를 합성한 개념인 정치경제라는 제도측면의 과정적 특성을 보여주는 것입니다. 커다란 난자에 해당하는 경제체제가 있으면, 거기에 정자에 해당하는 많은 그리고 다양한 정치체제가 수정, 결합돼서 일국의 제도측면을 생명이 잉태되듯 구성해 완성한다는 것으로 비유할 수 있습니다.

공화정은 실질이 그렇지 않더라도 권력분립과 법치주의, 그리고 대의제 민주주의를 기본 요소로 하고 있습니다. 각 나라의 조건에 따라서 공화정과 이 세 가지 요소가 합쳐져 민주정을 이루고 있습니다. 따라서 민주정은 의미상 나라별로 해당 정치체제의 특징을 드러내는 수식어들을 붙일 수 있습니다. 신분적 민주정, 독재적 민주정, 과두적 민주정, 대의제적 민주정 등으로 말입니다.

이것들은 우리가 많이 얘기하는 민주주의니 공산주의니 하는 개념들과는 논의의 방향이 조금 다른 내용들입니다. 우리가 어떤 나라를 민주주의라고 얘기할 때의 정치체제도 이러한 분석방법으로 보면, 대의제적 민주정이거나 과두적 민주정이거나 독재적 민주정 등으로 분류될 수 있다는 뜻입니다.

민주정의 위와 같은 분류에서 하나 빠진 것이 있습니다. 빼놓은 이유는 강조하기 위해서입니다. 바로 직접 민주정입니다. 인류 역사상 직접 민주정이라는 개념은 수천 년 전에 이미 알려졌으나 아직 실현된 적은 없습니다. 제한적 의미의 직접 민주정이 시도된 적은 있었지만, 전면적 직접 민주정이 현실적으로 가능한 적은 없었습니다. 이것은 시도된 적이 없다는 것과 대등하지 않은 이야기입니다. 가능한데 하지 않았다는 것과 불가능해서 하지 못한 것은 서로 다르기 때문입니다. 이 두 가지를 한 문장에 섞어 쓴 이유는, 직접 민주정이 제한적으로는 가능했다는 의미에서입니다.

그러면 제한적이라는 말 대신 직접 민주정이라고 쓸 정도의 '직접'은 어느 수준일까요? 이 기준은 다음과 같이 정하겠습니다. '모든 유권자가 기술적 제약으로 배제되지 않는 상태가 되면' 직접 민주정을 할 수 있는 전제가 성립한 것으로 하겠습니다.

이것은 정치체제의 제도상에 따른 연령 제한 등의 자격 요건과 관련된 제한과는 구별되는 개념입니다.

여기서 유권자가 국가체제를 유지, 변화시키는 최고의 권력자임을 다시 한번 확인합니다. 이 책은 그것을 전제로 하여 유권자의 국가체제 유지와 그 변화 의지를 구체적으로 실천하는 방법의 의미를 밝히고, 행동을 위한 동기와 실천 강령을 제공함을 가장 큰 목적으로 합니다.

그렇기 때문에 유권자의 힘으로 공통의 연결소자 방식을 적용하는 데 적합한 내용들로 풀어가고 있습니다. 이 책의 원칙대로 새로운 경제제도의 제작원형을 구성하는 데 있어서도 역시 유권자 이익의 증대를 기준할 것입니다. 더 나아가 유권자에게 유리하기 때문에 그것을 해야 합니다.

그리고 같은 기준에서 '대의제 민주정' 보다 '직접 민주정' 이 역시 유권자의 이익 증대에 유리하기 때문에 직접 민주정을, 이미 역사에 있었던 '제한적' 이라는 수식어를 빼고 실현할 수 있는 방법을 찾아내야 합니다. 이렇게 해서 새로운 경제제도의 원형에다 직접 민주정의 제도적 방식을 합성할 겁니다.

이를 위해 경제제도의 제작원형(Prototype)으로서 결합자본주의를 구성할 것이고, 이 원형을 각 나라마다의 정치체제와 결합하여 국가체제를 새롭게 구축(Building)할 수 있도록 공통의 연결소자를 함께 만들어 제도적 합성이 가능하도록 하겠습니다. 따라서 공통의 연결소자는 국가체제와 유권자에게 무리를 가할 수 있는 혁명의 방법적 쇼크(shock)를 피하는 장치입니다. 혁명의 유용성 또는 혁명 촉발의 필연적 상황도래 등 현실의 양상을 배제하고 유권자에 대한 불특정한 충격을 피한다는 기준에서의 장치입니다.

**정책의 직접결정**

이제부터 공통의 연결소자와 관련된 내용들을 살펴보겠습니다. 직접 민주정은 완전 과세의 납세권을, 세금 배분의 선호(選好) 의사를 기준으로 정책에 대한 예산 배분으로 연결, 납세자가 자신의 세금과 선호 정책을 직접 선택으로 반영시키는 것이라고 정의하겠습니다. 이것은 대의제 민주정과 구별되는 내용입니다.

직접 민주정과 대조해서 대의제 민주정의 특징을 살펴보면 다음과 같습니다.

유권자의 의사와 선출된 국회의원의 의사 간에는 '의사 등가성' 이 없습니다. 그리고 선거 이후의 '의사 책임성' 이 없습니다. 또한 법률 생산의 정교한 자의성으로 '유권자 소외' 가 발생합니다.

의사 등가성은 정책에 대한 직접결정을 유권자가 해야만 보장되고, 그러기 때문에 의사 책임성은 선출된 국회의원으로부터 원래 주인인 유권자에게 환수됨으로써 자연적으로 확보될 수 있습니다. 그렇게 됨으로써 유권자 소외가 사라집니다. 이 세 가지 특징은 결국 하나의 문제에 대한 각기 다른 세 가지 모습임을 알 수 있습니다. 그 하나의 문제란 정책에 대한 직접 결정을 의미합니다.

### 의회(議會)의 무귀속적(無歸屬的) 양상

유권자가 국회의원을 뽑아 그에게 일을 맡기는 것은 대의제 민주정의 주요한 요소입니다.

이것을 위임이라고 하는데, 위임을 해놓고 보니까 현실적으로 보이는 모습이 무귀속적(無歸屬的)인 양상으로 나타났습니다. 인간의 본성 상 당연한 결과겠지만, 인간이 권력을 가지면 가능한 더 확장하고, 간섭 안 받고, 하고 싶은 대로 그 권력의 내용을 쓰려고 합니다. 본래 그 권한의 주인인 유권자와 상관없이 위임된 권력에서 뽑아낼 수 있는 한 극대로 권한을 누리는 모습으로 나아갔습니다.

이러한 결과들은 의사 등가성과 의사 책임성의 문제 그리고 유권자 소외 등이 대의제 민주정의 단순한 특징이 아닌 깊숙한 본질임을 확인시켜 줍니다. 위임의 무귀속적인 양상은 국회의원을 하고 있는 사람들이 부도덕하다거나 자신의 지위를 남용해서 생기는 표피적인 문제만은 아닙니다.

한편, 권한의 범위를 최소한으로 좁히고 윤리적으로 문제가 없어서 유권자들이 보기에 청렴한 국회의원들이 의회에 있다고 해서 없어지는 문제가 아닙니다. 대의제 민주정의 본질이 그러한 문제의 원인으로 내재되어 있기 때문입니다. 제도의 요소인 무귀속적 양상과 세 가지 특징들 모두가 대의제 민주정을 뿌리로 하는 열매들이라는 뜻입니다. 이러한 현상은 다양하게 분석되고 고민되어 온 것들입니다. 하지만 이렇듯 많은 '의회 실패'에도 불구하고 대의제 민주정 말고는 다른 대안이 없었던 것입니다.

그런데 대안을 찾을 것이 아니라 대의제 민주정의 원안(原案)으로 돌아가면 됩니다. 그것은 직접 민주정입니다. 직접 민주정을 하는 것이 가장 좋았지만, 참여와 결정 등의 현실적인 제약으로 적절하게 할 수가 없었습니다. 이 때문에 대의제 민주정을 최선은 아니었지만 차선의 방법으로 사용해온 겁니다. 이제는 아예 대의제 민주정이 정치체제의 타고난 원래 주인인양 행세를 하고 있습니다. 요약하면, 어쩔 수 없이 직접 민주정을 하지 못했다는 얘깁니다. 그러다보니 대의제 민주정은 대부분의 나라와 시대에서 현실적인 의미의 정치체제로서는 유일한 방법으로 여겨지며 그 역할과 기능을 나름대로는 의미있게 구현되어 오늘날까지 계속되고 있습니다.

그러나 이러한 현실적 가치와는 별개로, 내용상 의회 실패란 말은 대의제 민주정이라는 말 자체이기도 합니다. 대의제 민주정의 원안(原案)이며 국민주권의 진정한 실현이라는 의의와 유권자의 궁극적인 이익이 더 증대되는 제도라는 본질적 이유를 근거로, 기술적인 측면에서 직접 민주정이 가능하도록 현실적인 방법을 만들겠습니다.

**대의제 민주정의 선거(選擧)**

선거가 정치과정의 주요한 과정으로 채택되어 있는 나라에서 이루어지는 일상의 선거는 선거인과 피선거인 모두에게 매우 큰 계약의 일종입니다.

선거가 내포하고 있는 의미들은 우리가 선거 장소에서 도장 한번 찍는 것처럼 단순한 것이 아닙니다. 유권자가 자신의 권리를, 해당 결정권과 그 외 일체의 행사권 및 부수적인 혜택 등으로 구체화시켜 피선(被選)되는 자에게 모두 한번에 양도하는 법률적 행위를 '선거' 라고 정의하겠습니다. 계약으로 치자면 정말 무시무시한 계약입니다.

오늘날 선거에서 피선거자들은 그 국가 사회의 소위 엘리트들로 구성된다고 간주합니다. 이러한 엘리트들의 기본 가정은 일반적으로 다음과 같습니다.

국가사회에 대한 봉사와 희생의 정신으로 자기가 그동안 배우고 경험한 전문적인 능력을 국가사회의 발전을 생각하면서, 주어진 권한 내에서 자신을 뽑아준 유권자의 의지를 최대한 반영해 양심과 역사 앞에 사명을 다해보겠다는 일념으로 무장한 제대로 된 엘리트들이라고 가정합니다. 그들 중에서 대표자를 선거로 뽑았고, 그렇게 뽑힌 그들이 일하고 있다고 생각합니다. 이것을 '대의제 민주정의 대표자 가정' 이라고 정의합니다.

선거란 무시무시한 계약이라고 했습니다. 날카로운 이해관계와 욕망, 이기심(利己心)들이 전면적으로 대립하면서 대규모로 충돌하는 가운데, 과연 누가 돈을 더 벌 것이고, 돈을 더 버는 데 누가 더 유리하게 할 것인가를 정책과 예산으로 결합해가며 유난을 떨고 있는 것이, 바로 선거에 의해 발현되는 정치 현장의 모습들입니다.

그런데 그것은 위와 같은 순진한 가정, 즉 대의제 민주정의 대표자 가정이 충분히 비현실적으로 느껴지도록 하기에 충분합니다. 모든 것이 '돈' 의 문제이기 때문입니다.

국가사회 전(全)차원에서 제도와 문화로 생성될 구체적인 현실을 어떤 모습으로, 누가 원하는 대로 구성해낼 것인가를 결정하기 위한 엄청난 규모의 '돈 문제' 입니다. 그런데 대의제 민주정에서는 유권자와 국회의원 간의 의사 등가성이 없이, 그리고 결정한 의사에 대해서 언제나 직접 책임성도 없이, 그렇게 유권자 소외가 발생하면서 마음대로 '돈 쓰는 문제' 를 결정한다는 얘깁니다.

그 돈은 물론 마음대로 결정하고 있는 국회의원의 주머닛돈이 아니라, 유권자의 주머닛돈입니다. 바로 세금입니다. 다시 말하면 내 돈을 쓰는데 남이 결정하는 겁니다. 그것을 선거로 보장해주는 '짓' 이 대의제 민주정의 주요한 내용입니다.

### 대의제 민주정 선거(選擧)의 문제점

위에서 본 대의제 민주정의 대표자 가정에 두 가지 문제가 있습니다.

'자신을 뽑아준 유권자의 의지를 최대한 반영해' 라는 것과 '~일념으로 무장한 제대로 된 엘리트들 중에서 대표자를 선거로 뽑았고' 의 두 가지 문제입니다.

전자의 문제는 그 자체가 도무지 측정도 추측도 할 수 없는 불가능 자체의 문제입니다. 우선 자신을 뽑아준 유권자 모두가 누구인지 모릅니다. 비밀투표 원칙으로 선거를 했다는 가정에서 말입니다.

그리고 최대한 반영한다는 것은 자신을 뽑지 않은 유권자들을 배제하고 뽑아준 유권자를 모수(母數)로 하여서라는 것인지, 아니면 전부 포함해서인지 기준이 없는 얘깁니다. 전부 포함하는 얘기라도 모호하긴 마찬가지입니다.

그냥 국회의원이 자신의 다음 선거에 또 뽑히고자 하는 여론눈치보기의 '표 관리' 차원이든, 소속당의 압력이든, 아니면 마음대로의 다른 말인 소신 있게 하든, 그런 모든 것을 변수로 하여 자기 판단과 자기 마음대로 의회에서 어떤 결정을 합니다. 자신의 주관적 의사가 내심의 작동으로 100% 반영될 수 있는 완전한 무귀속적 재량을 바탕으로 결정권을 행사할 수 있기 때문입니다.

다만, 우연히 그 결정이 유권자의 일부가 원하는 방향과 의사에 있어 일치되거나 비슷하면 반영이 되는 것으로 외양 상 보일 수는 있습니다. 따라서 인과적이지는 않은 채로 단순히 결과적으로만 반영될 뿐입니다. 이러한 현상은 자신을 뽑아준 유권자의 의지를 최대한 반영하는 것이 아니라, '최소한의 반영 또는 전무(全無) 반영' 으로 귀착됩니다. 본질적으로 이것은 유권자의 의사와 국회의원의 의사 간 결정이 서로 '별개' 임을 나타내줍니다. 말 그대로, 앞에서 언급한 무귀속성을 의미합니다.

대의제 민주정은 그러한 현실의 원리를 빼고, 위의 대의제 민주정의 대표자 가정을 마치 현실 자체인 것처럼 유권자들에게 후보를 사달라고 열렬히 광고합니다. '폭탄세일' 을 한다는 과대광고를 하듯 말입니다. 본질적으로 보면, 그 광고는 꼭 필요한 상품들을 저렴하게 파는 게 아니라, '말뜻 그대로' 유권자들이 잘못 건들면 다치거나 죽을 수도 있는 위험한 폭탄(bomb)을 파는(sale) 광고일 수 있습니다.

이런 의미에서 대의제 민주정의 대표자 가정 중에서 '～일념으로 무장한 제대로 된 엘리트들 중에 대표자를 선거로 뽑는다.' 는 얘기 역시 전자의 문제 못지않게 우연한 것일 뿐입니다.

이 문제를 현실에서 보면 그렇게까지 극단적이지는 않겠지만 피선(被選)을 원하는 모든 후보들이 '～일념으로 무장한 제대로 된 엘리트들' 이 아니라면, '썩은 과일상자 안의 과일 고르기' (The rotten apples problem) 문제가 발생할 수 있습니다. 이것은 피선거자의 후보군 자체가 대의제 민주정이 가정하고 있는 제대로 된 대표자 자격이 모두 없어, 제대로 된 대표자를 한 명도 뽑을 수 없게 되는 경우를 뜻합니다. 이것이 썩은 과일상자 안의 과일 고르기 문제로 비유됩니다. 상자는 멀쩡한데 상자 안의 과일이 다 썩은 상태에서 어쩔 수없이 골라 먹어야 할 상황이라면, 그 중에서 아무리 잘 고른다할지라도 썩은 과일밖에는 나올 수 없다는 것이 바로 'The rotten apples problem' 입니다.

이것이 바로 '선거의 실패' 입니다.

현대의 제대로 된 국가사회에서는 대의제 민주정의 대표자 가정을 만족할 만한 최소한의 자격조차 없는 후보들을 여러 가지 '거르기 장치' 인 사전 필터들로 배제하고 있을 테니, 그 장치가 제대로 작동해준다면 100%가 썩은 사과인 극단적인 경우는 일어나지 않을 것입니다. 하지만 반대로 후보군 전체가 대표자 가정을 만족하는 자격을 가진다는 것도 매우 희박한 일입니다.

만약 그렇다면 '자신을 뽑아준 유권자의 의지를 최대한 반영해' 라는 문제와 같이 제대로 된 대표자를 뽑는 일 또한 우연일 뿐입니다. 그래서 그 우연한 경우를 제외하면 반드시 '선거의 실패' 는 존재하게 되어있습니다.

선거의 실패란, 대의제 민주정의 대표자 가정을 충족하는 자격을 갖추지 못한 후보군으로 구성된 피선거권자들 중에서는, 유권자가 자격이 있는 후보를 선택할 여지가 아예 없거나, 일부 후보만이 그런 자격이 있어,

자격이 없는 후보를 선택할 가능성이 유효한 확률 위험에 노출되어 있는 현상으로 정의됩니다.

이렇게 대의제 민주정의 대표자 가정으로 보면, 유권자의 의지를 최소한의 반영 또는 전무(全無) 반영이라는 현상과 선거의 실패를 이해할 수 있습니다.

만약에 그런 한계 속에서도 대의제 민주정의 대표자 가정에 적절한 자격을 갖춘 사람을 뽑았다고 가정하면, 이후 문제는 없는 것일까? 그 이후의 단계에서는 앞에서 살펴본 바대로 국회의원 자체의 문제가 아닌 '의회의 실패' 문제로 이어집니다.

즉 유권자의 의사와 선출된 국회의원과의 의사 등가성이 없고, 선거 이후의 의사 책임성이 없으며, 또한 법률 생산의 정교한 자의성으로 유권자 소외가 발생하는 대의제 민주정의 현실적 특징에서 비롯되는 의회 실패의 문제 말입니다.

이런 문제들을 근본적으로 해소하는 것으로서 직접 민주정의 존재적 당위성이 있다고 보면 됩니다. 물론 이것이 유권자 이익의 궁극적인 증진에 합치되는 것입니다.

## 직접 민주정의 실현 방법

직접 민주정의 실현 방법으로서 완전 과세와 국가등록청 시스템을 전제합니다. 이것은 예산이 수반되는 정책을 법률로 결정하고 집행함에 있어서, 그 해당 예산의 배분 결정권을 납세자가 직접 결정함으로써 예산 배정과 결정을 납세권 행사로 결합시키는 것입니다. 물론 전제한 국가등록청 시스템에 의해 가능합니다.

국회의 여러 가지 기능들 중에서 가장 핵심적인 법률과 예산의 의결권을 납세권으로 치환해서 궁극적으로 유권자에게 돌려줌으로써 직접 민주정을 실현하는 것입니다. 예산 수반 정책을 국민 직접성의 달성이라는 개념에서 다른 말로 비유하자면, '납세권의 정책 주주화(株主化)' 정도가 될 것입니다. 예산 수반이 필요한 정책이란, 포괄적으로 예산을 근거로 하는 모든 법률의 제정과 개정 및 국가 기관의 운용 등을 전부 포함하는 것을 말합니다.

직접 민주정의 실현을 위해서는 그렇지 않은 경우에 대해서도 원칙적으로 국민이 직접 결정하는 구조를 만들어야 합니다. 그러기 위해서는 법률 시장에 대한 확대가 필요합니다.

**법률 제도의 확대**

현재 법률 제도의 구조는 사법 체계의 구조만 있습니다. 여기서 현재의 사법 체계를 다음과 같이 정의하겠습니다.

사법 체계란, 피고와 원고 또는 피고소인과 고소인을 쌍방으로 해서 민사상, 형사상의 다툼을 벌여 원고 또는 고소인의 청구 취지를 사법재판부에 구하는 과정을 취급하는 일체의 구조입니다.

법률 제도 및 법률 시장의 구조 확대라 함은, 사법 체계 외에 입법 체계의 구조를 더 만든다는 의미입니다. 입법 체계는 법률을 만드는 과정상의 구조입니다.

이 구조는 입법 청원의 주체와 청원된 법률의 승인을 1차 심사하는 주체에 의해, 심사에서 승인되면 법률안이 되고, 만약 당해 심사가 승인을 거부하면 이에 불응하여 입법 청원의 승인을 다투는 입법원의 재판을 거치는 과정으로 볼 수 있습니다. 입법 청원된 법률안 중에서 예산이 수반되지 않는 법률안이 1차 심사에서 승인되면, 입법원(立法院)의 '사전적(事前的) 위헌법률판단(違憲法律判斷)' 의[48] 절차를 거친 다음, 뒤에서 살펴볼 국가등록청 시스템에 의한 '납세의 투표결합에 준하는 과정' 을 준용한[49] 절차를 통과하여 법률로 확정됩니다.

---

48) 프랑스에서 사전적 위헌법률심판제도가 있습니다. 행정부 직제개편에 대한 일부 법률안에 대해 적용됩니다.

49) '납세의 투표결합에 준하는 과정' 이라 함은, 유권자 일반이 국가등록청의 납세 투표결합 시스템을 통해 국가에 의해 임의로 선정된 정책입법안에 대해 찬성과 반대의 의사표시 투표를 하여 투표참가 수의 과반수가 찬성하면 통과하는 것으로 하는 과정입니다.

예산이 수반되는 법률안의 경우에는 1차 심사에서 승인되면, 일단 입법원으로 넘겨져 사전적 위헌법률판단의 절차를 거친 다음, 뒤에서 살펴볼 '납세의 투표결합'[50] 절차로 들어가 규정된 시한(時限)에서 납세자와 납세량의 배정을 해당 금액만큼 확보하면 확정되고, 그렇지 못하면 폐기됩니다.[51]

'사후적(事後的) 위헌법률심판'은 지금과 같은 헌법재판소 제도로 그대로 유지하면 됩니다. 그리고 사법원(司法院)은 지금의 이름으로는 법원(法院)에 해당하고, 그 기능은 역시 그대로 유지하면 됩니다.

**입법판단관, 입법심사관, 입법정책관**

현재의 우리나라 헌법 제52조에 따르면, 입법 청원의 주체는 법률안 제출의 주체에 해당하는 것으로서, 국회의원과 정부가 법률안을 제출할 수 있다고 되어 있습니다.

그리고 국회법 상 위원회도 그 소관사항에 관하여 법률안을 제출할 수 있습니다. 나라마다 사정에 따라 약간의 차이는 있지만, 법률안 제출 주체는 대개 비슷합니다.

이러한 현행의 법률안 제출권을 무시하고, 입법 청원 주체를 유권자와 국가 모두로 하겠습니다. 이것은 여기서 분석하고 있는 직접 민주정 실현의 방법으로서 설정한다는 뜻입니다.

즉 법률과 예산의 의결권을 납세권으로 치환해서 궁극적으로 유권자에게 돌려주는 주제에서, 법률의 의결권에는 법률안의 제출권을 포함하기 때문입니다.

---

50) 납세권자가 국가등록청에 의해 산정된 세금 총량을 정해진 비율로 '정책입법안'에 정해진 과정과 시스템으로 결합시키면 해당 법률안에 대해 직접 결정하는 투표과정과 동일한 구조가 성립합니다. 이것을 '납세의 투표결합'이라고 정의합니다.

51) 참고로, '납세의 투표결합' 또는 '납세권의 투표결합'은 실질상 같은 의미로 간주합니다. 전자는 납세 과정 전반을 일반적으로 지시하는 것으로, 후자는 납세 과정 전반에서 권리 측면을 강조하는 것으로 특징이 있을 뿐, 둘을 구별해서 쓰더라도 같은 내용입니다. '납세의 투표결합에 준하는 과정'에 대해 '납세권의 투표결합에 준하는 과정'의 관계 역시 마찬가지입니다.

이에 대한 전제적 타당성과 관련, 현행 헌법 내지 법률과의 충돌 여부의 검토는 생략하겠습니다. 이 역시 우리나라를 포함 대부분의 나라에서 유권자의 헌법개정(憲法改正) 권력의 범위가 무한계(無限界)이기 때문입니다.

입법원의 입법청원재판을 주관하는 자를 '입법판단관' 이라고 하고, 청원된 법률의 승인을 1차 심사하는 주체는 현재의 국회가 하도록 합니다. 이때 국회에서 1차 심사의 업무를 담당하는 자를 특별히 '입법심사관' 이라고 하겠습니다.

입법판단관과 입법심사관은 모두 법률이 정하는 바의 입법사 시험을 거쳐 입법사 자격을 획득해야 하고, 입법판단관은 그 중에서 입법원이 임용을 합니다. 그리고 국회의 입법심사관은 현실에서 보자면 현재의 국회의원에 해당하는 자로, 입법심사관은 선거로 뽑는데 그 후보가 될 수 있는 자격은 입법사 자격을 획득한 자입니다.

그리고 입법 청원은 유권자 개인 외에 국가 기관도 할 수 있습니다. 그런데 개인과 국가 기관은 입법 청원의 의사가 있을 때 입법사가 대리하여 입법 과정을 진행할 수 있습니다.

이는 입법청원 구조를 충분히 이해하고 관련된 법률적 규정을 실행할 수 있는 입법사에 의해 유권자 개인을 법률적으로 조력(助力)토록 하고, 아울러 입법청원제도가 안정적이고 효율적으로 운영되도록 하기 위해서입니다. 특히 국가사회의 전체 법률 제도와 입법 체계에 상충되는 불건전 입법 청원의 사전적 규범통제의 역할을(=Gate-Keeper) 합니다. 정부는 이와 같은 사무를 전담하는 자를 '입법정책관' 으로 임용할 수 있습니다.

### 입법사 제도

입법사 제도에 대해 간단히 보충하겠습니다.

입법사 시험을 사법 시험과 함께 통합해서 하나의 주체가 관리하는 방법이 있을 수 있고, 분리해서 다른 주체가 별도로 입법사 시험을 관리할 수 있을 것입니다. 현재의 기존 사법 시험을 관리 주관하는 주체와 제도에, 입법 시험을 통합시켜 운용할 수도 있고, 만약 분리한다면 법률이 정하는 바에 따라 국회 또는 중앙선거관리위원회 또는 정당 연합회 등의 주체가 단독 내지 공동으로 입법사 시험을 관리, 주관하게 할 수 있습니다.

입법사는 현실에서 재판을 할 때 소송당사자들을 도와주는 변호사와 같은 존재로 이해하면 되겠습니다. 현실의 변호사는 사법 체계에서 보자면 임의 대리인이고, 입법사는 입법 체계에서 강제 대리인이라고 대조해서 이해하면 됩니다.

입법사 중에서 입법원의 입법판단관과 국회의 입법심사관, 그리고 정부의 입법정책관이 나옵니다. 입법판단관은 법원의 임용에 의해, 입법심사관은 선거에 의해, 그리고 입법정책관은 정부가 임용합니다. 입법판단관은 사법 체계에서 판사에 해당합니다. 한편, 입법심사관은 국회의원에 해당한다고 생각하면 됩니다.

**입법 청원 구조의 보충**

입법 청원은 먼저 국회를 상대로 유권자 또는 국가가 하는 것입니다. 국회가 이를 거부하면, 불응하여 입법 청원 주체는 입법사를 대리로 입법원에 자신이 입법 청원한 법률안의 승인을 다투는 입법재판을 구할 수 있습니다.

유권자 또는 국가는 입법 청원의 원고로서, 그리고 국회는 청원 피고로서 입법재판을 하여야 합니다. 입법 재판은 입법 청원된 법률안의 사전적 위헌법률판단을 전제적으로 포함합니다.

입법재판에서 원고가 지면 원고의 입법 청원 법률안은 폐기됩니다. 만약 입법재판에서 원고가 이기면, 앞에서 언급한 대로 예산이 수반되지 않는 법률안의 경우에는 납세의 투표결합에 준하는 과정 절차로 들어가 통과하면 법률로 확정되고, 그렇지 못하면 폐기됩니다.

그리고 예산이 수반되는 법률안의 경우에는 납세의 투표결합 절차로 들어가 규정된 시한으로 납세자와 납세량의 배정을 해당금액만큼 확보하면 법률로 확정되고, 그렇지 못하면 폐기됩니다.

### 법과대학 구조의 확대

사법 시장과 입법 시장이라는 새로운 법률 시장의 개념에 따른 법률제도의 구조 확대에 따라, 현실의 법과대학 역시 바뀌게 됩니다.

법과대학은 사법학과와 입법학과로 구분해야 합니다. 사법학과에서는 기존과 마찬가지로 사법 시장의 판사, 검사, 변호사가 되는데 필요한 분야의 각종 전문 지식을 교육하고 사법 시험을 치르는 준비를 합니다. 이에 대해 입법학과에서는 입법 시장의 입법판단관, 입법심사관, 입법정책관, 그리고 입법 청원 주체를 대리하여 입법 청원 절차를 진행하는 입법사가 되는데 필요한 분야의 각종 전문 지식을 교육하고 입법사 시험을 치르는 준비를 합니다.

여기서 비교의 용이성을 위해 법과대학으로 살펴보았으나, 법과대학원 소위 로스쿨(law school) 제도에도 같은 분석이 적용됩니다. 특히 입법시장 등을 도입하게 되는 새로운 법률 제도의 정치적 취지에 비추어 볼 때, 다양한 분야 전공자 흡수와 수학(修學) 연령의 유연성, 제도권 법률교육에 의한 양질의 전문인력 배출 등에 적합한 로스쿨이, 현실의 사법시험제도를 모방하게 될 위의 입법사 시험 및 사법 시험 방식을 보완, 병행 또는 변형 조합하는 좋은 방안일 수 있습니다.

### 입법 청원 대상 법률안의 구분

입법 청원 대상인 법률안의 성격은, 해당 내용을 법률적 형식으로 모두 갖춘 법률안 그 자체인 것과 법률 자체가 아니지만 입법 청원의 대상요건을 위해 법률의 형식을 갖춘 것으로 구분할 수 있습니다.

이것을 분류해 보면, 예산 배정이 반드시 수반되는 예산 성격적 입법 즉 '정책입법안' 이 있고, 규범적 입법으로 예산의 배정이 수반되지 않는 비예산적 입법 즉 '순수입법안' 이 있습니다. 납세권의 투표결합 대상인 것은 '정책입법안' 입니다.

지금부터 정책입법안의 납세권과의 결합을 살펴보겠습니다.

앞에서 정책입법안의 대상을, 예산을 근거로 하는 모든 법률의 제정과 개정 및 국가 기관의 운용 등을 전부 포함하는 것으로 정의했었습니다.

따라서 정책입법안은 '고정비적(固定費的) 정책입법안' 과 '비(非)고정비적 정책입법안' 으로 나눌 수 있습니다. 고정비적 정책입법안은 주로 국가 기관이 운영에 소요되는 비용을 예산년도 단위로 주기적으로 청원하는 예산안 상의 정부소비지출 부분이 있습니다.

또한 분할로 예산이 배정되는 조건으로 애당초 입법 청원이 승인된 확정 예산적인 법률 등이 대표적인 예입니다. 이것들은 법안의 형식으로 되어 있는 것과 법안의 형식이 아닌 것 모두, 내용상 기준으로 동일하게 고정비적 정책입법안에 포함하겠습니다.

### 납세의 투표결합의 개념

세금을 분류하는 기준은 다양합니다. 먼저 과세단계를 기준으로 전체 세금을 소득이 발생할 때 내는 원천 세금, 지출과 처분할 때 내는 세금, 재산의 보유와 이전에 내는 세금으로 3구분할 수 있습니다. 단계별로 완전 과세와 국가등록청 시스템에 의해 납부 주체별로 과세되어 국가등록청에서 누적 관리하도록 합니다.

이것을 납부 주체에 따라 다시 분류해 보면, 개인이 자기의 명의로 내는 개인세와 법인이 같은 식으로 내는 법인세 등 직접세, 그리고 개인이든 법인이든 관계없이 부가가치세 등으로 내는 간접세 등이 있습니다. 여기서는 이 세 가지 종류를 주요 분석대상으로 하겠습니다.

그런데 이때 간접세는 완전 과세와 국가등록청 제도에 의해 모두 납세자의 세금 총량에 산정, 구분되어 산입(算入)이 가능하므로, 실질적으로는 직접세인 개인세와 법인세와 마찬가지로 관리 운용이 가능합니다. 따라서 납세권자가 국가등록청에 의해 산정된 세금 총량을 정해진 비율로 정책입법안에 정해진 과정과 시스템으로 결합시키면, 해당 법률안에 대해 직접 결정하는 투표과정과 동일한 구조가 성립합니다. 이것을 '납세의 투표결합' 이라고 정의합니다.

### 납세의 투표결합 과정

지금 검토하고 있는 과정에서, 납세의 투표결합은 세입과 세출이 균형이라고 가정하고, 세입은 세외수입과 자본수입을 제외하며 조세수입만으로[52] 이루어져있다고 가정합니다. 그리고 세출은 경제적 분류[53] 내지 기능적 분류[54]를 기준으로 하지 않고 위에서 정책입법안을 나누었던 개념으로서의 고정비와 비고정비 기준으로 분류함을 가정합니다.(참고로 이러한 가정을 해제한 상황에 대해서는 뒤의 해당 부분에서 추가 검토하겠습니다)

이때 개인이 내는 직접세와 간접세에 대해서는 고정비적 정책입법안과 비고정비적 정책입법안 양쪽 모두에 정해진 비율의 세금량을 '투표결합' 시킬 수 있고, 법인세와 법인이 간접세는 고정비적 정책입법안 중에서 법안의 형식이 아닌 것에만 정해진 비율의 세금량을 '투표결합' 시킬 수 있도록 한정합니다. 이것은 법안의 유권자 결정 원칙에 따라 개인과 법인을 구별하는 것으로서 개인이 내는 세금에 대해서만 실질적인 법안의 선택적 결정력을 인정하는 것입니다. 법인이 내는 세금은 정해진 고정비적 정책입법안 중에서 법안의 형식이 아닌 것에 대해서 투표결합을 하는데, 이것은 실질적으로 선호의 표시만 배정에 대해 강제하는 성격입니다. 즉 선택이 아닌 선호에 대해서 배정으로 표현하는 것입니다.

---

52) 편차가 있으나 대략 전체 세입의 90% 가까운 정도입니다.

53) 세출의 경제적 분류 : 경상지출, 자본지출, 순대출 (편차가 있으나 경상지출은 전체 세출의 대략 3/4 수준으로 가장 많습니다)

54) 세출의 기능적 분류 : 일반행정, 국방, 교육, 사회개발, 경제개발, 기타

만약 이때 법인세와 법인이 내는 간접세의 세금량이 고정비적 정책입법안에 대한 투표 결합을 하고도 남으면, 납세의 투표 결합 가정에서 제외한 세외(稅外)수입 및 자본수입과 함께 더해서 납세를 하지 않는 나머지 유권자 개인에게 정해진 비율로 배정하여 납세의 투표 결합을 할 수 있는 권리로 부여해 줍니다. 개인의 직접세와 개인이 내는 간접세가 남을 경우에도 마찬가지입니다.

이렇게 모든 납세의 투표결합 과정이 끝난 시점에서, 일반적 사정으로 행사되지 못한 세금액에 대해서는 납세권자의 국가 위임으로 간주해 국가등록청의 계정상 납세자 개인계정에서 국가계정으로 이전됩니다. 그리고 이것의 예산 배정은 법률로 정하되 다음과 같이 함을 기본 원칙으로 합니다.

납세의 투표결합 과정에서, 비고정비적 정책입법안의 정해진 예산 배정금액에 국가등록청의 시스템에 의한 납세자의 납세량의 투표적인 결합이, 배정되어야 할 납세량에 미달되면 그 법안은 폐기됩니다. 그리고 고정비적 정책입법안의 경우에는 그 형식이 법안일 때는 해당 법안에 근거한 사업의 변경을 가하고, 형식이 법안이 아닌 것에는 모자라게 배정된 금액만큼 삭감돼 집행되는 것으로 처리합니다.

이때 국가 위임으로 간주해 국가등록청의 계정상 납세자 개인계정에서 국가계정으로 이전된 세금액은, 원칙적으로 납세량 미달 정책입법안에 산입(算入)시켜 폐기(廢棄) 조건이 달성된 입법안을 부활시키는 것은 할 수 없습니다. 다만 법률이 정하는 대로 잔여 세금액이 충당 가능한 범위 내에서를 전제로 고정비적 정책입법안 중에서, 형식이 법안이 아닌 것에만 배정함을 원칙으로 합니다. 그리고도 남은 부분 즉 고정비적 정책입법안 중에서 형식이 법안인 것과 비고정비적 정책입법안에 대해서 국가는 국가의 경제정책기조, 긴급세출, 기타의 기준으로 임의로 선정해서 '납세의 투표결합에 준하는 과정'을 통해 남은 세금액의 배정을 할 수 있습니다. 이 결과 폐기조건이 달성되었던 법안이 부활되거나 삭감

집행되는 것의 증액변경은 예외적으로 인정됩니다. 이때 '납세의 투표결합에 준하는 과정'을 통과하지 못하면 해당 정책입법안은 원래 예정대로 폐기되고 그 부분에 배정되었던 세금액은 다음 회계연도로 이월(移越)됩니다.

여기서 '납세의 투표결합에 준하는 과정'이라 함은, 유권자 일반이 국가등록청의 납세 투표결합 시스템을 통해 국가에 의해 임의로 선정된 정책입법안에 대해 찬성과 반대의 의사표시 투표를 하여 투표참가 수의 과반수가 찬성하면 통과하는 것으로 정의합니다.

## 납세의 투표결합과 선거 원리

납세의 투표결합에 대해서 좀더 살펴보겠습니다.

입법 청원된 법률안은 그 성격으로 볼 때, 예산 배정이 반드시 수반되는 예산 성격적 입법 즉 정책입법안과, 규범적 입법으로서 예산의 배정이 수반되지 않는 비예산적 입법 즉 순수입법안으로 분류됩니다. 먼저 정책입법안에 대해서 보면, 입법 청원된 정책입법안들 중에서 국회의 1차 심사 또는 입법원의 재판을 통해 승인을 받은 법률안들이 국가등록청의 시스템 상에 리스트 구성됩니다.

이때 납세자 1인의 납세 총량을 T라고 하면, 1인의 1정책입법안에 대한 납세 투표결합 1회량은 a로 단위 한정합니다. 그러면 1인의 투표결합수는 총 [T/a]회가 됩니다. 납세량에 따라 투표의 가능횟수가 달라집니다. 납세의 투표결합은 원칙적으로 '실질적 평등선거의 원리'에 근거합니다. 실질적 평등선거의 원리라 함은, 의무가 많아질수록 권리가 많아지는 실질적 의미의 평등 달성을 내용으로 합니다. 1회 납세 투표결합의 1정책입법안에 대한 납세자 1인의 영향력은 1회량 단위 동일화로 모두 같습니다.

따라서 이것은 형식적 평등선거의 원리에 근거합니다. 따라서 완전 과세와 국가등록청 제도를 전제로 이와 같은 납세의 투표결합 방식은 형식적, 실질적 평등선거의 원리를 모두 만족하는 직접 민주정의 실현 방법이 됩니다.

그리고 규범적 입법으로 예산의 배정이 수반되지 않는 비예산적 입법 즉 순수입법안은, '납세의 투표결합에 준하는 과정' 을 준용합니다. 위에 말한 것처럼, 입법 청원된 순수입법안들 중에서 국회의 1차 심사 또는 입법원의 재판을 통해 승인을 받은 법률안들이 국가등록청의 시스템 상에 리스트 구성됩니다. 그러면 유권자 일반이 리스트 구성된 순수입법안에 대해 국가등록청의 납세 투표결합 시스템을 통해 찬성과 반대의 의사표시 투표를 하여 투표참가 수의 과반수가 찬성하면 통과하는 것으로 되는 방식입니다.

### 완전 과세에 따른 세율계수

완전 과세와 국가등록청 제도를 전제로 할 때는 납세율도 다른 방식으로 정해지게 됩니다. 세금의 각 종류에 따라 차등 부과되는 방식을 세금 발생에 대한 기본 징수세율로 하면서, 납세의 투표결합에 의해 올해 결정된 내년도 예산규모를 기준으로 올해 기본징수세율에 따라 국가등록청 시스템 상으로 거둬들인 세금 총량과의 차이를 조정하는 방식입니다. 올해 거둬들인 세금 총량과 내년도 예산과의 차액부분을 일정한 범위 내에서 균형이 되도록 조정하는 계수가 곧 '일반 평균세율' 이 됩니다.

따라서 먼저 정해놓고 적용하는 현실의 일반 평균세율과는 정반대로, 여기서는 올해의 세금 총량이 나오면 내년도 예산을 기준으로 정하는 역산(逆算) 수치가 됩니다.

이렇게 나온 수치인 조정계수를 '균형세율계수' 라고 정의합니다. 이러한 방식은 과세의 원천 규모와 과세 시스템이, 현재의 조세 및 예산 제도와는 근본적으로 다르기 때문입니다.

'균형세율계수' 에는 다음의 두 가지가 있습니다. 올해 거둬들인 세금 총량과 내년도 예산과의 차액부분이 전혀 없도록 '균형세율계수' 를 조정한 '절대균형세율계수' 가 있고, 반면에 올해 거둬들인 세금 총량과 내년도 예산과의 차액부분이 있도록 균형세율계수를 조정한 '상대균형세율계수' 가 있습니다. 이러한 '세율계수' 는 재정정책이 아닌 통화정책에 해당하는 내용입니다.

균형세율계수와 예산 규모의 편성에 대해서는 법률이 정한 바에 의해 구속되는 준칙영역과 그렇지 아니한 국가의 재량영역으로 나누어서 관리함을 원칙으로 합니다.

여기서의 국가라 함은, 국가의 재정정책 전반을 담당하는 정부기관과 국가의 중앙은행을 의미합니다.

국가등록청의 지원을 받아 전자는 예산 규모의 편성을 주도하고, 후자는 통화정책에 해당하는 세율계수의 결정을 주도합니다. 중앙은행은 국가등록청의 지원을 받아 세율계수의 결정을 주도하는 것 외에 금융통화정책의 기조 결정과 운용 및 물가 목표 책임, 기타의 중앙은행 본연의 사무를 하며 정부에 대해 협조가 가능한 상대적인 독립을 유지합니다.

이 책에서 전제하고 있는 결합자본주의와 완전 과세, 국가등록청, 납세의 투표화로 구성되는 '공통의 연결소자' 인 정치경제 제도에 적합한 경제 전반과 중장기적인 경제성장 목표 및 경제 안정 기조를 위해서는 위에서 나열한 역할을, 전문 독립형 기관으로서의 중앙은행이 주도하는 것이 바람직하기 때문입니다.55)

---

55) 이 책의 직접 주제는 아니지만 중앙은행의 독립을 전제로 내용을 전개하고 있으므로 현실의 이해를 돕기 위해 우리나라의 중앙은행인 한국은행에 대한 개선방향에 대해 일반적으로 논의되고 있는 내용들을 간단히 살펴보겠습니다.

1. 정책결정기관인 금융통화위원회
   - 정책에 대한 평가 및 엄격한 책임 부과
   - 위원회 위원의 검증 및 민간추천방식 폐지 등 선임제도 개선
2. 한국은행의 예산
   - 미국이나 독일, 프랑스처럼 정부(재정경제부)의 승인 없애고, 자체 감사기구 확보
   - 한국은행의 내부적립금 통한 재정확보 등 예산 자립성 강화
3. 중앙은행으로서의 역할정비
   - 미국, 유럽, 일본 등 다른 나라들과 마찬가지로 은행감독기능 부여
   - 제2금융권 정보취득 확대
   - 금융기관 조사권 강화

### 중앙은행과 세율계수

중앙은행이 세율계수를 주도하는 근거는 다음과 같습니다.

이해(利害) 당사자인 유권자의 선택 이익이 국가와 유권자 모두의 궁극적인 이익 증대를 안정적으로 보장할 수 없는 기술적 차원의 이유로 인해 유권자가 직접 입법 청원을 할 수 없는 것으로 분류되는 사항들이 있습니다. 이러한 사항들은 법률로 정하는데, 그 중의 하나가 바로 세율계수의 결정입니다. 그리고 헌법의 개정, 국가기관의 조직에 관한 것 등도 이와 같은 '입법 청원의 제한 대상' 에 포함됩니다. 입법 청원의 제한 대상에 속하는 사항은 헌법과 법률이 정하는 바에 따라 주무(主務)의 국가 기관이 맡아 절차를 유지, 관리합니다.

이러한 입법 청원의 제한을 근거로 중앙은행이 세율계수의 결정을 주도합니다. 그리고 복합 견제를 위해 중앙은행의 총재는 정부가 추천하는 다수의 후보 중에서 국회가 법률이 정한 절차에 따라 선임(選任)을 하고, 국회는 법률이 정한 바에 따라 임기를 보장하거나 임기의 분기를 정해 중간 면직(免職)을 할 수 있습니다. 중앙은행의 총재 이하 조직 구조와 내부의 정책결정기관인 '의사 결정단' 의 위원은 법률이 정한 바에 따라 구성합니다. 이때 '의사 결정단' 의 위원은 정부와 국회가 추천하는 위원 정수보다 많은 다수의 후보 중에서 국회가 법률이 정한 절차와 비율로 선임합니다. 그리고 중앙은행 총재는 세율계수와 기타 국회가 요구하는 사항에 대해 국회에 출석하여 공개 또는 비공개로 증언을 합니다.

---

4. 물가안정목표제
   - 중기 물가안정 목표의 하향 조정
   - 물가목표 기준지표를 근원인플레이션에서 소비자물가지수로 변경
   - 통화정책에 대한 한국은행 총재의 책임부과

5. 금융시스템 안정 역할
   - 한국은행법 개정 통해 외환정책의 법적 근거 부여 및 금융시장 안정 기능 강화를 통해 관련기능에 대한 재정경제부와의 정책 권한범위를 조화롭게 구분
   - 적극적인 통화정책 구사
   - 미시정책 수단 사용

## 납세의 투표결합과 직접 민주정

법률 제도의 확대에 따른 입법 체계 및 국가등록청 제도에 따른 조세 부분에서 납세의 투표결합 방식 등과 관련된 특징과 함께, 정책입법안의 입법청원 및 투표결합 과정 등에서는 현실에서 벌어지는 불법 로비 등 소위 '뒷골목 수단'이 사라지거나 최소한 다른 방법으로 대체됩니다. 따라서 현실에서와 같이 입법 과정에 왜곡을 가져오는 불법 뇌물이나 부당한 압력 등이 제거됩니다.

그러면서 특정 입법을 원하는 유권자의 의사 자체가 원하는 방향의 의사를 객관 타당하게 직접 입법 청원하여 입법 체계를 통과할 수 있도록 스스로에 대해 자기 노력을 다할 수 있는 제도적 권리 수단을 갖게 되는 것입니다.

그렇게 입법 청원된 법률안은 국민의 공감대 즉 궁극적으로 국가와 유권자의 이익을 증진시키는 것이라는 국가사회적인 공감대에 부합하도록 입법 청원 주체의 사익(私益)을 조화시켜 내야만 납세의 투표결합 조건을 충족할 수 있을 겁니다.

유권자의 의사와 선출된 국회의원 간의 의사 등가성이 없고, 선거 이후의 의사 책임성이 없으며, 또한 법률 생산의 정교한 자의성으로 유권자 소외가 발생하는 대의제 민주정의 현실에서 벌어지게 되는 로비 등 뒷골목 수단으로 인해 발생하는 불공정한 특정 편익의 추구와 정상적인 경쟁의 제한, 조작적인 연대 등의 입법 상 왜곡 현상이 위와 같은 과정에 의해 근본적으로 사라지게 됩니다.

이로써 입법 과정의 역동성은 다른 양상으로 진행됩니다. 국가사회 유권자들의 다양한 이해가 자유로운 경쟁과 입체적인 연대의 함수 관계로 유권자의 직접 의사에 의해 합성, 조합되는 방식으로 변합니다.

또한 이러한 과정들은 그 자체가 불건전 입법 청원에 대해 전체 입법 청원 제도에 내재되어 있는 2중, 3중의 제도적인 '거르기' 수단들이자 견제 수단들입니다. 이러한 구조는 사익과 공익의 조화를 인정하면서,

사익과 공익의 갈등을 제도적으로 소비시키는 표현장치입니다. 입법 청원의 주체가 국가일 경우에도 마찬가지입니다. 국가에 의한 정책입법안은 현실의 국회 의결을 통과시키기 위한 노력과 절차가 입법 청원과 입법 체계의 통과로 대체됩니다.

그리고 납세의 투과결합이 필요한 입법 청원은 역시 국민의 공감대가 필요한 즉 궁극적으로 국가와 유권자의 이익을 증진시키는 정책입법안이라는 국가사회적인 공감대 속에 입법 청원 주체인 국가가 추구하고자 하는 공익을 납세의 투표결합에 조화시켜야 합니다. 여기에 필요한 다양한 국가의 노력들이 동원될 것이고, 이는 다시 유권자의 이익을 증대시키는 입법 청원의 새로운 원인으로 작용하게 됩니다.

결국 이 구조는 공익과 사익의 조화를 인정하면서 공익과 사익의 갈등을 제도적으로 소비시키는 표현장치로서, 위의 개인에 의한 입법 청원과 쌍을 이루는 대응 기능도 가지고 있음을 의미합니다.

이렇게 되면, 유권자 전체를 직접 상대하여 양과 질적인 측면 모두에서 직접 정당성을 부여받는 직접 민주정의 결정체로 창조된 법률이 될 것입니다.

### 완전 과세와 국가등록청에 의한 과세 특징 (2)[56]

다음 장인 '6장. 방법론 : 결합자본주의와 직접 민주정의 구체적 실현'에 들어가기 전에, 앞의 '4장. 완전 과세' 부분에서 살펴보았던 납세 과정에 있어서의 양방향적인 정당성 문제를 여기서 좀 더 살펴보겠습니다.

납세자가 납세에 관해 자발적 의사를 인정하지 않는 경우에 이것은 납세자의 소유권에 침해 인식을 발동시키고, 따라서 납세의무에 대한 인정은 양방향적인 문제로서 세금 과정에서 납세자의 국가에 대한 자발적 의사가 없다면 납세의무에 대한 양방향적인 정당성은 완성되지 못한다는 것을 살펴보았습니다.

---

56) 완전 과세와 국가등록청에 의한 과세 특징 (1)는 4장의 후반부에 있습니다.

세금 과정에 대한 정당성의 양방향성이 충족되지 않은 상태에서는, 세금은 국가에게 자신의 소유권 일부를 침해당한 부분이 됩니다. 이러한 세금이라는 것의 특수한 급부제공을 '납세' 라고 할 때, 납세에 필요한 사무를 급부 수혜자가 부담하는 것이 반대급부로 대응해야 한다고 했습니다.

또한 이것을 '납세사무처리의 청구권' 으로 정의했습니다. 국가는 납세자의 세금 관련 사무를 모두 처리하여 줌으로써, 납세자의 사무 청구권에 대한 국가의 이행의무를 다하여 국가가 가지고 있는 세금이라는 특수급부의 청구권에 기초한 반대급부로 납세자에게 제공하는 겁니다. 이렇게 하면 양방향적인 정당성의 불충족으로 인한 소유권 침해 인식이 급부와 반대급부의 대응으로 균형을 가질 수 있게 된다고 했습니다. 이것을 소극적 의미의 양방향적인 정당성 충족이라고 정의하고, 이번 장에서 살펴본 납세의 투표결합을 적극적 의미의 양방향적인 정당성 충족이라고 구분해서 정의하겠습니다.

정책입법안을 기준으로 국민 직접성의 달성이라는 개념에서 납세의 투표결합을 다른 말로 비유하자면, 납세권의 정책 주주(株主)화라고 할 수 있습니다. 그러면 적극적 의미의 양방향적인 정당성 충족이라는 측면에서 납세의 투표결합을 비유하면, 정책의 직접 구매행위라고 할 수 있습니다. 각 경우에서 강조되는 특징들로 비유한 겁니다.

## 완전 과세 개념으로 본 공산주의

이러한 납세의 양방향적인 정당성 충족의 문제는, 만약 생산수단이 100% 국유화되어 있는 상태라면 아예 원인적으로 발생하지 않습니다. 국유화(國有化)란, 생산수단이 모두 국가 소유라는 말과 같습니다. 개별 국민의 관점으로는 생산수단이 사적 소유가 아닌 공유 소유인 상태입니다. 공유(共有)의 객체가 생산수단(生産手段)이라는 말입니다. 이 말을 적당히 줄인 것이 共産主義(공산주의)입니다. 그래서 자본주의 논리로 공산주의 소유 차원을 보더라도, 생산수단이 사적(私的)으로 소유되지 못하므로 생산 결과물에 투입된 '생산요소물'의 원가(原價)를 제외한 경제활동의 이윤은, 모두 사적 소유가 아닌 국가의 소유가 됩니다. 공산주의 소유방식에 근거한 이윤 귀속의 전제 원리입니다. '생산요소물'은 노동력 부분인 '생산요소물주체'와 그 나머지인 비노동력 부분으로 구성됩니다.

검토의 편의상 여기서는, 생산수단이 100% 국유화되어 있는 상태라고 가정하겠습니다. 그리고 그러한 100% 국유화 가정 하에서 사적영역으로 이전된 생산 결과물이 소비 할당된 자신에 의해 모두 소비된다고 가정하여, 공적경제(公的經濟) 영역 이외의 사적경제(私的經濟) 영역이 전혀 존재하지 않는 상태임을 전제로, 다음의 내용들을 검토를 해보겠습니다.

이런 가정 상태의 국가는, 비노동력 부분의 개별 원가를 제외한 노동력 부분의, 즉 생산요소물주체의 개별 원가를 체제 내의 기준에 따라, 생산 결과물을 소비 할당으로 생산요소물주체에게 환원 처리합니다. 생산물 국유화 상태에서 생산결과물을 사적 소비로 처리하는 배급경제의 원리입니다. 이때 소비 할당의 기준은 다양할 수 있습니다만, '평등'이 공통적으로 강조되는 기준 요소입니다.

여기서 생산요소물 중에서 비노동력 부분의 개별원가를 제외하고 생각하는 이유는, 그것이 생산수단 자체로서 국가의 소유라는 특징의 요소물이기 때문입니다. 즉 비노동력 부분은 생산수단 그 자체로만 간주할 수 있습니다. 반면에 노동력 부분은 생산수단이면서 동시에 소비 주체라는 특징의 요소물입니다. 생산요소물주체이자 소비객체라는 양쪽 측면을 모두 가지고 있는 노동력 부분의 '주체'에 관한 본원적 귀속은 개별 국민 그 자신이지 국가가 아니므로, 이러한 의미에서 생산요소물주체의 원가는 생산 결과물의 소비 할당으로 생산요소물주체에게 환원 처리되는 과정을 가지게 됩니다.

이에 대해 비노동력 부분의 원가는 소비 객체라는 상대적 특징의 요소물이고, 그 객체의 귀속이 생산 결과물 이전에 이미 국가로 전제되어 있기 때문에, 소비 할당과 환원 처리 과정 자체가 불필요해서 생략되어 버립니다. 생산결과물의 원가에 해당하는 비노동력 부분과 노동력 부분을 제외하고 나면, 그 나머지가 이윤입니다. 그런데 생산수단의 국유화 상태에서 이윤은 국가에 의해 관리됩니다. 이때 이윤은 정확히 말하면 '공유이윤' 이 되는데, 이것은 생산결과물의 개념으로 바꾸면 '잉여' 입니다.

'계획 경제' 라는 시스템에서, 국유 생산의 잉여 즉 이윤 부분에 대해서 유보, 동원, 공유적 분배, 일률적 또는 차등적인 추가의 사적 분배 등에 관해 집행주체, 시점과 방향의 모든 관리 방향을 국가가 결정합니다. 생산물의 국유화로 이윤이 원천적으로 국가에 귀속하기 때문에, 이윤의 처리도 국가가 계획합니다.

만약 이윤이 사적(私的)으로 보유된다면, 관리의 유형으로 나열한 개념들이 동차원에서 다른 말로 바뀝니다. 예를 들어, 유보는 기업 또는 개인 등 경제주체 전체 단위에서 소비 및 배당을 하지 않고 저축 등으로 내외부에 비축되는 부분이고, 동원은 투자에 해당할 겁니다. 이윤의 처리에 관한 관리 방향의 실제 내용은 자본주의 측면으로 비유하자면 재정정책 정도에 해당합니다. 물론 상대적으로 매우 범위가 한정되고 느슨한 구조이겠습니다.

결국 공산주의 경제에서 이윤 즉 잉여는, 그 자체가 모두 세금인 셈입니다. 경제활동으로 인한 모든 잉여는, 생산수단을 소유한 국가로 모두 귀속되고, 이것은 위에서 분석한 구조에 따라 생산 결과물에서 생산원가인 비노동력 부분과 노동력 부분을 제외한 것에 대해 부가가치세율이 100% 적용되는 얘기와 같습니다.

하지만 이때 잉여의 등가인 이윤이, 생산수단의 국유화 상태(=사유화되지 않은 상태)에 있으므로, 세금으로 인한 소유권 침해인식이 발생 불가능합니다. 이는 납세에 대한 양방향적인 정당성 충족의 문제가 원인적으로 없는 이유이기도 합니다.

생산수단이 100% 국유화되어 있는 상태인 공산주의라는 제도는, 위와 같은 특징으로 인해 납세의 양방적인 정당성 충족의 문제가 없습니다. 또한 잉여를 100% 국가가 원천적으로 가집니다. 따라서 생산수단의 사적 관리도 없고, 이윤의 사적 관리도 없는 계획 경제로서, 국가가 경제의 관리방향을 결정하는 것입니다.

참고로, 경제의 관리구조에 있어 이상과 같은 특징을 가지는 공산주의에 대해 자본주의의 경제적 효율 우위 및 관련 내용들에 관해서는 -부록- 3.을 살펴보시기 바랍니다.

# 6장. 방법론 : 결합자본주의와 직접 민주정의 구체적 실현

이 책의 주제적인 결과는 체제 이론측면에서 국제적인 적용 및 수출을 목표로 한다고 이 책의 앞부분에서 밝혔었습니다. 그에 따라 결합자본주의와 완전 과세라는 정치경제 제도를 각 나라마다의 사정에 충격을 주지 않으면서 이식시킬 수 있는 매개 장치인 국가등록청, 직접민주정과 납세의 투표결합이라는 '공통의 연결소자'를 만들어 국가사회 체제상의 보편적인 적용이 가능하도록 모든 내용을 설정했던 것입니다.

이번 6장에서는 그러한 목표와 주제적 요소들을 실제 현실에서 구현하는 기초 토대를 마련하고, 관련 있는 내용들을 검토하겠습니다. 참고로 이번 장의 주어는 방법론의 주체로서, 편의상 우리나라를 전제로 하겠습니다. 그렇다고 해서 이 책의 전체 기조인 한국적 특수성을 전제로는 하지 않는 것에 특별한 영향을 주지는 않습니다. 국가 기조 내지 국가 체제상의 보편적인 적용이 가능하다는 뜻입니다. 전개 편의상의 제한적인 전제일 뿐입니다.

**장기(長期)**

이 책의 주제적 요소들과 기존 국가 체제 간의 조화로운 연결 및 이식(移植)은 물론, 궁극적으로 주제적 요소가 모두 구현된 국가체제를 만드는 것은, 모두 유권자의 주권으로부터 비롯한다고 전제했습니다. 국가체제에서 선거와 투표를 할 수 있는 권리를 가진 모든 일반 유권자가 국가체제를 유지, 변화시키는 최고의 권력자임을 다시 확인합니다.

유권자가 이것을 실현해 나가는데 있어, 여러 가지 방법론이 있을 것입니다. 이번 6장은 그 방법론의 완성 자체가 목적은 아닙니다. 방법론의 완성은 현실을 기반으로 하는 긴 시간의 구체화 작업들과 연동해서 상호 교호하며 수정되어 최적화되고, 변화하면서 완성되어 나갈 것입니다.

그렇기 때문에 여기서는 유권자의 국가체제 유지와 그 변화 의지를 구체적으로 실천하는 방법의 의미를 밝히고, 행동을 위한 동기와 실천 강령을 제공하는 것을 가장 큰 목적으로 하겠습니다.

유권자의 변화 의지를 반영하게 되는 현실의 구체적인 대상은 헌법과 법률 등입니다. 유권자의 변화 의지를 반영한 헌법과 법률 등이 기존의 헌법과 법률 등을 모두 대체하는 데 걸리는 시간을 장기(長期, long term)로 정의하겠습니다.

### NPI(=National Priority Intelligence) 시리즈

장기(長期)에 있어 결합자본주의와 공통의 연결소자 등을 통해 새로운 국가체제를 만들기 위해서는 헌법과 법률의 교체가 있어야 합니다. 그런데 이것을 진행하려면 장기적인 국가 목표가 설정되어야 하고, 설정된 장기의 국가 목표가 정권의 시간 단위를 넘어서 유지되어야 합니다. 그러한 장기의 국가 목표를 국가 차원에서 인식하고 유지하며 진행하는 방법에 대해 먼저 살펴보겠습니다.

국가의 전반을 아우르는 특정 목표는 시간을 단위로 설정됩니다. 보통 1년을 단위로 하는 국가 최우선 관리목표를 NPI-1라고 하겠습니다. 그 다음의 단위는, 우리나라의 경우 대통령 임기에 해당하는 5년의 NPI-2가 있습니다. 그 다음은 10년~20년 단위의 NPI-3가 있을 것이고, 장기 50년~100년을 단위로 하는 국가 최우선 관리목표인 NPI-4가 있습니다.

NPI-1에는 수출, 물가, 국민총생산(GNP) 등의 수준 관리가 해당되고, NPI-2는 새로이 들어선 정권이 대통령의 국정 철학을 바탕으로 추구하는 정치, 경제, 외교, 군사, 사회문화 등의 기초 유지 및 수정 관리가 해당됩니다. NPI-1과 NPI-2는 단기(短期)에 속하고, NPI-3는 중기(中期)의 국가 최우선 관리목표로서 국토의 개발방향 수정, 국가경쟁력 증진 전략의 수정 관리 등이 해당합니다. 그리고 NPI-4가 장기(長期)의 국가 최우선 관리목표를 의미하며 국가체제의 형성적 방향 변화를 지향할 수 있는 최상위의 제도 수립이 해당됩니다.

**체제 운영 시스템**

여기서 기술적 시스템의 계획과 설치는 나라마다 편차가 있겠지만, 보통 NPI-2 내지 NPI-3 에 포함될 것입니다. 국가등록청의 설립과 해당 시스템 구축, 그리고 그 시스템의 개인용 단말기 등이 통합 구축되는 부분을 의미합니다. 기반 인프라인 초고속 유무선 대용량 통신망의 구축도 포함합니다.

통신망의 구축이 고속도로를 만드는 일이라면, 국가등록청 시스템의 실현은 그 고속도로 위를 달리게 할 자동차를 만들고, 그 자동차로 화물을 실어 나르는 물류산업을 일으키며 수출을 통해 경제를 발전시키는 내용들의 전체 모습으로 비유될 수 있습니다.

국가등록청의 시스템은 결합자본주의, 완전 과세 그리고 직접 민주정과 납세의 투표결합을 현실에서 돌아가게 하는 가장 중심적 장치입니다. 국가등록청을 위한 NPI-2 내지 NPI-3 상의 기술적 시스템 구축 사업은, 결합자본주의와 완전 과세에 의한 경제주체의 경제활동 구조를 현실에서 만들어내는 동시에 아울러 그 사업 자체가 국가 산업의 방향을 선도하는 하나의 경제 동력으로서 미래 성장축의 역할을 할 것입니다.

그리고 그 시스템은 결합자본주의와 완전 과세를 현실의 국가 정치경제 체제로 NPI-4의 수준에서 구현하는데 필요한 '공통의 연결소자' 의 현실적 수단으로서, 다른 국가에 체제 유형과 더불어 수출될 수 있을 것입니다. 그것은 곧 해당 시스템이 기술표준으로 될 가능성을 높여줍니다. 국가 체제와 그 체제의 운영 시스템이 산업의 대상이자 수출품으로 된다는 뜻입니다.

**체제적 변성(=The Greatly Soft Change)**

각각의 'NPI 시리즈'는 차상위의 NPI 방향에 역행하지 않도록 구속되어야 하며, 최상위의 NPI-4는 하위 NPI를 모두 포획함을 원칙으로 합니다. '포획함'이란 하위 NPI가 NPI-4의 지향성에 합치하기 위해 스스로의 변경을 수용한다는 뜻입니다.

설정된 장기의 국가 목표가 정권의 단위를 넘어서 유지되기 위해서는 대통령(또는 국가수반)의 헌법 의무로서 NPI 시리즈의 원칙을 준수할 것임을 규정하면 됩니다. 이를 통해 NPI-4 하의 국가 정책 방향이 장기(長期) 차원의 항상성(恒常性)을 확보합니다. NPI-4 수준에서는 국가 최고 수준의 이념 가치인 헌법의 형성적 대체를 포함합니다. 장기라는 조건에 의해 체제에 충격을 주지 않고 안정을 유지하며 NPI-4의 헌법 형성적 대체를 달성하는 것이 NPI 시리즈 관리 목표의 한 요소입니다.

결합자본주의와 완전과세라는 새로운 정치경제 제도를 각 나라마다의 사정에 충격을 주지 않으면서 이식시킬 수 있는 매개 장치인 국가등록청, 직접민주정과 납세의 투표결합이라는 '공통의 연결소자'를 지금까지 만들어보았습니다.

이것의 현실적인 구현은 NPI-4 수준의 헌법 형성적 대체 과정을 통해 전제한 대로 각 나라마다의 사정에 충격을 주지 않으면서 구체화합니다. 각 나라마다의 사정이란 말 그대로 국가마다 가지고 운용하고 있는 현실의 다양한 정치경제 제도의 모습을 말합니다. 결합자본주의와 완전 과세가 국가등록청과 납세의 투표 결합이라는 공통의 연결소자를 매개물로 해서, 모두 다른 정치경제 제도의 모습들이 NPI-4 수준에서 달성되는 것입니다.

NPI-4의 헌법 형성적 대체는 헌법의 제정 권력에 대응하는 개념입니다. 국가 최고 수준의 이념 가치인 헌법이 국가가 만들어지기 전에는 없는 상태인데, 이 상태에서 헌법을 최초로 만들 때의 해당 권력을 헌법 제정 권력이라고 하면, 일단 만들어진 헌법을 그 이후에 바꾸어나가는 과정의 권력을 헌법 개정 권력이라 구별해 부릅니다. 이때 NPI-4 수준에서 국가체제의 형성적 변화를 추구하며 지향하는 방향에서 요구되는 구체적 반영을 목적으로 특정한 헌법 개정의 연속적인 추구는 그 결과의 효과상 헌법 제정과 동일하며, 이것을 '헌법 형성적 대체'라고 정의합니다. 그리고 헌법의 형성적 대체 과정의 헌법 개정의 결과들을 '과도 헌법'이라고 합니다. 헌법의 형성적 대체와 과도 헌법으로 헌법은 이중 구조가 될 수 있습니다.

헌법의 이중 구조란, NPI-1과 NPI-2의 단기에서 기존의 국가체계를 운용하는 데 적용되는 헌법 내용과 NPI-4에서 헌법의 형성적 대체를 완성하는 데 적용되는 헌법 내용이 서로 공존하는 상태를 의미합니다. 이렇게 공존하는 헌법의 존재 형식 자체를 일컬어 과도헌법이라고 합니다.

이러한 방식은 헌정(憲政)을 단절적이고 급격하게 1회적 충격을 가하여 바꾸는 것이 아님을 뜻합니다. NPI 시리즈에 따라 점진적이며 보완적으로 지속 가능한 변화를 유지하면서, 결합자본주의와 완전과세라는 새로운 정치경제 제도 및 국가등록청, 직접 민주정과 납세의 투표결합이라는 공통의 연결소자를 만드는데 필요한 모든 요소들을 과도 헌법에 반영해서, 최종적으로 헌법 형성적 대체를 완성하는 '체제적 변성'(=The Greatly Soft Change)을 가능하게 해줍니다.

### 프로젝트 정당(政黨)

체제적 변성의 주체는 결국 유권자입니다. 유권자와 NPI-4라는 장기(長期)의 시간 관리목표가 의지로 합치되어 체제적 변성을 하는 것인데, 이 방식에 적합한 유권자의 연합이 요구됩니다. 유권자 연합은 현실의 모습으로 보면 정당(政黨)이라고 할 수 있습니다.

일반 현실의 정당(政黨)이 존립하는 목적은 권력을 획득하기 위함입니다. 그럼 체제적 변성을 위한 유권자 연합에 적합한 정당의 모습은 어떤 것일까요? 일반 정당의 목적과도 상충되지는 않으나 존립목적 등에 있어 추가적인 다른 요소들이 필요합니다. 일반적인 정당의 모습에다 NPI-4를 추구하는 데 필요한 제도들의 입법청원 및 법률화 달성, 그리고 과도헌법을 통한 반영을 정당의 강령(綱領)으로 보장해야 합니다.

그리고 권력의 획득을 위한 유권자 공약(公約)에서 일반 공약과 구별해, NPI-4에 관한 강령의 실천 내용과 방법을 구체적으로 밝히고 그 공약에 대해서는 선언이 아닌 구속적 형태로 실천 일정과 함께 국민에게 제공됩니다. 구속적 형태란 일반 공약과 구별해서, 선거에 승리할 경우 해당 NPI-4의 공약 사항에 대해서는 입법 청원과 헌법 개정 등의 진행이 유권자에게 미리 공약으로 제공된 일정에 자동으로 강제되는 것을 뜻합니다.

이 부분에 있어 정당은 '프로젝트 정당'의 속성을 가집니다. 일종의 '법안(法案) 구매(購買)용 선거'로서 대의제 민주정의 일반 선거와는 구별됩니다. 직접 민주정과 납세 투표결합 등이 아직 실현되지 않은 과도 단계에서 프로젝트 정당은 그러한 역할을 대신하게 됩니다. 그러니까 결합자본주의와 완전 과세, 그리고 국가등록청, 직접 민주정과 납세의 투표 결합에 필요한 제도적 요소들이 없는 상태에서 그러한 요소들을 어떤 일정으로 어떻게 만들겠다는 일정표를 유권자에게 사달라고 유세를 합니다.

그러면 유권자는 그 일정표를 보고 마음에 맞으면 사주게 되는, 즉 그 해당 정당의 후보들을 선출시켜줍니다. 당선 이후 자의적으로 일정표를 바꾸거나 없앨 수 없고, 그 일정표를 반드시 이행하도록 강제되어 있기 때문에 그 일정표를 최대한 많이 소화하고 달성시키는 것이 재선 승리의 기준이 되는 것입니다. 이것이 프로젝트 정당의 개념이자 특징입니다. 선출되고자 후보로 나온 자는 후보로 지정받기 전에 프로젝트 정당의 NPI-4 관련 공약의 일정표에 구속받을 것입니다.

그리고 해당 입법 청원 및 헌법 개정 등의 국회 1차 심사 또는 관련 입법 과정에서의 모든 동의를 사전 확인하고, 해당 권한 동의서를 위임서

양식으로 정당에 제출합니다. 이런 특성으로 '목적 제한 정당' 으로도 부릅니다.

이것은 NPI-4 공약에 관해 완전 귀속적 입법이 가능하여 유권자의 직접성을 관철시키는 효과의 선거 및 정당 구조가 될 수 있습니다. 따라서 유권자는 결합자본주의와 완전 과세, 그리고 국가등록청, 직접 민주정과 납세의 투표 결합에 필요한 제도적 요소들이 없는 상태에서, 그것들을 만드는 NPI-4 관련 공약에 대해서 국회의원의 자의적(恣意的) 결정력을 제거하여 의사 등가성을 보장합니다. 동시에 의사 책임성을 사전에 확보하여 유권자 소외 자체가 없도록 하는 프로젝트 정당이라는 수단을 통해 일반 선거로도 직접 민주정의 효과를 얻을 수 있습니다. 결국 이런 방식으로 NPI-4의 최종적 '헌법 형성적 대체' 를 완성하고 체제적 변성(=The Greatly Soft Change)을 달성합니다.

### 정당(政黨)의 모습

우리나라에서는 왕조를 이루고 있던 시절, 정치적 이해관계를 같이 하는 무리들이 파벌(派閥)을 지어 서로 경쟁하고 권력을 추구하는 정치 양상이 극적으로 발달되어 있었습니다. 오늘날 정당의 모습과 동일하지는 않지만, 그 속성 면에서는 유사한 구조입니다.

오늘날 정당의 원형은 서구의 정치적 산물로, 세계 대부분의 나라가 그것을 수입해 각자 나라마다의 사정에 알맞게 적용시켜 사용하고 있습니다. 그래서 서구의 정당 흐름을 기준으로 보겠습니다.

정당의 기원이 될 만한 것은 왕의 친위당(親衛黨)에서 출발합니다. 왕의 친위당에 대응해서 공화당이 견제의 역할을 하던 시절의 얘기부터입니다. 그리고 왕당(王黨)이 사라지고 현대적 의미의 정당으로서 공화당이, 그보다는 상대적으로 진보적인 민주당과 대응하는 모습으로 자리를 잡아갔습니다. 이

에 대해 민주당보다 진보인 정당들이, 역사상 언제나 존재하고 있는 다양한 정치적 욕구의 불만족과 그에 대한 충족 수단의 제공을 위해 많

은 모습으로 출현합니다. 사회당, 정의당, 종교당, 공산당, 노동당, 환경당, 사회(社會)약자(弱者)당 등의 내용과 표현으로 말입니다. 그리고 이들 다양한 이념들을, 국경을 넘어 공간적으로 이어주는 기능의 국제정당(國際政黨) 등이 있을 것입니다. 상대적으로 보수인 공화, 민주 등의 주류 정당들에 대응한 진보 정당들의 새로운 실험들은 앞으로도 계속될 것입니다.

정당의 모습은 유연하게 변화를 수용하고 있어서인지, 아니면 아직도 제대로 된 정당의 모습을 찾아내지 못했던지, 그것의 흐름은 그렇게 계속 변화되고 있습니다.

여기서는 국가사회가 NPI-4 수준의 헌법 형성적 대체를 완성하는 체제적 변성(=The Greatly Soft Change)의 과정을 진행하는데 있어, 복수정당제와 1당제를 예로 하여 그 특징들을 각각 살펴보겠습니다.

현실에서 나라마다 정당제의 양상은 내용 차원에서 매우 복잡한 모습을 나타납니다. 하지만, 형식 차원에서는 복수정당제 또는 1당제의 두 가지 구조로 비교적 단순하게 나누어볼 수 있습니다. 다만, 여기서 얘기하게 될 복수정당제 또는 1당제는 현실의 상태를 그대로 재현해서 설명하는 것이 아니라, 체제적 변성을 기준으로 한 검토입니다.

검토의 기본 가정으로는 복수정당제이건 1당제이건, 결합자본주의와 완전 과세, 그리고 국가등록청, 직접 민주정과 납세의 투표 결합에 필요한 제도적 요소들이 아직 없는 상태라고 하겠습니다.

그리고 선거에서의 자유와 정당의 내부 운용 및 정당 외부에서의 자유가 실질적, 절차적으로 모두 보장되어 있는 것으로 가정합니다. 이때 설정된 장기(長期)의 국가 목표가 정권의 단위를 넘어서 유지되기 위해, 대통령 또는 국가수반이 헌법 의무로서 NPI 시리즈의 원칙을 준수할 것임을 규정하고, 이를 통해 NPI-4 하의 국가 정책 방향이 장기 차원의 항상성을 확보한다는 조건을, 복수정당제 내의 모든 정당 또는 1당제의 1당이 강령으로 수용하고 있다는 것을 가정으로 하겠습니다.

## 1당제와 복수정당제

복수정당제는 국민의 다양한 정치적 욕구를 말 그대로 복수(複數)의 정당들이 서로 반영해주는 원리입니다. 그러한 구조 하의 정당에서 국가사회 엘리트들이 선거 후보군을 구성해서 국민의 선택을 구하게 됩니다. 소위 '엘리트 은행제도' 입니다.

1당제는 말 자체의 느낌이 독재정치, 폭압정치의 대명사 같은 인상을 줍니다만, 여기서는 그런 의미로 사용하지 않습니다. 복수정당제와 대응하는 정당 구조로만 한정해서 보겠습니다. 복수정당제에 대비해서 1당제는 엘리트 은행제도의 성격이 상대적으로 강합니다. 복수정당제는 정당간 경쟁이라는 외부적 요인이 주요한 권력 투쟁의 양상이지만, 1당제는 내부경쟁이 전부라고 할 수 있습니다.

그렇다고 1당제 내부의 경쟁이 결코 쉽거나 약하지 않습니다. 다른 차원일 뿐입니다. 면접으로 비유하면, 복수정당제의 경쟁은 사장의 1회 면접으로 입사가 결정되는 형식에 해당되고, 1당제의 내부경쟁은 수십 차례 걸쳐서 거의 전 직원들을 상대로 심층면접을 치러야하는 형식입니다. 형식면에서 우열(優劣)의 문제가 아니라, 나라마다 어울리는 적용상의 타당성 문제라고 생각하면 됩니다.

1당제는 경쟁을 주로 내부적으로 보존하고, 정당의 항상성이 매우 안정적으로 유지되는 편이므로 국가 이념의 일관성 있는 계승과 변화를 추구하는 데 효과적입니다. 그러나 현실에서 다양성 있는 정치적 욕구를 담아내는 것에는 자연적 한계가 있습니다. 한편, 복수정당제와 정당의 형식면으로만 비교하면, 1당제는 정치적 관성을 지키는데 유리한 보수적인 구조입니다.

다만 다양한 정치적 욕구를 담아내는 측면에서의 자연적 한계는 어쩔 수 없습니다. 당 내부에서 이러한 다양한 정치적 욕구를 반영할 수 있는 진보파의 허용이라든지 비주류 활성책 등이 보완책일 수 있습니다. 그럼으로써 내부 경쟁에서 외부 경쟁적 성격을 반영할 수 있습니다.

종합하면, 1당제는 당의 이념을 구체화한 최고 강령과 실천 목적에 동조하면 당내로 진입해서 동조의 강약과 방법론의 차이를 동인(動因)으로 하여, 계파 간 분리와 경쟁을 통해 NPI 시리즈에 반응하는 정당 시스템입니다.

그러면서 최종적으로 NPI-4의 체제적 변성을 실행하는 시스템으로 이해할 수 있습니다. 단, 여기에는 검토의 시작 부분에서 정당 외부에서의 자유가 실질적, 절차적으로 모두 보장되어 있는 것으로 가정한 그대로입니다. 1당제이므로 정당의 형식이 아닌 민간 차원의 정치적 연대와 활동이 보장되고, 1당에 대한 의사반영과 당내 진입 및 퇴장이 자유롭다는 조건입니다.

**NPI 시리즈와 정당(政黨)**

복수정당제는 경쟁이 주로 외부적으로 존재하고, 내부 결집과 외부 견제를 통해 정당의 항상성을 유지합니다. 그렇게 해서 NPI-1, NPI-2의 단기적인 목표에 최종적으로 NPI-4의 체제적 변성을 실행하는 국가 이념을 조합시키려는 시스템으로 이해할 수 있습니다.

정당 외부에서의 자유가 실질적, 절차적으로 모두 보장되어 있는 것으로 가정한 것은, 정당의 형식으로든 또는 정당의 형식이 아닌 다른 형태로든 복수정당에 대한 당내 진입과 퇴장이 자유롭고 민간 차원의 정치적 연대와 활동이 보장되어 정당들에 대한 의사반영이 자유롭다는 것을 의미합니다.

여기서 살펴보는 1당제의 모습은 당연히 1개의 정당이 존재하는 모습이나, 실질은 복수정당제의 특징을 가질 수도 있습니다. 반대로 현실에서 일부 나라의 복수정당제 모습은 형식은 복수정당제이나 넓은 의미에서 여러 정당의 실질이 사실상 공유되는 부분이 많아 실질의 차원에서 1개의 정당으로 볼 수 있기도 합니다.

엄격하지 않게 보자면, 사실상 1당제와 복수정당제는 설정된 NPI-4 하의 국가 정책 방향이 장기(長期) 차원의 항상성을 모두 가지고 있다는 조건에서, 같은 시스템으로 이해할 수도 있습니다.

따라서 NPI-4의 최종적 체제 변성을 달성하는데 있어, 나라마다의 사정에 따라 복수정당제와 1당제의 구조적 특성 중 어느 쪽이 장점으로 더 많이 작동될 수 있는지를 기준으로 선택하는 것이 바람직할 것입니다.

요약하면, 여기서 검토하고 있는 1당제는 NPI-4의 최종적 체제변성의 목표를 최고 이념과 강령으로 NPI 시리즈에 반응하는 정당의 수(數)를 하나로 제한함으로써, NPI-4의 항상성 유지에 안정성을 높이는 것입니다.

NPI-4에 반대되는 이념은 보장하되 그 한계를 1당제 자체로 규정하는데, 그 한계란 봉쇄적 한계가 아니라 NPI-4의 최고 이념 내에서 자유롭게 허용되는 한계입니다. 따라서 당내로의 진입이 자유롭습니다. NPI-4의 최고 이념 자체에 대한 직접 대응은 당내에서는 허용하지 않도록 제한됩니다.

단, 그러한 제한은, NPI-4의 실행에 대한 속도의 가감 또는 요소 실행의 다른 방법론 등을 당 외부에서 당 내부로 반영시킬 수 있도록 허용되는 제한적 제한입니다. 이것은 지금 검토하고 있는 내용의 가정 상 복수정당제에서도 유사합니다.

만약 그 제한을 넘어 NPI-4의 최고 이념 자체를 일부 또는 전부를 대체하거나 바꾸려면, 장기(長期)의 체제적 변성 과정이 아닌 1회적 충격의 혁명이라는 방법으로, NPI 시리즈를 기반으로 하는 체제 자체를 전복시키는 것을 전제로 해야 합니다. 그런 다음 해당 혁명이 성공하면, 체제 자체를 혁명 이념으로 바꾸고 NPI 시리즈가 아닌 다시 방법론으로 다른 국가사회를 만드는 겁니다.

그러나 현실에서 보면 복수정당제의 상황에서는 이념 수준의 대응이 꼭 그런 파국으로 해결되는 모습만은 아닙니다. 대의제 민주정을 국가사회의 주도적인 정치제도로 운영하면서도 공산당 등 이념 대응 차원의 정당들이 함께 어우러져 유지되고 있기도 합니다. 이런 측면에서 이념의 스펙트럼을 다양성 있게 반영할 수 있는 특징은 복수정당제가 더 큽니다. 따라서 복수정당제는 1당제에 비해서는 다양성의 반영에 있어 당연히 더 유리합니다.

그렇다고 이런 특징을 살리는 것이 1당제에서 불가능한 얘기는 아닙니다. 당의 존재 형식을 1개로 제한한다는 조건 하에서도 이념의 다양성을, NPI-4 내에서라면 당내에서도 계파로 흡수할 수 있는 탄력성은 가능합니다. 제도 운영에 따라 절차적 타당성을 반대 이념에서도 수용한다는 상호주의에 의해 얼마든지 수용, 공존할 수 있습니다.

다만, 1당제도와 복수정당제의 경계가 모호해지는 경향은 위에서도 언급한 대로 NPI 시리즈의 진행에 따라 심화될 것입니다. 현실에서 종합선물세트 형식의 그러한 복합 성향을 가진 정당들이 출현하고 더욱 많아지는 경향과 유사합니다. 진보와 보수의 교집합(交集合)적 결합 정당들은 유권자들의 취향을 최대한으로 담아내려는 현실의 노력과 부합되는 모습의 정당들입니다.

이 논리는 근본적으로 여기서 검토하고 있는 1당제와 복수정당제의 모든 정당에 전제되는 요소입니다. 두 시스템 간의 동조화 속에서 각 나름의 특징을 가지고 있는 것으로 생각할 수 있습니다.

복수정당제는 1당제에 비교해서는 좀더 민감하게 유권자의 의사에 반응할 수 있도록 새로운 형식과 내용의 정당들을 실험하기에 적합할 수 있습니다. 그러나 현실의 모습에서 그 탄력성은 1당제도의 운영방식에 따라서는 양쪽이 큰 차이가 없을 수도 있습니다. 방식 자체가 탄력성이 높을 수 있는 구조입니다.

정당의 존재 형식인 1당제와 복수정당제에 있어, 결합자본주의와 완전과세, 그리고 국가등록청, 직접 민주정과 납세의 투표 결합에 필요한 제도적 요소들이 아직 없는 상태라는 검토의 가정에서, NPI 시리즈를 진행하는 데 있어 유권자의 의사 반영성이 어느 수준으로 확보되느냐는, 정당의 존재 형식과 함께 또 하나의 중요한 문제입니다. 이것은 선거의 종류와 관련되는데 직접 선거 또는 간접 선거로 구분되는 선거의 종류에 따라서 유권자의 의사 반영성 정도는 일정하게 영향을 받습니다. 선거 종류와 정당의 존재 형식 간의 연결은 특정한 조합으로 구속되어야 할 문제는 아닙니다.

따라서 NPI-4의 체제적 변성에 효과적이라는 내용은 특정한 조합으로 전제되는 사항이 아니라, NPI 시리즈를 진행하는 상황에서의 기본 체계와 과정의 갈등, 그리고 현실과 전망의 오차에 대한 계속적인 조정이 반영되어야 하는 유연한 조합이 요구됩니다.

이러한 계속적인 조합의 조정 기준은 언제나 NPI-4를 위한 유권자의 의사 반영 비례의 정도입니다.

즉 국가등록청과 납세의 투표 결합이라는 공통의 연결소자를 매개물로 해서, 각기 다른 정치경제 제도의 모습들이 결국 NPI-4 수준에서 결합자본주의와 완전 과세를 달성하는 것에, 어떤 조합이 상대적으로 더 효과적인가가 판단의 기준이라는 뜻입니다.

### 방법론에 관한 짧은 평가

지금까지 제I부와 제II부를 통해 경제제도의 제작원형(Prototype)으로서 결합자본주의를 구성하고, 이 원형을 각 나라마다의 정치체제와 결합하여 국가체제를 새롭게 구축(Building)할 수 있도록 공통의 연결소자를 함께 만들어 제공하려고 했습니다.

그에 따라 새로운 경제제도의 제작원형(Prototype)인 결합자본주의와 완전 과세 부분이 합성된 새로운 정치경제 제도를 만들었습니다. 이 상태의 완전 과세를 국가등록청의 시스템과 함께 직접 민주정의 요소들을 구현하는 수단으로 해서 공통의 연결소자를 완성했습니다.

특히 이번 장에서는 이것들을 현실에서 구체화하는 내용에 대해 간단히 살펴보았습니다. 그런데 그 내용과 방법론의 제시에 있어서, 충분함을 전제로 할 수는 없는 부분입니다.

그 방법론이라는 것이 고정된 하나의 물체처럼 완성된 자체가 아니기 때문입니다. 유권자가 이것을 실현해 나가는 데 여러 가지 방법론이 있을 것입니다. 방법론의 완성은 현실을 기반으로 하는, 긴 시간의 구체화 작업들과 연동해서 상호 교호(交互)하여 수정되고 최적화되어 변화하면서 완성되어 나갈 것이라고 했습니다. 그렇기 때문에 현실은 시간의 문제를 동반합니다.

이러한 현실성의 측면 때문에 이번 장은, 이번 장을 제외한 제I부와 제II부의 내용들처럼 모든 것이 분명하게 재단(裁斷)되지 않고 있는 분위기였습니다. 그리고 조건이나 가정이 더 많이 붙을 수밖에 없었습니다.

선거 종류와 정당제도의 연결에서, 장기(長期, long term)라는 개념으로 정의된 시간을 따라 NPI 시리즈를 진행하는 과정을 살펴보았습니다. 기본 체계와 과정의 갈등 그리고 현실과 전망 사이의 오차에 관한, 계속적인 조정이 반영되는 유연한 조합을 현실과 반응하며 찾아가는 모습이었습니다.

이와 마찬가지로 이번 장에서 살펴본 다른 모든 부분들과, 살펴보지는 않았지만 관계있는 모든 것들은 이 책의 주제적 요소들과 함께 현실을 만나 스스로, 또는 함께 할 모두에 의해 채워지며 완성되는 모습으로 변해갈 것입니다.

### 예언

이 책에서 만들어낸 주제적 요소들과 제시하는 목표가 현실적으로 달성되는 것이 우리 모두의 목표가 되길 우선 희망합니다.

그리고 향후 세계의 보편적 국가체제의 형식과 내용으로 공유되기를 기원합니다. 무엇보다 이 책의 주제적 요소들을 현실에서 보다 효과적이고 안전하게 구현할 수 있는 방법들이 더 많이 만들어져야 합니다.

만들어진 방법들은 이 책을 회당(會堂)삼아 모두 모일 것입니다.

회당(會堂)을 지어놓은 저자(著者)도 이제 모두로 돌아가, 그러한 방법들을 더 고민하고 실천하는 노력을 하겠습니다.

예언(豫言)컨대, 그렇게 구현된 새로운 세상은 우리들이 아닌 우리의 후손(後孫)들이 살게 될 세상일 것입니다.

가나안에 도착한 것은, 애굽을 탈출해 가나안을 향해 떠난 그들이 아니라 그들의 후손이었듯 말입니다. 그것을 알기에, 새로운 세상 가나안의 주인으로 우리의 후손들 모두가 행복하고 자유롭게 살 수 있는 그날을 위해, 회당(會堂)에 모인 우리는 떠나기 위해 지금 준비해야 합니다.

끝

# Now We Are Free

# 부 록

## 부록 1.

사유 불완전성을 극복하기 위해서는 언어 파괴를 해야 하는데, 이 방법론의 전개에 필요한 불가능을 다루는 논리를 먼저 살펴본다.

이때 방법론의 규칙은, 다음과 같다.

원인에 의한 결과 유도 즉 원인이 결과를 낳는다는 전통적 인과율을 파괴하되 (=결과가 원인의 원인이 되도록 하여 본래의 원인을 파괴하되), 이와 동시에 반드시 결과를 낳았던 원인을 보존해야 한다. (전제원인이 보존되지 않으면 원인을 파괴하는 결과도 원인 파괴의 과정 대상에 포함되어 파괴되므로 -요컨대 모순 논리 형식에 의거하여 파괴 과정이 발생하지 못한다.- 따라서 전통적 인과율의 파괴는 원인을 보존해야만 가능해진다. 물론 이때 가능 논리 형식은 중용에 의지한다)

'언어를 파괴하기 위해 언어를 파괴하는 방법' 이라는 것의 진리값은 NPRNPR 의 진리값과 동일하다. NPRNPR은 논리식이다. N=가능하지 않음, P=표기함, R=반복함 을 나타낸다.

따라서 이 식 NPRNPR의 진리치는 반복해서 표기함이 가능하지 않은 부분 논리식의 반복이므로 진리값 자체는 불능이다.

'언어를 파괴하기 위해 언어를 파괴하는 방법' 의 가능 진리값은 NPRNPR의 논리 구조와 동일한 명제식이다. 여기서, 불가능 자체를 가능 자체로 불가능 상태에서 바꾸는 것은 불가능 상태이기 때문에 불가능하다. 그런데 불가능 자체를 불가능 상태에서 가능 상태로 빼내온 후 그 불가능을 가능으로 바꾸는 것은 가능 상태이기 때문에 가능하다.

이것을 실제로 해보면 다음과 같다.

자유적 유동점(流動點)에 의한 무한 평면에서 삼차 곡선 f(x)와 직선 g(x)가 있을 때,

직선 g(x)의 위치에 따른 f(x)와의 교점을 P, Q 라 하자.

이 때 교점은 접점과 다르고 자유적 유동점이란 무한 평면에서 경계에 대한 교차를 제외 하고는 언제나 자유롭게 흐르고 이동하는 일반의 점이다.

f(x)에 의해 나누어진 두 자유적 유동점에 의한 무한 평면을 각각 S1, S2라 하고 S1 위의 임의의 자유적 유동점을 S1' , S2 위의 임의의 자유적 유동점을 S2' 라 하자.

가정 시의 x 좌표의 크기에 따라

1) S1' 〈P〈S2' 라 가정할 때,

S1' 은 g(x) 위를 흘러 이동 하지만 경계와의 교차에 의해 P를 지나 S2로 빠져 나가지 못하며 S2' 도 마찬가지다.

2) S2' 〈P〈S1' 라 가정할 때,

이 때는 1)과 동일하다.

3)임의 의 두 S1' 을 A, B 라 하고

a. A〈Q〈B 라 가정할 때,

A는 g(x) 위를 흘러 경계와 교차하지 않으면서 Q를 지나 B의 위치로 이동한다.

b. B〈Q〈A 라 가정할 때,

이 때는 a와 동일하다.

4)임의의 두 S2' 를 C, D 라 하고

c. C〈Q〈D 라 가정할 때,

C는 g(x) 위를 흘러 경계와 교차하지 않으면서 Q를 지나 D의 위치로 이동한다.

d. D〈Q〈B 라 가정할 때,

마찬가지로 c와 동일하다.

이것을 이용하여 월면경로(越面 經路) 즉 불가능 상태에서 가능 상태로 빠져 나올 수 있는 길을 찾아보자.

삼차 곡선 f(x)의 이계도 함수 f(x)'' =0 인 x값을 H 라 하면 점(H, f(H))를 항상 지나는 일차 직선은 y−f(H)=f(H)' (x−H) 이다. (단, f(x)의 일계도 함수= f(x)' )

이 일차 직선은 f(x)에 의해 나누어진 두 무한 평면의 월면경로가 된다. 나누어진 두 평면의 한 쪽을 불가능 상태라고 하면 다른 쪽은 가능 상태가 되는 거고 한 쪽 면에서 다른 쪽 면으로 넘는 것은 불가능 상태에서 가능 상태로 빠져 나가는 것을 의미한다. 즉, 임의의 S1' 은 이 일차 직선 위를 흘러 경계와 교차하지 않으면서 단지 접한 상태로 접점(H, f(H))을 지나 S2로 월면하고 S2' 도 마찬가지로 S1로 월면 된다.

지금까지의 월면 경로에 대한 해석은 다음의 문장에서 밑줄 쳐진 내용을 방법론적으로 실행한 것이다. "불가능 자체를 가능 자체로 불가능 상태에서 바꾸는 것은 불가능 상태이기 때문에 불가능하다. 그런데 불가능 자체를 불가능 상태에서 가능 상태로 빼내온 후 그 불가능을 가능으로 바꾸는 것은 가능 상태이기 때문에 가능하다."

즉 불가능을 가능으로 바꾸기 위한 상태의 변환 방법을 수립하여 수행한 것이다. 불가능의 가능화를 위한 전제인 상태 변환을 위한 방법이다.

그런데 이 방법의 멋진 점은 이 방법은 상태 변환 방법인데 상태 변환이 실행되면서 이 변환의 실행 자체가 불가능의 가능 전환을 수반하도록 장치된 반응 구조로 되어져 있다는 것이다.

두 가지 목적이 하나의 과정 방법으로 실현된다. 상태 변환과 불가능의 가능 전환이 동시에 이루어지는 것이다. 상태 변환을 하다 보면 불가능의 가능 전환이 자동적으로 실행된다.

위의 방법에 의해 언어를 파괴한 상태로 진입할 수 있다. 이제 그 길을 따라가 본다. 변질된 언어의 현상에 대한 존재 확률은 1이고 실재 확률은 0이다. 이 확률 상태의 언어를 가지고, 임의의 원주 위에 세 점을 잡아 삼각형을 만들 때 이 삼각형이 직각 삼각형이 될 확률을 구해 보자. 원주 위의 임의의 점P를 잡는다. 이 때 점P의 원중심에 대한 대칭점을 점P' 라 하자. 이 때 점P는 삼각형의 세 꼭지점 중 첫 번째 점으로 추적 확률의 결정에 영향을 미치지 않는 비확률 근거이다.

그러고 나서 두 번째 점Q를 잡는다.

이때 점Q의 대칭점을 점Q' 라 하면,

a) P' =Q일 때

세 번째 점R은 어느 곳이나 추적 상태를 이룬다.

따라서 구하고자 하는 확률은

(1/무한대)X(무한대/무한대) 이므로 0이 된다.

b) P' 가 Q가 아닐 때

세 번째 점R은 점P' 또는 점Q' 일 때만 추적 상태를 이룬다.

따라서 [(무한대-1)/(무한대)](2/무한대) 인 0이 구하고자 하는 확률이 된다.

여기서 문제 성립의 조건이 삼각형이므로 P, Q, R은 추적 확률에 관계없이 원주의 서로 다른 곳에 위치한다. 구해진 이 상태의 현상에 대한 존재 확률은 0 이고, 실재 확률은 1이 된다. 드디어 언어가 파괴된 상태가 되었다. 그리고 각을 일반화 시키면 원주 위의 모든 삼각형에 대해 이 논리를 적용시킬 수 있다. 이곳이 바로 언어가 파괴된 상태의 실재하나 존재치 않는 순수의 세계다. 그 안으로 들어가 보자.

참고로 위의 방법론에서, 세 점 중 두 점은 시간과 공간에 대응하고 나머지 한 점은 현상에 대응하며 본문의 과정대로 창조된 순수의 세계에 모든 현상(존재와 실재)이 대응한다.

우주의 모든 현상이 발현 하는 데에 필요한 2대 요소가 시간과 공간이다. 즉 모든 전체의 현상은 시간과 공간만으로 환언 된다. 구체물이건 비구체물이건 질량이 있거나 없거나에 상관없이 이 우주의 안과 밖 모든 것은 시간과 공간만 있으면 다룰 수 있다. 이러기 위해 이 모든 현상 실재와 존재를 C 라 하고 W의 범위를 0에서 무한대까지, 그리고 M을 기본 질량이라 하면 C=WM 으로 표기된다.

이 때 C의 에너지를 0의 상태로 만들면 모두 다른 C는 모두 같은 상태의 C가 된다. 결국 에너지가 0으로 수렴되면서 질량이 0으로 함께 수렴되는데 이는 C가 점의 상태로 변환됨을 의미한다.

이렇게 되면 내가 찾았던 순수의 세계 위에 곧 그 원주 위에다 이쪽 세계의 모든 현상을 점의 상태로 옮겨다 놓을 수 있게 된다. 물론 이렇게 들어갈 저쪽 세계에서도 변환 과정에서 같은 상태로 간주되었던 C는 시간과 공간에 의해 그들 고유의 개체성을 회복하게 된다.

언어의 상태 변환을 실행하면서 언어의 불가능성이 가능성으로 바뀌게 되고 이것으로 변질된 상태의 언어는 언어 파괴가 실현된다. 이렇게 하여 '실재' (=언어에 의해 드러나거나 아직 드러나지 않은 모든 현상 그 자체이며 언어를 벗겨낸 모든 것)의 세계를 창조하는 것이다.

위의 방법론은 바로 이렇게 창조된 세계로 모든 현상(존재와 실재)을 옮기는 방법과 과정이다. 즉 본문에서 말한 '이쪽 세계' 인 현상 세계의 만물을 창조된 세계에다 로고스로 새롭게 창조하는 것이다. 이때의 로고스는 물론 변질된 언어가 파괴된 뒤의 언어 곧 이브가 신에게서 획득했던 언어와 상태적으로 '동위' 인 언어이다. 신의 언어 상태 즉 완전언어인 것이다. 결국 이 때의 로고스 상태는 완전언어의 상태와 같다. 다만 '상태가 같다' 는 것은 정확히 표현하자면 '동위' 라는 것을 의미한다.(동위와 관련된 상태의 개념 분류 및 '동위' 와 '실재' 의 표상 여부에 대한 관련 분석은 언어 변질에 관한 수업 내용의 중간에서 자세히 설명되어 있다.)

그것은 신의 언어는 존재와 실재가 실존으로 합일된 언어이지만 여기에서의 파괴한 상태의 언어는 완전 언어 그것 자체와는 구분된다. 변질된 언어를 파괴하므로 해서 '현상에 대한 존재 확률' (=존재 확률)을 0으로 만들고, '현상에 대한 실재 확률' (=실재 확률)이 0이던 것을 1로 회복한 것이기 때문이다.

완전 언어 자체의 복구가 아닌 완전 언어로의 상태 복구이다. 상태 복구는 실재의 표상이 회복된 상태를 의미하며 결국 완전 언어와의 동위화를 의미하는 것이다. 상태의 복구는 형식의 재건이 아니라 변질된 언어를 파괴하여 실재의 표상이 가능해지도록 하는 것을 의미한다. 언어의 존재적 표상 측면과는 무관한 즉 결과되는 언어 형식의 복구와는 무관한 작업이다.

'완전 언어의 상태' 란 실재 확률이 1이고 존재 확률이 0인 상태를 의미한다. 그리고 '완전 언어' 란 실재와 존재가 합일된 실존을 표상하는 언어를 의미한다. 이렇기 때문에 같은 상태의 즉 동위의 언어 수단으로 작업이 이루어지고 있다.

완전 언어를 변질된 언어의 두 가지 표상 요소인 '존재' 요소와 '실재' 요소로 서로 분리 분석하여 변질된 언어의 파괴 전, 후를 비교해보면 언어 파괴로 인한 변질 언어의 완전 언어로의 동위화를 분석해 볼 수 있다.

'완전 언어' 의 '존재 확률' 가능 범위는 0~1이고, '완전 언어' 의 '실재 확률' 의 가능 범위는 1~1이다. 완전 언어는 이 두 요소 확률의 합일이 된 것이다. 변질된 언어는 실재 확률이 0이고 존재 확률은 1이다.

이 변질된 언어의 파괴 후에는 실재 확률이 1, 존재 확률이 0으로 변한다. 따라서 언어 파괴 후의 언어는 실재와 존재의 합일되기 전의 언어로 형식은 존재 확률의 범위인 0~1에 포함되면서 완전 언어와 실재 확률은 일치하게 되는 동위가 된다.

완전 언어의 존재 확률 범위가 0~1이므로 완전 언어의 존재적 상태인 형식 가능수는 무한대가 된다.

완전 언어, 변질된 언어, 변질 언어의 파괴 후의 언어를 두 요소를 기준으로 서로 비교해 보면 완전 언어와 파괴 언어의 동위가 분명해진다.

완전 언어의 존재 확률 가능 범위는 0~1, 실재 확률 가능 범위는 1~1,

변질 언어의 존재 확률 가능 범위는 1~1, 실재 확률 가능 범위는 0~0,

파괴 언어의 존재 확률 가능 범위는 0~0, 실재 확률 가능 범위는 1~1 이다.

따라서 완전 언어와 파괴 언어는 '실재' 요소의 측면에서 동위이며 파괴 언어의 '존재' 요소 측면의 형식은 완전 언어의 범위에 포함된다. 그러나 변질 언어의 경우 형식은 완전 언어의 범위에 포함되나 실재 요소의 측면에서는 동위가 되지 않는 것을 알 수 있다.

만물의 로고스화를 통해 모든 현상이 옮겨진 이 신세계에서 이 신세계로 옮겼던 과정을 그대로 거꾸로 진행시키면 로고스가 만물로 창조되는 것이다. 즉 로고스의 만물화가 되는 것이다.(창세기 1장 1절) '세계' 라는 말은 '우주' 로 등치된다.

이렇게 창조한 시,공간을 살펴본다.

t' 를 시간 흐름의 관념화된 기호로 정의하고 t"은 t' 의 최소라고 정의해보자.

시간은 공간의 이동인데 이는 공간 자체와는 구별되고 따라서 시간은 공간의 이동임과 동시에 t' 은 공간 이동의 흐름으로 구별 된다.

t' 〉0 인 상태를 실우주(實宇宙)라고 임의 정의하여 실우주 N시간에서의 시공 위상(時空位相)은 N을 반지름으로 하는 원의 원주 길이와 같게 된다.

이를 일반화 시켜 보면,

실우주 전체의 시,공 위상=2(N+Rt' ) 이고,

이때 R은 (−N/t' )〈 R ≤(∞−N)/t' 인 실수이다.

R을 −N/t' 로 수렴시켜 보면 시,공 위상이 0으로 수렴하는 점속적(點屬的) 상태이며, 실우주와 t' 〈0인 허우주(虛宇宙)의 경계인 무한바닥 상태에 도달하게 된다.

실우주는 대충 원뿔을 거꾸로 세워 놓은 모양이고, 이 원뿔의 꼭지점에 높이가 없는 무한한 평면으로서의 무한 바닥이 닿아있다. 원뿔의 단면이 원이 되도록 짤라 보면 속은 비어 있으며 또한 이 원들 하나하나가 실우주의 단속 시,공 위상을 이룬다. 그리고 R〈(−N/t' )인 허우주는, R이 음의 방향에서 −N/t' 으로 수렴하고 있는 상태만이 도해가 가능하다.

즉 lim[t' →−0]의 방향에서 추적해 보는 것인데, 무한바닥이 −방향으로 휘어져 다시 원래의 무한바닥인 lim[t' →+0]와 동위 상태를 유지한다.(이것을 동위동상(同位同像)이라고 한다) 따라서 lim[t' →−0]=lim[t' →±0]를 만족하면서 −0의 영역에서도 상태적으로는 무한바닥을 그대로 유지하므로, 그 형태는 '로저 펜로스' (영국 옥스퍼드대학 라우즈 볼 기념강좌 교수, 스티븐 호킹 박사와 공동으로 '특이점 정리' 발표)의 트위스터 이론의 도해적 형상과 유사하다.

실제로 무한바닥의 lim[t' →±0] 상태를 여러개 겹치면 수직단면 구조가 거의 비슷해진다. 이것은 시,공 위상을 통해 시원적 상태로 살펴본 물질의 궁극적 모습과, 시간을 제외하고 물질 자체를 단위로 살펴본 궁극적 모습이 서로 유사함을 의미하는 결과다.

(☞ 단속적 궁극이 공간 외에 시간을 함께 고려하면 연속적 궁극으로 통하는 것을 보여주는 것인데, 흥미로운 일입니다.)

현상 C는 시간과 공간을 두 점으로 하는 삼각형의 나머지 한 점으로 표현 되며 시,공 위상을 이루었다. 원뿔의 옆면을 반지름으로 하는 반원에서 원뿔각의 절반을 시,공 위상의 '개별화 대수' 이다. 원뿔각의 절반을 A라 하고 A를 실우주의 시,공 위상의 '개별화 대수' 라하여, 0<[A=A1, A2]<(π/2), A1<A2, P=0을 포함한 양의 정수 라 하면,

절대 시간=t"P, 비교 시간=t"P(1-cosA), 상대 시간=t"P(sinA)로 하면, 여기에서 절대 시간은 원뿔의 옆면에 해당하는 반원의 반지름과 일치한다.

원뿔의 옆면을 반지름으로 하는 반원 자체를 원으로 확장하고 이 원의 상태를 단속 시,공 위상으로 하여 현상 C를 볼 때 절대 시간은 현상 C의 개별화 대수에 관계없이 일정하게 유지된다.

동시에 비교 시간에 의해 현상 C는 개별화 되어 개별화 대수를 유효하다.

단면에 해당하는 원으로 위상 분석할 때는 '단속' 이라는 용어( '단속 위상' )를 사용하여 원뿔 자체로 위상 분석할 때와 대비하여 쓴다.

여기서, 완전 언어와 동위인 파괴한 언어로 창조한 신세계를 현상 발현의 2대 요소인 시간과 공간을 통해 분석하면,

P, Q는 정수이며 P<Q이고 P' =Q-P일 때,

임의의 시간 t"P에서 미래 시점으로 t"P' 만큼 흘렀을 때의 미래 시점 t"Q에서 t"P' 와 t"P의 시,공 위상을 모두 보존하며, 따라서 t"Q의 시,공 위상은 t"P와 t"P' 의 시,공 위상의 합과 동일하다. 그리고 2(N+Rt' )의 -N/t' 에서 0까지의 정적분 값이 N시간에서 t' 로 나타낸 실재와 존재로서의 현상 C가 점적(點的)인 상태로 속(屬)하는 근거가 된다.

성서에 나오는 종말의 시점을, Xe라는 종말 대수를 사용해 위의 방법론으로  분석해 보면, i가 0에서 Xe인 실수라고 하면, t' i의 시,공 위상은

2t' i이고, t' (Xe/2)의 시,공 위상은 t' Xe, t' Xe의 시,공 위상은 2t' Xe이다. 단, Xe는 0이 아니다.

그리고, 요한 계시록 21,22장은 R을 −N/t' 으로 수렴시킬 때의 2(N+Rt' ) 값이 나타내는 상태를 나타내고 있다.

이 때 2t' i=0이므로,

1) i=0 : 창세기 1장 1절을 나타내고,

2) t' =0 : Xe가 0이 아니므로 t' 가 0이면 2t' Xe는 R을 −N/t' 로 수렴시킨 N+Rt' 의 시,공 위상을 나타낸단다. 이것은 요한 계시록 22장 중에 특히 13절을 표현한다.

이는 언어를 파괴한 후 그 방법론적 틀로 성서를 분석한 것이다.

지금 살펴보고 있는 세계에서 원은 실재와 존재의 가능 완전 위상이고, 점은 원을 구성하며 존재의 점속 상태와 점속(點屬)된 각개의 실재를 나타낸다.

점속 점의 하나를 점Em이라하고,

점Em의 발현 요소를 점Tm과 점Sm라 하면 점Em, 점Tm, 점Sm은 모두 동일 원 즉 같은 시,공 위상에 점속된다.

임의의 원이 있다.

이 원의 일부인 호TmSm=L1, 호SmEm=L2, 호EmTm=L3에서 L1+L2+L3=L(=이 원의 원주 길이) 일 때,

점Em의 존재 확률=(L/L)(2/무한대−1)(1/무한대−2)=0 이고,

점Em의 실재적 가능성=(L/L)(1/2)(1/1)(무한대)=무한대가 된다. 이것은 점Em의 실재와 존재로서의 가능성을 설명하고 있는데, 따라서 '실재' 는 확실하나 '존재' 는 가능할 뿐이다.

완전 언어와 동위인, 파괴 언어로 창조한 곳에 대한 분석이 이어지고 있다. 그리고 방법론 수립이나 방법론 자체에 대한 분석 후 그 방법론으로 주제적 분석이 전개되고 있는 중이다.

실재하나 존재 하지 않는 나의 불확실성에 대한 확신에 관해 데카르트의 방법적 회의의 실패라는 측면에서 살펴보자. 이것은 실재를 표상하는 완벽하게 객관적인 메타언어로서의, 진리를 발견하기 위해 구성할 수 있는 언어의 창조 방법인 상태적으로 동위인 새로운 로고스의 창조 결과에 따라서만이 분석이 가능해진 것이다.

A를 실우주의 시,공 위상의 개별화 대수라하고,

0〈[A=A1,A2]〈(π/2), A1〈A2, P는 0을 포함한 양의 정수 라 하면,

절대 시간=t"P, 비교 시간=t"P(1-cosA), 상대 시간=t"P(sinA) 이다.

이때, A결정력이 t"P(A2-A1)으로 확인되므로 데카르트의 방법적 회의는 실패 된다. 따라서 '나는 부정하고 있는 나의 부정에 대한 부정을 부정한다.' 라는 명제가 성립하게 된다.

존재 확률과 실재적 가능성 그리고 A결정력에 의해 '나' 는 항상성을 바탕으로 하는 전체의 부분인 소아(小我)와 비항상성을 바탕으로 하는 부분의 전체인 대아(大我)로 나누어진다. 따라서 대아는 모든 소아이고 모든 소아는 대아이다.

대아는 [모든 존재 확률의 총합=0]과 [모든 실재적 가능성의 총합=무한대]의 합이 무한대 이고, 소아도 [단속 존재 확률 즉 임의의 어떤 소아의 존재 확률=0]과 [단속 가능성=무한대]의 합이 무한대이다.

이는 소아의 방향과 기울기를 대아와의 전체적 일치로도 나타낼 수 있는데, 즉 소아 상태인 모든 A가 대아의 상태인 (π/2)(t"P)(t"P)에 포함된다. 여기서 소아의 항상성은 A1과 A2가 서로 다름으로 유지되고, 대아의 비항상성은 (π/2)(t"P)(t"P)로 유지됨을 알 수 있다.

지금 이 부분의 내용은 인식불가능성의 극복 논리를 제공하는 방법론이기도 하다.

특히 이것은 사유 불가능성의 극복을 위한 방법론과 마찬가지로 이 부분 분석의 규칙인, 원인에 의한 결과 유도 즉 원인이 결과를 낳는다는 전통적 인과율을 파괴하되(=결과가 원인의 원인이 되도록 하여 본래의 원

인을 파괴하되), 이와 동시에 반드시 결과를 낳았던 원인을 보존해야 한다. 전제원인이 보존되지 않으면 원인을 파괴하는 결과도 원인 파괴의 과정 대상에 포함되어 파괴되므로 –요컨대 모순 논리 형식에 의거하여 파괴 과정이 발생하지 못한다– 따라서 전통적 인과율의 파괴는 원인을 보존해야만 가능해진다. 물론 이때 가능 논리 형식은 중용에 의지한다. 이러한 원리가 적용되고 지켜지면서 방법론의 수립과 전개가 이루어지고 있는 것을 보여준다.

단속 위상 위의 현상 C(임의의 점으로 표현)가 음의 방향으로 출발하여 무한 바닥을 통과하고 R이 음의 방향에서 –N/t' 으로 수렴하고 있는 R〈(–N/t' )인 허우주의 상태인 무한 바닥의 아래 쪽 표면을 진행하여 다시 무한 바닥으로 온 뒤 결국 출발 상태의 단속 위상 위로 도달된다. 출발점과 도달점은 위상 회전에 의해 동위한 점으로 환원된다.

단속 위상(☜ '각이 없는' 이라는 차원에서 완전의 개념과 동위인 원으로 표현할 수 있다) 위의 모든 점은 합동인 동시에 합일이다. 즉 경계가 없음을 만족한다. 따라서 단속 위상 자체가 회전 하고 있는 상태이다. 그 회전에 의한 현상 C의 표상 전개는 모든 회전에 대해 동일하다. 이 과정을 분석해보면 다음과 같다.

현상 C의 표상 전개
=(소아의 위상 상태)/(대아의 위상 상태)
=(대아의 위상 상태)/(대아의 위상 상태)
=위상 자체의 상태 확률=위상의 회전 상태 전개
=표상 전개
=1(대아와 소아의 위상 상태 동준에 의해)
=Cp

단속 상태 전개=lim[1×1×1×1...... ×1×1=1]$^n$=1
≠1+1+1+1.......+1=∞=연속 상태 전개

표상 전개=회전=위상 자체의 상태 전개
=lim[현상 C의 위상 상태 전개=Cp]$^n$

lim[현상 C의 위상 상태 전개=Cp]$^n$=단속성 상태 전개(상태 내 회전)
Cp=연속성 상태 전개(상태 간 관속)

임의의 Cn−1, Cn, Cn+1의 표시 관계에서,
위상의 전개 표시로 n=時위상이고 시간 n〉시간 n−1이다.
Cn−1의 크기와 Cn 그리고 Cn+1의 크기는 비교 불가하다. 위상의 차이를 크기로 표시한 것으로 크기 자체의 차이를 크기로 표시한 것이 아니다.
Cn의 상태 전개 Cp는 임의의 Cn−1과 임의의 Cn+1의 상태 전개 Cp', Cp"에서, Cp=Cp' =Cp"=1이다. 따라서 이중 어느것 하나를 택해서 그것을 단속 대표 위상 C로 정해서 분석할 때 이것은 전체의 모든 위상을 다루는 것과 합동이 된다.

연속 상태 표상과는 다르게 단속 상태 표상은 단속 상태를 모두 합해서 모든 것이 표상되는 것이 아니라 임의의 단속 상태 자체가 임의의 다른 단속 상태와 Cp=Cp' =1인 관계를 이루면서 모든 것을 표상하는 상태를 이룬다.(Cp=lim[Cp]$^n$)

현상 C=Cn → (위상 전개에 의한 회전) → 현상 C의 위상 상태 전개=Cn의 상태 전개 → (위상 전개에 의한 회전) → lim[현상 C의 위상 상태 전개=Cp]$^n$=전체상태의 표상전개

현상 C의 위상 상태 전개=전체 상태 표상 전개
현상 C의 위상 상태=전체 위상 상태
현상 C의 위상=전체 위상

이상의 방법론을 가지고 다음에서 '부활' 이라는 것을 살펴본다.

삶의 시간을 이루는 주기적 요소는 '깨어 있음' 과 '잠들어 있음' 이다. 그리고 실재적 존재의 시간을 이루는 주기적 요소는 '살아 있음' 과 '죽어 있음' 이다.

죽음으로 향하는 삶의 동안 죽음을 왜곡하여 그것은 공포로 포장된다. 잠은 다시 깨어나리라는 확신을 소유하고 있지만, 죽음은 다시 깨어나리라는 즉 다시 태어나리라는 확신을 소유하고 있지 못하다.

잠에 대해서는 자기 귀속권이 확보되지만, 즉 다시 깨어날 수 있다는 뜻이고, 반대로 죽음에 대해서는 자기 귀속권이 확보되지 못한다. 자기 귀속권이 상실됨은 죽음의 매우 중요한 기능인데, 이를 다른 측면에서 보면 죽음은 잠에서 깨어나 매번 자기로 귀속되는 주기의 고통 즉 깨어나는 반복을 중단하는 것이다.

이것은 월면(越面) 경로를 따라 현상에 대한 존재 확률이 0, 실재 확률이 1인 이 세상에서 현상에 대한 존재 확률이 1, 실재 확률이 0인 상태로 가서 비교 시간으로는 0, 상대 시간으로는 무한대의 시간을 거기서 보낸 후 실우주 시,공 위상의 개별화 대수 'A 결정력' 에 의하여 다시 월면 경로를 타고 현상에 대한 존재 확률이 0, 실재 확률이 1인 이곳으로 돌아오게 된다.

만약 에덴으로 들어가려는 노력의 결과로 탄생하지 않은 '누군가' 가 있다면, 그는 에덴으로 들어가려는 시도를 갖지 않고 태어난 누군가이며, 에덴으로 들어가는 것의 실패와 무관한 누군가일 것이다. 따라서 그의 죽음은 자기 귀속권의 상실에서 제외 된다. 그는 월면 경로를 따라 현상에 대한 존재 확률이 1, 실재 확률이 0인 저 세상으로 가서 다시 그 월면 경로로 현상에 대한 존재 확률이 0, 실재 확률이 1인 이 세상으로 자기 귀속권이 확보된 상태로 돌아오게 된다. 그는 '부활' 한 것이다.

지금부터는 상수적 현상의 궁극적인 상태를 확인하는 마지막 작업에 들어간다.

참고로, 지금 분석은 불완전언어로 완전언어 상태와 동위인 새로운 로고스 구조를 만들어 진행하고 있으며, 사고(思考) 과정의 기본 회로는 K-circuit(회로)이라고 명명한 다음의 사고 회로를 사용하고 있다.

K-circuit(회로)은 다음과 같다.

-----〈회로 시작점〉-------------------------------

모든 것을 다 아는 사람은 가능한가?(=있을 수 있는가?)

['K-회로' 에서 '안다', '모른다' 의 대상은 이해의 객체가 아니라 인지의 객체이다. 인지의 객체는 conscious~cognize~Know의 범위에, 이해의 객체는perceive~understand의 범위에 해당한다.]

P=모든 것을 다 아는 사람은 가능하다

H: 모든 것을 다 안다면,

①자기가 모르는 것이 없다는 것을 안다.

②자기가 모르는 것이 있다는 것도 알아야 한다.

→②의 경우 그 모르는 것이 무엇인지 알아야 한다. 그 모르는 것이 무엇인지 알면 모르는 것은 모르는 것이 될 수 없고 아는 것이 되어 버린다. 따라서 아는 것이었던 것으로 된다. 결국 모르는 것은 없게 된다.

: 모르는 것이 있다는 것은 알 수 없는 것이 된다.
: P는 불가능해진다.

②에서,
자기가 모르는 것이 있다는 사실에 대해,
그 사실을
1)안다 → 가능: 채택(by P) ; P=불가능
2)모른다 → 불가능: 기각(by P) ; P=불가능

만약 '모른다' 채택하면, P=불가능
[성립 (P) ;−; 불성립(P) ]  (← 이 관계는 ②의 채택 기각에 무관하게 P의 불성립이 성립한다는 것과 뜻이 같다)

위 관계의 성립으로 모르는 것을 알게 되어 모르는 것이었던 모르는 것이 없어지고 모르는 것이 아는 것이 되며, → 결국 모르는 것을 알게 되어 모르는 것이 없어지고 따라서 모르는 것이 없는 것을 알게 된다. [ P의 성립 ;−; P의 불성립 ]

------〈회로 종료점〉-----------------------------------

이상의 K-circuit(회로)의 속성을 간단히 살펴보면 다음과 같다.
1)회로 가동 방향 : (시작점→종료점) 으로만, 일방 가동 가능하다.
2)양태 : 동적 지속(회로 가동 방향에 구속 유효한 상태로)을 유지한다.
3)양태 분석
① 연속=과정
(lim[과정]=완성, 동시에 Lim[과정]=완성 → 모두 만족)
② 단속=완성
(lim: 최소 한계까지의 분석, Lim: 최대 한계까지의 분석)

이러한 사고(思考) 과정의 기본 회로에 따라, 상수적 현상의 궁극적인 상태를 확인하는 것을 계속해 본다.

먼저 '숫자 N의 인식 불가능 면에 대한 탐색' 을 해야 한다. 이것이 다음에서 규정할 상수적 현상의 완성 상태와의 동위인 것을 확인할 수 있게 하는 논리 장치이다.

……………00000000000000N.000000000000000000……………

숫자 N이 임의의 평면에 속할 때 인식 가능 범위는 이 평면과 인식선(=임의의 1차 직선으로 간주)이 이루는 각(=인식각)이 0이 아닌 범위와 같다.

'인식각' 이 0이 아니면 숫자 N 왼쪽의 0과 오른쪽의 0에 대한 존재여부 확인과 숫자 N의 확인이 시간차 없이 동시에 인식 가능하다.

그러나 인식각이 0이면 N의 좌, 우 0에 대한 존재여부 확인과 N의 확인의 시간차가 무한대가 되므로 숫자 N의 인식이 불가능해진다. 다시 말해 숫자 N의 인식에 걸리는 시간이 무한대가 된다는 뜻이다.

이 상태가 '인식 불가능 면' 의 상태이며, 인식각이 0인 이 상태에서 무한대인 시간차가 0이 되기 위해서는 숫자 N이 숫자 N을 숫자 N으로 '자귀(自歸) 인식' 해야만 된다.

'인식각=0' 인 상태에서는 인식 조건인 '시간차=0' 을 만족시키지 못하므로, 원래는 인식될 수 없다. 그런데 '자귀 인식' 은 이미 인식하고 있는 숫자 N을, 아직 인식하지 못한 숫자 N의 인식 객체로 삼아 '평면상의 합치' 를 통해, 임의의 인식 주체가 아직 인식하지 못한 숫자 N을 숫자 N으로 인식할 수 있게 한다.

이를 위해서 먼저, 임의의 '인식 주체 K' 를 상정한다.

그리고 인식 주체 K는 인식각이 0이 아닌 상태에서 숫자 N을 확인하고 확인된 숫자 N이 포함되어 있는 평면S를 확인한다(단, 평면S와 평면

T는 숫자 N 이외에는 다른 것을 포함하지 않는다).

그러고 나서 인식 주체 K는 숫자 N이 포함된 다른 평면T와 인식각이 0이 되도록 위치한다. 이때 인식 주체 K는 자신이 흡수된 평면T의 숫자 N을 인식하지 못하나, 동시에 다른 평면S의 숫자 N은 인식하고 있는 상태이다.

그런 다음 인식 주체 K는, 평면S의 숫자 N을 자신이 속한 평면T의 숫자 N에다 '평면 겹치기' 를 해서 평면T와 평면S가 일치하는지를 검사하게 된다. '평면 겹치기' 로 인해 두 평면은 숫자 N을 공유하는 방식으로 일치하게 된다. 이것이 곧 '평면상의 합치' 를 의미한다. 이 순간, 평면S의 숫자 N은 인식 주체 K에 의해 이미 인식되어 있으므로, 인식 주체 K는 평면T의 숫자가 N임을 '시간차=0' 의 조건을 만족하며 간접 추적하여 인식할 수 있게 된다.

결론적으로, 인식 주체 K는 인식각이 0인 상태에서, 인식각이 0이 아닌 평면S의 숫자 N을 직접 인식하는 것과 동일한 효과의 '자귀 인식' 을 통해 평면T의 숫자 N을 인식할 수 있게 된다.

상수적 현상의 완성 상태는 다음과 같이 규정한다.

1. 파편과 조각의 수집하기
2. 수집된 파편과 조각으로 유의미성 이미지 표상체인 모자이크 만들기
3. 만들어진 모자이크에서 파편과 조각을 재배치하여 새로운 이미지의 새로운 모자이크 만들기

라는 이상의 세 가지 역사 형성 요인이 시,공(時空) 단속 상태에서 비고정적 영향 밀도로 연속 작용하여 상수적 현상의 완성 상태를 다음과 같이 전개한다.

〈1〉 모자이크로 표상된 이미지와 전체 모자이크의 파편, 조각 자체와의 실사적(實寫的) 관계성은 없다.

〈2〉 파편,조각들의 간격을 좁히거나 넓혀보기, 간격에서 영역 부분의 관찰, 조각 자체 분석하기, 조각 뒤집기, 조각 분할, 간격 없애기 등 → 그래도 '1' 에서의 실사적 관계성은 성립되지 않는다.

〈3〉 실사적 관계성이 완전 관계에 있으려면(=모자이크 자체가 곧 이미지가 될 때를 가리키며 이 상태가 상수적 현상의 완성 상태이다) 파편과 조각의 경계를 파괴하여 액상화(液狀化)시켜야 한다. 이렇게 되면 평면화 되어 완전 관계가 이루어진다. 이때 경계가 파괴된 파편과 조각들은 경계가 없는 상태로 되며 이 상태는 경계가 없으므로 점의 상태와 무한 평면의 무한 상태와 동위의 상태가 된다. 이것이 상수적 현상의 완성 상태이다.

〈4〉 파편, 조각의 경계 파괴 ⇒ 경계 없음 ⇒ 점 ⇒ 경계 없음 ⇒ 무한 ⇒ 경계 없음 ⇒상수적 현상의 완성 상태 ⇒ 경계 없음 ⇒ 무한 ⇒ 경계 없음 ⇒ 점 ⇒ 경계 없음 ⇒ 소아와 대아의 위상 상태 ⇒ 나를 포함한 인간, 우주 만물의 상수적 현상 상태 ⇒ 상수적 현상의 완성 상태.

〈5〉 절대소인 점은 경계가 없고 따라서 경계가 없는 무한과 동위이다. 이것은 동시에 성립하므로 없지 않음에도 있지 않은 상태가 되며 이 상태는 완전의 상태와 동위이다.

이 상태가 상수적 현상의 완성된 상태이다.

상수적 현상의의 완성 상태 규정 및 규정된 상수적 현상의 완성 상태와 인간을 포함한 우주만물의 상수적 현상의 동위성 확보가 함께 이루어지고 있다.

이로써 평면T의 숫자N과 평면S의 숫자N을 추적 인식하는 방법을 이용하여 내가 곧 완성된 상수적 현상임을 밝혀냈다. 규정된 상수적 현상의 완성 상태와 삶의 형식과의 동위성 확보를 위한 방법론이 제시되었다. 이로써 완성된 상수적 현상이 삶의 형식과 동위임이 확인되었다.

지금까지 언어 파괴에 의한 사유 불가능성의 방법론적 극복과 그 과정에서 수립된 방법론으로 분석된 항상성과 비항상성에 의한 인식 불가능성의 방법론적 극복은 완성된 상수적 현상의 동위성 확인으로 전개되었다.

# 부록 2.

'숫자 N의 인식 불가능 면에 대한 탐색' 을(-부록-1. 참고) 통해, n차원에서 n-1차원과 n+1차원을 인식하는 문제에 대해서 살펴본다.

3차원의 인식주체는 1차원, 2차원의 물상인 숫자N에 대해서는 완전하게 인식가능하다. 그러나 3차원의 숫자 N은 완전하게 인식하지 못할 수 있다.

이것은 1, 2, 3차원에 각 상태별로 있는 숫자 N을 3차원의 인식주체는 3-1차원적으로 즉 1차원 저감된 2차원 상태로 언어과정을 통해 인식하기 때문이다. 이러한 저감인식 때문에 만약 동일한 언어과정의 인식구조를 가지고 있는 2차원의 인식주체가 있다고 가정한다면, 그는 2차원 상태로 있는 숫자 N에 대해서 인식할 수 없는 것이다. 2차원의 인식주체가 2차원 상태의 N을 저감인식으로 파악하면, 그 결과는 N자체가 아니라 2가지의 결과를 얻게 된다.

인식방향에 따라 | 과 — 의 두 가지이다. 이것을 2차원의 인식구조로 조합을 해보면 □이 된다. 이때 조합의 과정에서, 2차원에서도 거리를 측정하는 것은 가능하므로 거리를 측정하여 결과를 만들 경우 N으로 조합할 확률은 0이 아닐 수 있다. 숫자 N으로 조합할 확률이 0이 아니라는 근거에 따라 만약 N으로 조합을 해냈다면, 이 숫자가 N임을 일단 가정할 수 있다. 정말 N인지는 확인 작업이 남아있다. 즉 N의 앞에 있는 숫자가 모두 0이라는 것과 N.이하의 소수점 숫자들 또한 모두 0인지를 확인하는 과정이다.

그런데 인식주체가 숫자 N이 존재하는 상태인 2차원과 동일한 차원의 인식구조를 가지고 있기 때문에 '숫자 N의 인식 불가능 면에 대한 탐색'에서 살펴본 바대로 이것을 확인하는 시간이 무한대가 소요된다. 따라서 인식불가능 현상으로 분류된다.

3차원의 숫자 N의 외형 구조를 이루는 입체의 바깥 면이 모두 평면이라고 가정할 때, 2차원 인식주체가 이러한 외형 구조를 가지는 3차원의 입체 숫자 N을 1차원 낮은 2차원 상에서 인식하게 되면, 숫자 N의 바닥 두면에 해당하는 ㅁ ㅁ 또는 옆면에 해당하는 ▭ 를 결과로 얻게 된다. 이때는 확률적으로도 숫자 N을 인식할 방법이 없어, 인식 가능 확률은 0이다.

외형을 이루는 입체의 바깥 면으로 이처럼 인식하는 과정이 아니라, 바깥 면과 바깥 면이 만나는 모서리 직선이 2차원에서 같은 인식 과정을 거칠 경우에도 면으로 인식할 때와 결과는 마찬가지다.

따라서 n차원 인식주체는 n-1차원보다 같거나 낮은 차원의 물상인식은 완전하게 가능하고, n차원의 물상 인식에 대해서는 확률적으로만 가능한 즉 불완전하거나 또는 불가능하며, n+1차원의 물상에 대해서는 불가능하다. 이러한 이유는 인식주체의 저감인식 때문이다.

## 부록 3.

### □ 가치 동일화 과정에서의  Z의 행위력과 W의 거부력

#### 1. Z의 행위력

(1) Z의 수여 가치 개입에 있어서의 방향

1)T〈f → 2)T=f → 3)T〉f 의 순서로 개입

(2) Z의 속성 동질성

Z=Z1+Z2+Z3...+Zr+...+Zn 에서 Zr/N=Z'  인 Z' 가 존재한다.

W=W1+W2+W3...+Wr+...+Wn 에서 Wr/N=W'  인 W' 가 존재하지 않는다. (N=단위화 자연수)

(3) Z의 개입 차별성

수여 가치 개입시 Z는 Z' 의 부분합으로 Wr에 차별적으로 개입

#### 2. W의 거부력

T〈f인 T의 획득을 통한 교환 시장의 탈출이 가능할 수 있도록 T〉f 또는 T=f 인 T에 대해서 수여를 거부할 수 있는 힘을 W의 거부력이라고 함.

#### 3. 절대 부등식 'Z의 행위력〉W의 거부력' 의 성립

W' 가 존재하지 않으므로 [부분합(Z' )]=[부분합(W' )]로 Z에 대해 W가 대응 하지 못한다. 따라서 W는 [부분합(Z' )]=Wr으로 수여 가치를 획득하게 되므로 W의 거부력이 Z의 행위력 보다 작게 되어 T〈f 인 T를 수여

가치로 획득하여 불리한 상태에서 탈출하게 된다.

Wr에 대해,

Wr1, Wr2, Wr3......., WrN 에서

Wr의 2차 가치 f의 범위를 $m \le f \le M$ 이라고 할때,

Z가 Wr에 개입할 때의 수여 가치 T의 범위는

$m \le T(Wr) \le M$ 이다. (단, $m \ne M$)

가치 희생 최소의 원칙에 의해 T(Wr) 가 m에서 결정되면, T가 m〈T(Wr)≤M 인 Wr도 Z의 행위력이 W의 거부력 보다 크기 때문에 모두 m을 수여 가치 T로 받아 들이게 된다. 따라서, 항상 T〈f 가 된다. (T=f 인 경우는 문제가 안 되므로 제외함)

## □ 생산과 생산 요소물

* 분석 시점의 설정

: 화폐 발생과 그 개입이 이루어진 이후이고, 화폐 발생 전의 교환은 더 이상 존재하지 않으며, 모든 상품이 탈출한 상태로 교환 및 교환과정은 현재 분석하고 있는 시장 밖의 현상으로 간주한다. 그리고 1차 가치가 0인 생산 결과물에 대한 생산도 시작되는 시점으로 설정 (교환 및 교환과정을 다루는 시장에 관해서는 '웸(WEM)에 대한 분석' 자료를 참고)

### 1. 생산

(1)생산자에 의한 생산

: 이때의 생산 결과물은 (← 1차 가치가 0이고, 2차 가치만이 존재) 목적 개별성 시장으로 진입(← 교환 의존성 없으므로)한다. 생산 결과물의 2차 가치를 q라 하면 Z의 2차 가치 S와 S=q로 가치 동일화를 이루고 이 시장을 탈출하여 소비 실현(= 최종 단계)한다. 이 경우 상태 변화는 불가능하다. (← 1차 가치가 0이므로)

(2)소비자에 의한 생산

: 생산 결과물은(⇒ 2차 가치가 0이고, 1차 가치만 존재) 시장 진입 없이 생산 주체인 소비자에 의해 바로 소비 실현한다. 2차 가치가 0이므로 이 경우 역시 상태 변화는 불가능하다.

2. 생산 요소물

(1)생산 요소물의 1차 가치≥2차 가치 일 때는 생산 요소물 주체가 객체를(= 생산 요소물) 직접 생산에 투입하여 소비 실현한다.

(2)생산 요소물의 정의에 따라, 1차 가치가 0이 아니므로 '(1)' 의 경우 상태 변화 가능하다.

(3)생산 요소물이 상태 변화되면(1차 가치≥2차 가치 → 1차 가치≤2차 가치) 목적 동시성 시장으로 진입하고 여기서 Z의 개입을 통해 탈출하여 목적 개별성 시장으로 재진입한다. 이 곳에서 가치 동일화 과정을 거쳐 재탈출하여 소비 실현(= 최종 단계)한다.

3. 생산 과정

투입 산출

생산 요소물 → (생산 수단) → 생산 결과물

**□ '기울기 k' 에 관한 분석**

1. 효용(가치)의 '대가' 를 비용이라 할 때, 비용에 대해서는 최소 비용의 원칙이 적용되고, 일방적 가치(효용)의 수여를 '희생' 이라 할 때, 희생에 대해서는 최소 희생의 원칙이 적용된다. 단, 위 두 원칙은 소유자에게만 해당됨.

2. 생산 결과물의 2차 가치가 B, 생산 요소물에 대한 Z의 수여 가치가

T 이다.

생산 요소물의 2차 가치를 A 라 하고,

B−T를 원천 잉여(=생산 요소물에 의한 창조 가치) 'k' 라 정의하자. (⇒ B−T=k)

A=T+C (Z 개입시 A〉T 이므로 A−T〉0이고, 0〈(A−T=C)≤k 일 수 있다)에서 C가 k일 때 A는 생산 요소물의 원형 가치(=T+k)가 된다.

이때, B−T=k=A−T 이므로 B=A 가 된다. C가 0〈C〈k 일 경우 A는 생산 요소물의 회복 가치(T+C)가 된다.

3. 생산 요소물 주체의 원천 잉여 k의 전가

생산 주체 또는 생산 요소물 주체가 소비자로서 S=B의 가치 동일화 과정을 이룰 때 k는(B=T+k 의 상태로) 생산 결과물의 가격으로 생산 결과물의 소유자에게 전가된다.

4. Hn을 n시점에서의 가능 수여 가치라고 할 때,

H1=T1 : k1(=원천 잉여)발생

H2=T1+k1 : k2 발생

H3=T1+k1+k2 : k3 발생

↓

Hn=T1+k1+k2+k3......+kn−1 : kn 발생

Hn 은 각각 n시점에서의 T를 나타내고,

Hn 은 k1+k2+k3.....+kn−1에 의해 결정된다.

여기서, k1〈k2〈k3.......〈kn 인데,

Hn과 n사이의 관계식 도출을 위해 k1=k2=k3........=kn−1=k 이라고 가정하자.

이때,
Hn=T1 +(n-1)k
Hn=kn+T1-k 이 된다.

5. 생산 수단이 소유자로부터 관리자에게 이양되면 생산 요소물에 대한 Z의 개입 시 B-T=k 의 관계에서, 생산 수단으로서의 Z는 소유자에게 적용되는 가치 희생 최소의 원칙이 적용 안 되므로(← Z는 관리자에게 이양 되었으므로) T가 증가하여 k가 감소한다. 따라서, 기준 시점 n에서의 Hn도 다음과 같이 변화한다.
Hn=kn +T1k에서, T의 증가로 인해 Hn' =k' n +T1k' 으로 변화,(k' = 감소한 원천 잉여) k' 〈k 이므로 Hn〉Hn' 이 된다.
(☞ Hn〉Hn' 공산주의에 대한 자본주의의 경제적 효율 우위의 근거임.)

6. k 싸이클

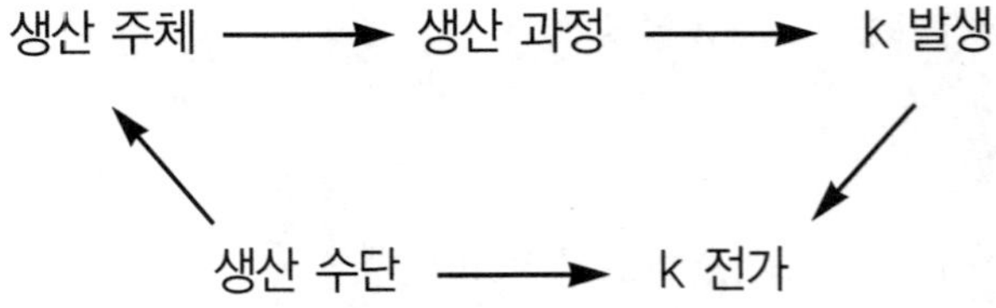


생산 주체는 생산 결과물의 소유자와 일치한다. 따라서 생산 요소물 주체가 k로부터 소외되지 않는 경우가 있는데, 생산 요소물의 1차 가치 ≥2차 가치일 때이다. 이 경우는 문제가 되지 않으므로 논의의 대상에서 제외한다.

이 싸이클에서 보듯이 k 로부터 생산 요소물 주체는 소외된다. 그리하여 '소비력〈생산력' 으로 되고, 이 현상의 심화로 k전가가 이루어지지 못하는 상황이 초래되면 결국 k 싸이클이 파괴된다.

□ 기울기 k의 변동

1. 변동 원인에 대한 분석

k=B−T의 관계에서 보면,

(1) k의 증가 원인은,

1) B의 증가는 T의 증가에 의해서 종속적으로 발생
(이 경우를 정증가라 함)

2) '1)' 의 반대 경우도 발생(이를 역증가라 함)

3) T는 최소값이므로, 감소는 발생하지 않음.

(2) k의 증가 구조

B의 증가율 〉 T의 증가율

2. 정증가와 역증가

인구와 자원이 창조될 경우 역증가(B의 증가에 의한 T의 증가) 현상이 가능하다. (단, 정증가는 T의 증가에 의한 B의 증가이다)

(1) k 싸이클에서의 역증가 모형.

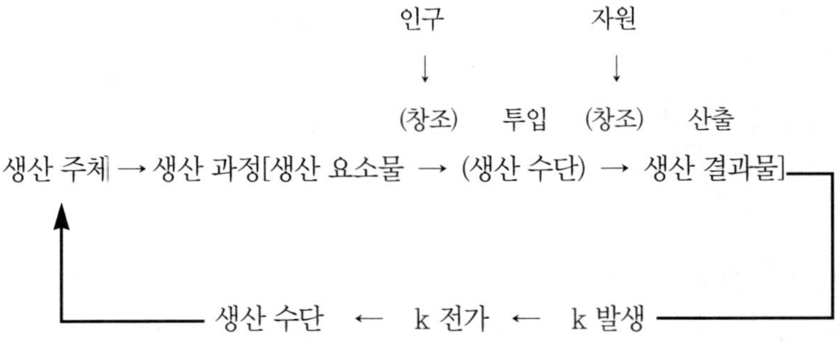


: k 싸이클 과정 밖에서 창조된 생산 요소물과 생산 수단이 k 싸이클 과정으로 유입, 흡수되어 B가 증가되고, 이에 의해 T가 증가된다.

: k의 증가 양태 = 가파른 기울기 유지 (원인: k 싸이클 규모의 독립적 팽창)

(2) 정증가

: k 싸이클 과정에서의 T의 증가에 의한 B의 증가

: k의 증가 양태 = 완만한 기울기 유지 (원인: k 싸이클 규모의 종속적 증가)

ㅁ 회복 가치 이론에 의한 생산요소물주체의 이윤 참여 (노동조합 존재 근거)

B−T=k,

k=생산 수단비(=M)+이윤(=R) 에서

R=B−T−M 이다.

A=T+C (0〈C≤k) 에서

k 싸이클에 의한 이윤의 생산 수단으로의 흡수 과정에서 생산 요소물 주체는 이윤으로부터 소외되고, 생산 과정으로 투입된 이윤은 생산 수단

으로서의 Z가 되어 생산 요소물에 수여 가치 최소 희생의 원칙으로 개입하여 생산 요소물의 2차 가치를 훼손시킨다.

즉 0〈Ck 에서의 C에 의한 A 가 아니라 C=0 에서의 A로 결정된다.

훼손된 생산 요소물의 2차 가치=T ,

A의 원형 가치=T+k,

A의 회복 가치=T+C (0〈C〈k) 라 하면,

Z의 개입으로 인해 발생한 생산 요소물 2차 가치의 훼손분인 C는 증발하지 않고 이윤을 구성하는 일부로서 이윤 속에 존재하게 된다.

따라서 훼손된 2차 가치의 회복을 위하여 생산 요소물 주체는 이윤 참여를 통해 훼손된 2차 가치를 회복 시킬 수 있다.

이윤 참여를 통해 회복시킨 생산 요소물의 2차 가치 T' 은

T' =T+(B−T−M)V 이 된다.(0〈V〈1)

## 부록 4.

□ 삶은 1차 가치가 0 이 아니고 동시에 2차 가치가 0 인 상태이다.

: 내가 나를 소비 안할 수 없고, 타인이 나를 소비할 수 없다.

(1차 가치가 0 이 아님=내가 나를 살지 않을 수 없음)

(2차 가치가 0 임=타인이 나로 살 수 없음)

(1차 가치, 2차 가치의 정의는 제 1막 참조, 아래의 소비도 같다)

□ 심리적 가장(假葬) 과정을 통한 가치물의 내재가치 종류 분석.

가치물은 생산자에 의해 소유되면서 재화로 존재하고, 생산자는 이러한 재화를, 인식적 수단을 통해 자신의 일부로 포유하여 스스로의 일부임을 정당화 시킨다. 이때 재화는 완전 종속 상태에 놓인다. 이 상태에서 외부적 간섭이(;☞ 타자(他者)에 의한 재화의 재화성 인식으로, 가치물의 소유는 1차 가치의 존재를 증명하고 외부적 간섭을 가능하게 한다. 이 단계에서 2차 가치는 존재하지 않는다 ☜:) 생산 소유자에 의해 감지되면 간섭에 대한 자기 방어가 작동 되어 소유재화에 대한 인식 왜곡이 발생한다.

자신의 일부로서의 재화(← 남근(男根)으로 가장(假裝) 인식)가 타자에 의해 소비될 수 있는 전제를 구성(← 거세 가능성)하지 못하도록 재화의 성격을 상품으로 변이시켜 인식(= 인식 왜곡에 의한 인식)한다. 인식 왜곡에 의해 소유자는 소유 재화에 대한 포유 정당권의 포기 근거를 마련하여 남근 거세에 대한 공포를 제거한다. 인식 왜곡의 수단이 2차 가치이며 이 시점에서 2차 가치가 최초 발생한다. 인식 왜곡 후에, 소유자는 재화를 소유자의 일부로서의 가치물이 아닌 적출된 상태의 가치물로 상대할 수 있게 된다. 이러한 허위를 통해 수단(=2차 가치) 소유자는 외부적 간섭에 대한 심리적 방어를 가능케 한다. 재화에 대한 심리적 이탈 인식이 타자의 간섭을 방어할 수 있도록 하고 이미 거세당한 상태라는 허위를 통해(= 여성성의 도입을 통해) 거세 공포에 저항한다. 이 저항은 심리적 측면에서 볼 때 자기기만에 해당한다.

이 과정을 통해 가치물은 재화에서 상품으로 변환되고 따라서 2차 가치를 획득한다. 이 결과, 교환의 전제가 구성된다. 2차 가치는, 본질적으로 가치물의 내재 가치가 아니며 심리 효과이다. 다만 1차 가치에 대응하는 현상적 기능을 할 뿐이다. 따라서 내재 가치는 1차 가치 뿐이다. 상품은 허상 차원으로만 규정되는 소유자의 자기기만 개념이다. 인식 왜곡 과정과 교환 실현 과정 없이 재화가 소유역을 이탈할 때 이탈에 대한 인지와 동시에 소유자는 거세 고통을 겪는다.

## 부록 5.

돈세탁 원리의 이해를 위한 매우 간단한 기법 1(이런 식의 기법은 현재 실제로는 사용하지 않는 방법임. 원리 이해를 위한 편의 차원에서 소개)과 기법 2를 소개하겠습니다. 자세한 용어 설명이나 추가적인 분석 등은 내용의 성격상 생략하겠습니다.

□ 돈세탁 관련 (기법 소개 1)

〈1〉 I가 합법자금 B를 A회사에 빌려주고, 바로 A회사로부터 은폐계좌에 다시 넣고,

〈2〉 이 경우, 형식상 A회사는 I에 B만큼 공식 채무가 존재하지만, 실질적으로는 채무는 없는 상태

〈3〉 그 다음, A회사의 허위매출이 발생한 증명서류를 확보하고, 그것을 근거로 A회사가 형식적으로 존재하는 채무 B를 갚는 것으로 하여, 불법자금 C (C규모=B규모)를 A회사가 I에 대한 B를 상환하는 것으로 위장 처리해서 불법 C를 회사 A의 합법적 채무 상환으로 해서 세탁함.

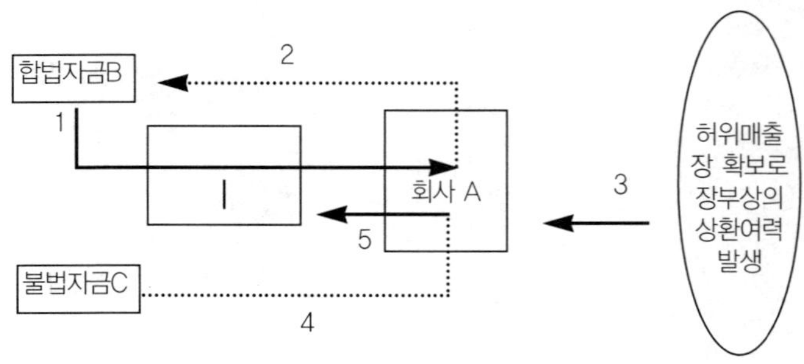

□ 돈세탁 관련 (기법 소개 2)

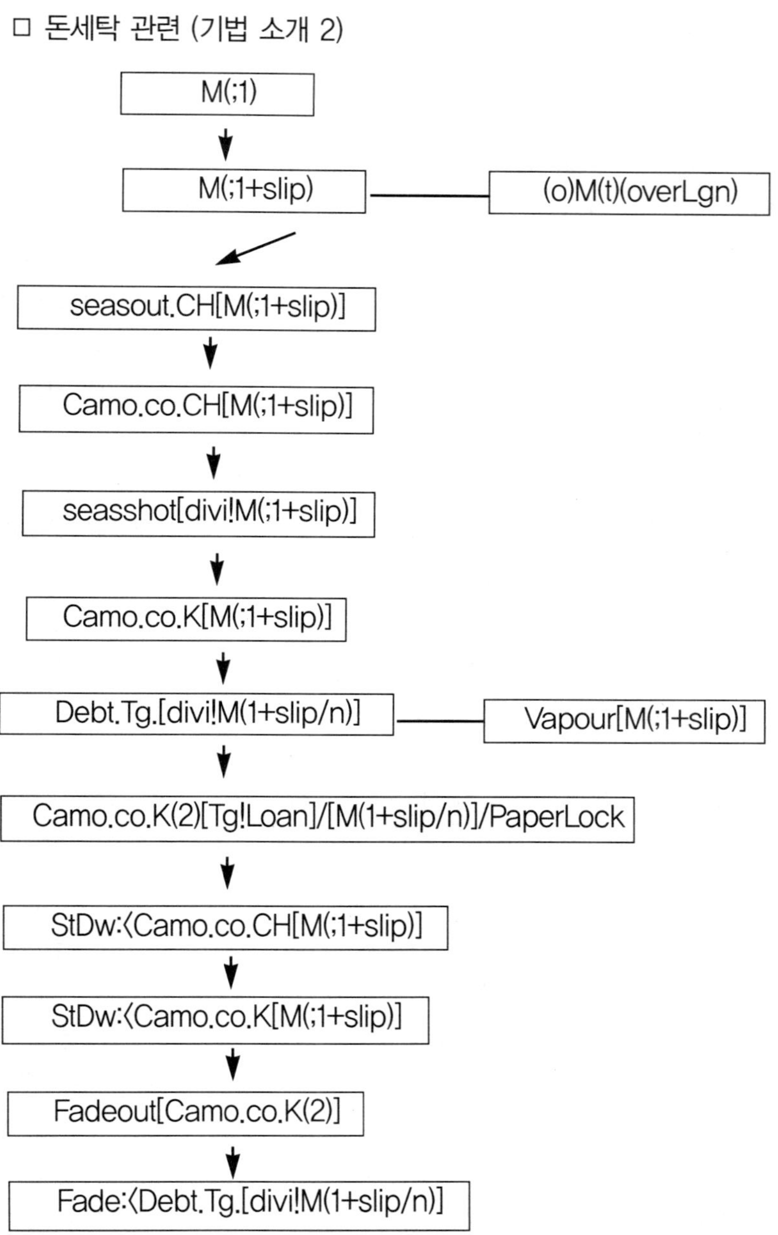

M(;1)
M(;1+slip)
(o)M(t)(overLgn)
seasout.CH[M(;1+slip)]
Camo.co.CH[M(;1+slip)]
seasshot[divi!M(;1+slip)]
Camo.co.K[M(;1+slip)]
Debt.Tg.[divi!M(1+slip/n)]
Vapour[M(;1+slip)]
Camo.co.K(2)[Tg!Loan]/[M(1+slip/n)]/PaperLock
StDw:〈Camo.co.CH[M(;1+slip)]
StDw:〈Camo.co.K[M(;1+slip)]
Fadeout[Camo.co.K(2)]
Fade:〈Debt.Tg.[divi!M(1+slip/n)]

□ 돈세탁 관련 추가

돈세탁은 국내는 물론 전 세계적으로 불법범죄 행위로 규정되어 있습니다. 불법범죄 조직에 의해 거대규모 범죄 자금들이 돈세탁을 통해 합법화되어 나라와 나라 사이를 돌아다니며 다양한 국제범죄의 수단으로 운용됩니다. 범죄 조직이 불법적인 목적으로 돈세탁을 이용하면 원인이든 결과든 정상적인 경제를 좀먹은 해악밖에는 되지 않습니다. 당연한 얘기겠지만, 국제범죄의 자본주의적 진화에 따라 불법 마약, 매춘, 인신매매, 무기밀수 등의 범죄 종목들이 금융과의 융합이 강화되어 가고 있기 때문에 대규모의 고차원적 돈세탁은 이제 국제범죄에서 가장 필수적인 사항이 되었습니다. 마약 거래 방식자체가 그렇게 되었습니다. 즉 돈과 물건이 사실상 융합되어 본질적으로 금융적인 현상으로 차원을 달리하면서 진화해나갔다는 뜻입니다.

러시아 마피아의 경우를 통해 이 내용을 좀더 살펴보겠습니다.

레닌이 세운 소비에트공화국이 공산주의의 막을 내리고 러시아로 다시 출발을 하면서, 러시아의 정치, 경제, 국제관계 등 사회의 각 분야에서 많은 변화가 생겼다. 이전의 가치관과 구조를 뒤바꾸는 새로운 흐름들이 출현했다. 현대적 의미의 러시아 마피아는 주로 소비에트공화국 창설 이래 등장했었다. 전?현직 관료나 당 간부, 군인들이 자기들의 단속이나 통제 권력을 악용해 벌어들인 돈으로 배후에서 마피아를 양성하고 거느렸다. 그러면서 다시 이 마피아 조직원들을 동원해 이권사업을 확장하는 구조를 가지고 있었다. 당 간부나 고위관료들은 자신들의 세력권 안에 유흥장, 도박장 등을 마피아 대리인을 내세워 운영했고, 경찰이나 정보기관의 고위급들은 매춘 조직들을 배후에서 거느리며 이 유흥장과 도박장에서 기생하며 수익을 올렸다. 그리고 마약은 주로 군 장성들이 이런 유흥장을 중심으로 고수익을 올리며 팔아대는 전문품목이었다. 이러한 유흥장과 도박장들은 그야말로 '쾌락의 슈퍼마켓' 이었다. 즉, 이들 마피아 구조는, 정관계의 세력이 실질소유 지분을 가지면서, 집행조직과 행동조직을 갖춘 마피아를 보이지 않는 배후에서 사주하는 시스템이었다. 그러니까 말단에서부터 맨 위 꼭대기까지 전문적인 불법 수익사업을 가지고 대롱대롱 함께 매달려 있는 모양이었다.

이와 같은 구조가 수십 년간을 내려오다가, 소비에트가 붕괴되고 자본주의로 재무장한 러시아가 부활하자 기존 마피아가 생존해가던 환경이 급변하게 되었다. 물론 일부 마피아 대부들은 이러한 변화 속에서 정치적으로 완전히 실각하고 자기의 마피아 조직도 모두 붕괴하는 것을 당하기도 하였다. 새로이 권력을 차지한 세력이 정치적 이유에서 공권력과 무력을 동원해 각종 법집행과 단속이라는 명분 아래 정적 제거를 위해 무차별적으로 마피아 소탕을 단행하였다. 이 결과는 대형 마피아를 거느리고 있던 반대파 정치세력의 전멸로 나타났다.

이런 짧은 과도기를 거치면서 러시아 마피아는 새로운 원리와 기술로 무장한 신흥 마피아들이 그 맥을 이어가게 된다. 이들은 유연하게 '합법과 사업' 이라는 개념을 들고 나와서는 새로운 정치세력의 경제개혁을 도우며 정치자금줄 노릇을 대범하게 해냈다. 각종 특혜를 통해 국영기업체를 헐값에 넘겨받고, 이를 통해 재생산되는 수익금은 다시 정치자금으로 지불되며 공생의 고리를 확장해갔다. 새로운 구조와 인적 내용으로 구축된 대형 마피아들이 이렇게 다시 자리를 잡자, 러시아 마피아는 마피아라는 구조의 전체성이 갖고 있는 본능적인 파동을 따라 한 단계 발전할 토대를 향해 자연스럽게 움직이기 시작하였다.

가장 큰 특징은 분업의 내재화가 진행됐다는 것이다. 대형 엘리트 마피아들은 수익률이 좋은 독과점 산업을 지배하며 나오는 돈으로, 처음에는 부동산과 대형 사업에 주로 투자처를 한정했었다. 그러나 역시 수익률은 불법거래를 따라가지 못하였다. 그래서 이들 대형 엘리트 마피아들은 위험을 줄이면서 불법거래를 할 수 있는 시스템을 만들어냈다. 이것이 바로 일을 나누는 방식이었는데, 물론 기존에 어렵게 생존을 위해 버티고 있던 중소 마피아들과의 '분업연대' 였다.

이런 구조에 의한 마피아들의 취급 상품은 마약을 넘어 첨단무기, 슈퍼컴퓨터, 고가의 사치품 등 수익률이 평균치를 넘는 모든 분야로 확대되어갔다.

그중에서 마약은 다음과 같았다. 러시아의 대형 마피아들은, 콜롬비아의 '메델린' 이나 '칼리' 지역에 근거지를 두고 있는 세계 최대의 코카인 공급 카르텔 두목들과 최고급 휴양지와 호텔, 크루즈 선상 등에서 우아하게 만나, 수만 달러짜리 방탄가방에서 몇 장의 계약서를 꺼내 수천만 달러에서 수억 달러가 넘는 마약 거래에 사인을 하고는 거창하게 악수를 하고는 국제정세를 주제로 환담을 나누며 고급 코냑을 기울였다. 그리고 러시아 마피아들은 구체적인 일처리, 즉 국제운반, 세관 통과, 중간 유통, 소비자 유통 등 나머지 과정은 모두 중소 마피아들에게 하청으로 넘기고 아예 관여를 하지 않았다. 확보된 전체 물동량을 선입금(先入金) 방식으로 잘게 쪼개서 원금과 수익금을 먼저 회수하는 계약방식을 통해 물건에는 아예 손을 대지 않고 빠지는 서류사업으로, 기존의 마약사업을 자신들의 생리에 맞도록 만들었다.

특히 이런 거래를 장악하고 있던 대형 마피아들은, 콜롬비아 마약을 바로 러시아로 가져오지 않고 불가리아의 소피아로 우선 가지고 들어온 후 체코의 프라하를 거쳐 서유럽으로 일부를 유통시키고, 나머지를 러시아로 들여오도록 유통망을 기획해, 하청업자들에게 이렇게 자신들이 지정한 루트만을 활용하도록 통제하였다. 이것은 가격유지와 공급선의 안전 문제 등을 위해 대형 마피아의 엘리트들이 만들어낸 것들이었다. 그리고 공급선의 안전 문제를 위해서 콜롬비아 마약만 유통시키지 않고, 유통 거점인 체코에서 직접 생산된 암페타민 종류의 '페르비틴' 이나, 값싼 양귀비 씨로 만든 헤로인의 변종인 '브라운', 심지어는 한글이 선명하게 보이는 포장지에 담긴 북한산 마약류들까지 취급함으로써 자신들의 유통망을 노출시키지 않기 위한 위장수법으로 활용하였다. 이 모든 것은 대형 마피아의 엘리트들이 기획하고, 중소 마피아가 현장에서 몸으로 직접 뛰면서 진행되었다. 서로 별개로 존재했지만 이러한 '분업연대'는 러시아 마피아의 상하부 모두를 만족시키는 시스템으로 자리를 잡았고, 돈과 물건이 사실상 융합되어 본질적으로 금융적인 현상으로 차원을 달리하면서 진화해나가고 있는 것이었다. 러시아 마피아는 이것을 통해 새로운 흐름을 넘어 자기들만의 또 다른 시대를 열어가고 있다. (「적명」 김제국著, 인간과자연사, 2003년) 중의 일부 내용을 인용함)

돈세탁의 의미가 범죄조직들의 경우는 대략 이렇고, 국가의 경우는 다른 측면이 있습니다. 국가도 특정 목적에 따라 불가피하게 돈세탁을 해야 할 때가 있습니다. 불법사업을 위한 범죄목적의 돈세탁과는 완전히 구별되는 개념입니다. 좋은 사례로는, 한국의 김대중 정권 시절 평양 방문을 위해 수억 달러에 이르는 대규모 자금을 북한에 정상적인 과정이 아닌 방법으로 송금 공여를 한 사건이 있습니다. 바로 그 정상적이지 않은 방법이 돈세탁이었습니다. 비정상적이었다는 의미는, 대규모 자금의 대북 공여 자체가 법적으로 비정상적이었고, 또한 그 돈을 마련하고 보내는 과정 역시 비정상적이었다는 두 가지 측면을 모두 포함합니다.

그중 돈을 마련하고 보내는 과정이 결국 돈세탁과 관련된 부분입니다. 간단히만 보면, 국책은행을 통해 민간회사에 대출을 해서 그 돈을 사채시장에서 회전시킨 다음 정보기관원들이 마카오에서 북한이 운영하는 기업체 조광무역과 북한의 불법자금 운용의 창구은행인 마카오 '방코 델타 아시아'를 경로로 송금한 일입니다. 기술적으로나 보안 차원에서나 상식을 벗어난 이상한 방법이었습니다. 이 사건의 알려지지 않은 정보가 따로 있는지는 밝힐 수 없으나, 드러난 사실이 전부라고 가정한다면 그 방법적 순진함에 경악을 금치 못할 지경입니다. 관계자들이 정말 조심성 없이 그냥 마구잡이로 돈세탁을 했고, 다시 마구잡이로 마카오에 있는 북한 기업체인 조광무역과 델타 아시아 은행을 통해 한화로 약 2천 235

억원 가량을 보냈습니다. 여기서 얘기하고 있는 액수와 경로 및 방법은 정확하지 않으며 대충 그러했다는 얘깁니다. 그 과정이 무척 허술했다는 점을 지적하기 위한 대략적인 내용으로 이미 공개된 것들입니다. 추가 액수가 더 있지만 생략하고, 각각 활용되었던 송금의 세부적인 경로와 방법도 생략하겠습니다.

아무튼 국내에서의 돈세탁은 방법 자체가 말도 안 되는 과정이었고, 송금 부분은 미국 정보당국이 모두 알 수 있는 라인이었다는 데 문제가 있습니다. 그걸 모르고 했다면 정말 큰 문제입니다. 하지만 모를 가능성은 크지 않습니다.

아무튼 북한 방북을 위한 사전준비금의 의미를 가지는 중요한 자금을 북한에 공여함에 있어 그 국제적 심각성과 역사적 의의를 모두 고려해 상당한 보안기법을 구사해 돈을 보냈어야 하는데 전혀 그러질 못했습니다. 이건 아예 미국이 잘 보이는 각도에서 일부러 보여주려고 한 것 아닐까하는 생각이 들 정도입니다. 그런 의도였다면 차라리 이해가 될 정도이니까 어느 정도로 허술했는지 짐작이 될 것입니다. 물론 돈을 보내야 한다는 심리적 압박과 함께 시간적 제약, 그리고 한번도 국가적 목적으로 이런 돈세탁을 해보지 않았던 고위 관계자들이 이와 같은 심각한 실수를 저질렀는지도 모르겠습니다. 해놓고 보니까 나중에서야 기술적으로 잘못된 것을 깨달았을 수도 있습니다. 미국이 알고 있다는 사실을 뒤늦게라도 감지했다면 잠 못 이루는 밤이 여러 날이었겠지요. 결국 정권 교체일이 얼마 남지 않은 어느 날, 대통령이 국민들 앞에 나타나 대북 불법송금을 시인하는 황당한 사과 기자회견을 하는 비극이 벌어졌습니다. 그걸 끝까지 숨기고 싶어 했지만 그러지 못하고 밝힌 속사정은 생략하겠습니다.

돈세탁, 이것은 김대중 정권의 실패 사례에서 보듯이 국가적으로 볼 때는 매우 중요한 기능의 하나로 인식해야 할 것으로 보입니다. 국가의 안보를 지키고 다양한 일들을 다양한 조건에서 보이지 않게 해내고 있는 국가의 정보관련 인재들이 자금을 획득하는 것과, 특히 이들이 외국에서 그런 민감한 일들을 할 때 모두 돈세탁으로 자금을 뿌려줘야 합니다. 원초적으로 정부부처 예산의 특정 항목에다 정보기관의 특정비를 잠복시켜 놓고 이것을 운용하는 것 등이 모두 돈세탁 과정의 일부로 보면 됩니다. 이런 저차원의 돈세탁들도 중요한데 북한에 대규모의 자금을, 그것도 방북 준비금이라는 사상 초유의 항목으로 보내는 문제였는데 돈세탁에 대한 중요성과 의미를 몰라 결과가 비극적이었습니다.

방북을 위해서는 그랬다고 치면, 답방을 위해서는 어땠을까요? 방북을 위해 돈을 줬으면 북한 국방위원장의 답방을 위해서도 돈을 줘야했을 것이고, 그랬다면 어떻게 해서 북한으로 돈을 보내야만 방북 준비금 때와는 다르게 안전하게 보낼 수가 있을까? 김대중 정권이 답방준비금을 어떻게 보냈는지는 공개되지 않았으니 모르겠습니다.

우리는 여기서 만약 지금 북한 국방위원장을 답방시키기 위해서 자금을 북한에 보내야한다는 가정 하에 돈세탁 방법을 통해 그 과정을 인위적인 사례를 통해 구성해보겠습니다.

먼저, 답방준비금 제공의 구조는, 방북을 위해 직접 송금 방식으로 달러를 제공했던 것의 문제점과 위험성을 인식, 답방 준비금 제공에는 마약거래로 위장한 일종의 돈세탁 방식인 간접 지불방식을 채택하겠습니다. 이 일의 주요 진행 공간은 중국으로 잡겠습니다. 간접 지불방식이란, 북한이 대규모의 달러를 획득할 수 있도록 도와준다는 개념입니다.

중국에서 북한산 민감 아이템인 마약의 유통을 실제 거래인 것으로 위장해 달러를 대규모로 넘겨주는 것인 바, 마약의 경우 대만계 조직을 활용 최종 유통과 자금의 세탁을 하는 것입니다. 교란작전을 위해서 북한산 비아그라의 유통을 별도로 진행시킵니다. 이것은 교회의 선교사들을 통해 국내로 반입해 최종 처리합니다. 답방 준비금의 지급의사와 지급방법을 비공개로 북한에 제시하고, 북측 내부의 긍정반응이 나오면 시작, 답방 준비금의 마약 거래대금으로 위장 지급하는 모든 유통 및 대급

지급 채널을 북한 내에서 총괄하는 자를 선정해 공조합니다. 참고로 북한산 마약은 품질이 우수해 비교적 국제유통이 잘 됩니다.

우선, 답방 준비금에 대한 국내에서의 자금 확보는 앞에서 소개한 '□ 돈세탁 관련 (기법 소개 2)' 의 방법으로 처리합니다. 이렇게 확보된 자금을 중국의 심양, 북경, 상해 및 홍콩을 경유해 광주로 보내는 데에 은행권을 이용해 한 번에 보내지 않고, 다시 '□ 돈세탁 관련 (기법 소개 2)' 의 방법의 기업 모드(mode)로 해서 보냅니다. 그러면 결과적으로 한화가 위엔화로 바뀌어 보내집니다. 그런 다음 모두 상해로 옮겨 모읍니다. 이때 북한산 마약도 육로와 해상을 병행 이용해 상해로 집결시킵니다. 여기서 대만계 마약 유통조직과 거래 처리하고, 이들과 연계돼 있는 상해 대규모 유흥업소 사장을 통해 이 마약대금과 이미 들어와 있던 답방준비금을 모두 달러로 바꿉니다. 이것을 심양으로 가져가서 북한측 총괄책임자의 대리인을 만나 답방준비금으로 전달합니다. 결국 이 돈의 규모는 마약 거래대금이 포함된 답방준비금이 됩니다.

그러면 북한 대리인은 그것을 가지고 북경주재 북한대사관으로 들어갑니다. 이로써 답방준비금은 겉으로는 들어나지 않은 채로 결국은 마약대금 속에 묻어서 북한으로 보낼 수 있게 된 겁니다. 마약거래라는 상당히 민감한 과정을 거쳤지만 국제적인 보안을 유지하는 방법입니다. 답방준비금이라는 한국의 북한 공여라는 꼬리표를 떼고 새로운 꼬리표를 달아주는 겁니다. 돈의 원천을 모르게 만드는 돈세탁의 원리를 통한 것입니다. 이로써 혹시나 미국이 정보망을 통해 이번 마약거래를 포착했다고 하더라도, 그것은 알지언정 답방준비금이라는 것은 숨긴다는 얘깁니다. 그것이 목적입니다.

미국은 마약거래 정보를 대만과 중국에, 대만 마약조직이 연루된 거래가 상해에서 이루어지고 있다는 첩보를 제공할 수는 있을 겁니다. 핵문제에 대한 대북압박용으로 말입니다. 그러나 미국이 한국의 북한에 대한 답방준비금 공여였던 지급방식의 이해를 하지 못하는 돈세탁 방법으로의 처리 덕분에 그쪽으로는 문제가 생기지 않습니다.

이와 함께 동시에 교란작전을 진행해야 합니다. 답방준비금을 중국 내로, 아무리 여러 경로를 통해 '□ 돈세탁 관련 (기법 소개 2)' 의 방법의 기업 모드(mode)로 반입하더라도 자금 규모가 클 경우 일부분에 대해서는 미국 또는 중국 당국에 포착될 수도 있습니다. 이럴 가능성에 대비해서, 북한산 발기제(일명 비아그라 : 원형 회백색 타블릿, 약 4cm×5cm, 보라색 겉포장지, 한글로 성상 및 제약사 등 표기, 단위 50ml, 100ml 등으로 은색 불투명 비닐 포장지에 10개 1박스로 포장)를 북한산 마약과 별도로 유통하는 일을 진행합니다. 그러면 발기제의 유통대금인 것으로 오인하도록 만들 수 있습니다. 이 경우 미국 또는 중국 당국은 대개 직접 건들지 않고 한국 정부에 정보를 제공합니다. 한국에서 처리할 수 있도록 말입니다. 이것을 역이용하는 겁니다. 선교사들을 통해 국내로 반입 처리하고 혹시 그런 일이 생기면 선교사들을 일부 적발해서 언론으로 크게 보도하게 하면 됩니다.

이렇듯 국가는 궁극적으로 국가와 유권자 전체를 위해, 엄연히 불법적인 일들이지만 꼭 해야 하는 경우가 있습니다. 국가는 국민 개별의 입장에서 선과 정의로 판단되는 가치 기준과는 완전히 다른 국가단위의 가치 기준을 가지고 있습니다. 예를 들어, 살인이 개개인의 입장에서는 정말 자신의 목숨을 대지급해야 할지도 모를 중죄이며 사회 최악의 범죄행위인데 반해, 국가 차원에서는 특별한 경우 매우 요구되는 행위의 하나일 수도 있다는 점입니다. 그 필요성으로 인해 단순히 인정되는 수준을 넘어 법적 한계를 넘는 권한을 부여해서라도 달성해야 하는 문제가 되기도 합니다.

그러니까 국민 개별의 관점에서는 분명히 불법행위들이지만, 특정 목적을 위한 국가 활동의 영역에서는 그 불법성을 넘어선다는 얘기입니다. 물론 공개적이고 공식적인 주체들과 실체수단으로 그런 일들을 해서는 곤란합니다. 일반적인 관점과는 너무나 다른 관점에서의 합리성이기 때문입니다. 그래서 이 부분을 실행하기 위해 비공개적이고 비공식적인 주체들과 기능들이 있어야 합니다. 일반 사회분야의 정상적인 법질서 개념의 유지와 국가 간의 차원에서 사정에 따라 보안유지를 위해서도 공식적인 조직과는 구별되는 실체들이 필요합니다.

이러한 목적과 기능에 적합한 조직구조는 어떤 모습이 적합할까요? 이 조직은 살인을 비롯해 거의 모든 종류의 불법과정에 개입될 것이고, 각 정권에 따라 그 존재의 외형이 크게 달라질 수 있는 유연한 겉모습을 가져야 합니다. 앞뒤가 사라지고, 몸통이 꼬리가 될 만큼의 큰 변동성을 가지고 탈바꿈되더라도 기능적 하자가 없어야 합니다. 따라서 이 구조는 국가와 국민 전체의 이익을 위한 권력의지를 실현하는 주체와 그것을 유통시키는 커넥터 그리고 다시 그것을 받아 실행하는 비공개 담당자 사이의 함수관계를 이루는 틀로 짜여야 합니다. 또한 이 구조는 일방적이고, 그 명령의 흐름은 무차별적임과 동시에 단절적이어야 합니다.

결국 이 외형의 구조는 정권 즉 권력주체에 따라 큰 수준으로 변하기 때문에 비공개담당자들의 자기 위치에너지와 그 실체 규정 등이 달라집니다. 다만 외형이 아닌 실질의 의의는 연속적으로 보존되어야 합니다.

이러한 특성의 조직을 필요로 하는 권력의지의 실현 주체는 사사로운 의욕을 관철하고 이것을 유용해서는 안 될 것입니다. 그리고 이 조직의 가동은 국가와 국민 전체의 이익을 위한다는 전제 이외에도 각 단위의 정권을 초월하여 계속되는 국가의 장기적(長期的) 전략에 요구되는 사항이어야 함을 또 하나의 전제로 추가해야 합니다. 이러한 요건이 충족되어야만 남용으로 인한 폐해를 방지할 수 있을 것입니다.

여기서는 권력의지의 실현 주체를 대통령으로 가정해 이러한 조직의 기본을 살펴보겠습니다.

상위의 구조 기능은 지금까지 살펴본 내용이겠고, 구성을 위한 하위의 구조 기능은 다음과 같이 정의하겠습니다. 대통령이 각급 국정수행 과정에서 장기적인 국가이익의 도모를 위한 특정 사안의 해결에 있어, 공식 라인을 활용, 처리할 때 일상성을 벗어날 수 있는 부분에 대해 최종적으로 국익을 보호하기 위해 활용하는 별도의 비공개 수단으로, 이 조직의 개념을 정의합니다.

그리고 이 조직의 추가 기능으로서 대통령의 사적(私的) 영역 보호, 지원 및 공적(公的) 영역의 비공식적 요구사항 전반을 비공개로 처리하는 기능도 포함될 수 있을 것입니다. 추가 기능은 장기적인 국가전략이라는 조직 활용의 전제를 보완하기 위한 것으로 즉시(卽時)적이고, 일회적이라고 할지라도 궁극적으로 이 조직의 활용만이 안전을 담보할 수 있다는 점에 근거합니다.

이것이 이 조직의 본질적 전제는 아니라고 할지라도 기타 목적적 전제로 인정할 수 있습니다. 이 기능이 없을 경우 결국은 장기적인 국가전략에 차질을 초래할 수가 있기 때문입니다.

국정운영 과정상 대통령 개인과 관련된 다양한 민감 사안을 해결함에 있어 비체계적이고 안전성이 떨어지는 측근 개인이나 로비 라인을 활용할 경우 대통령 개인의 보호기능에 심각한 장애가 발생하고, 이것은 궁극적으로 국가와 유권자 전체에 부정적인 영향을 끼치게 됩니다. 그래서 추가 기능은 이 조직의 비체계적 목적이자, 간접적 필요 전제로서 평가됩니다.

이러한 비공개 직할사단의 명칭은 '특별수임담당처' (=이하 특임처)로 가칭해서 정하겠습니다. 기본 조직구조는, 수행 임무별 성격에 따른 관계요원의 성분 분류 및 봉쇄 관리가 가능해야 합니다. 처장은 공석(空席)을 기본으로 하여 대통령 직할 사단임을 조직구성에 상징적으로 내재시킬 필요가 있고, 부처장을 실질 책임자로 합니다. 이하에 장기(長期) 임무부와 즉시(卽時) 임무부를 두고, 각 임무부 이하에 기획라인과 통제라인을 임무 내용별 팀단위로 설치하여 각급 임무 종료 시마다 팀 단위의 해체 및 변용유지를 결정합니다. 내용 직책을 사용하지 않고, 별도의 표현 직책을 사용합니다.

구성원은 모두 4개 성분으로 분류, 관리합니다. '특임처'가 유지되는 데 필요한 '지속 구성원'과 특정 임무에만 동원되는 '상황 구성원'으로 구분하고, '특임처'의 존재목적 인지여부에 따라 '조직(組織) 인지(認知) 요원'과 '단순 처리 요원'으로 구분합니다.

| | 지속 요원 | 상황별 요원 |
|---|---|---|
| 조직 인지 요원 | 성분 (1) | 성분 (2) |
| 단순 처리 요원 | 성분 (3) | 성분 (4) |

성분 〈1〉 : 수뇌부, 실무 책임라인 등

성분 〈2〉 : 조직 내용이 제한된 범위 내에서 인지된 관계 기관장 등

성분 〈3〉 : 기술보안 지원팀/경비팀 등

성분 〈4〉 : 임무별 공무원 및 민간 필요 전문가

이러한 '특임처'의 수명과제의 진행 특성을 살펴보겠습니다. 먼저, 수명과제(受命課題)는 다음과 같이 정의합니다. 대통령님의 비공개 전제하명으로서, 국가 장기전략정책의 효율성 확보와 각급 부담요소 제거 등 특수 국정운영 관련, 사회 약소(弱小) 세력의 긴급 보호 등 사회 안정 관련, 긴급 여론반전 및 국제적 국익확보 등 공적(公的) 영역의 특정 요구사항 처리, 그리고 대통령의 사적(私的) 영역 보호와 지원 등을 포함하는 일체의 임무를 뜻합니다.

이러한 수명과제의 실행 과정을 보면, 우선 과제를 '세포화' 합니다. '세포화'란 수명과제의 목적 내용과 진행 내용을 분리한다는 뜻입니다. 진행 내용을 절차별 소(小)단위로 구성합니다. 이렇게 세포화된 과제에

관계성을 부여합니다. 과제 진행에 있어 기획라인과 통제라인을 분리하는 과정에 포함됩니다.

기획라인에서 소(小)단위 세부과제로 구성한 진행절차를, 일관된 흐름으로 통제라인에서 진행 상태를 상시적으로 '판단/유지/수정' 하여 기획라인으로 피드백한 후 진행상황에 반영합니다.

그러면서, 세포단위의 세부과제 진행중 실패의 경우 및 수명과제 목적 달성으로 인한 과제진행 종료 시, 관련 세포부분(=성분 〈3〉, 성분 〈4〉) 모두를 '해체/제거' 하고 조직을 재구성함으로써, 조직의 원상회복과 안전도를 높이며, 보안 및 항상성을 유지합니다.

보안유지를 위해서는 특별히 필요한 경우, 보안각서 외에 다른 수단을 사용할 수도 있습니다. 이것은 생략하겠습니다.

## 부록 6. 원인, 과정, 결과의 결합 관계도(關係圖)

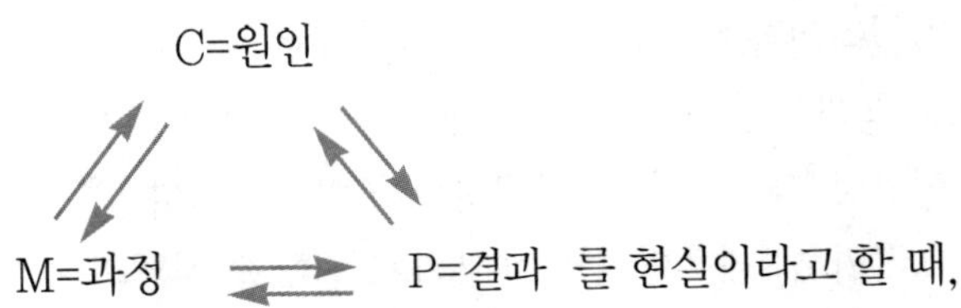


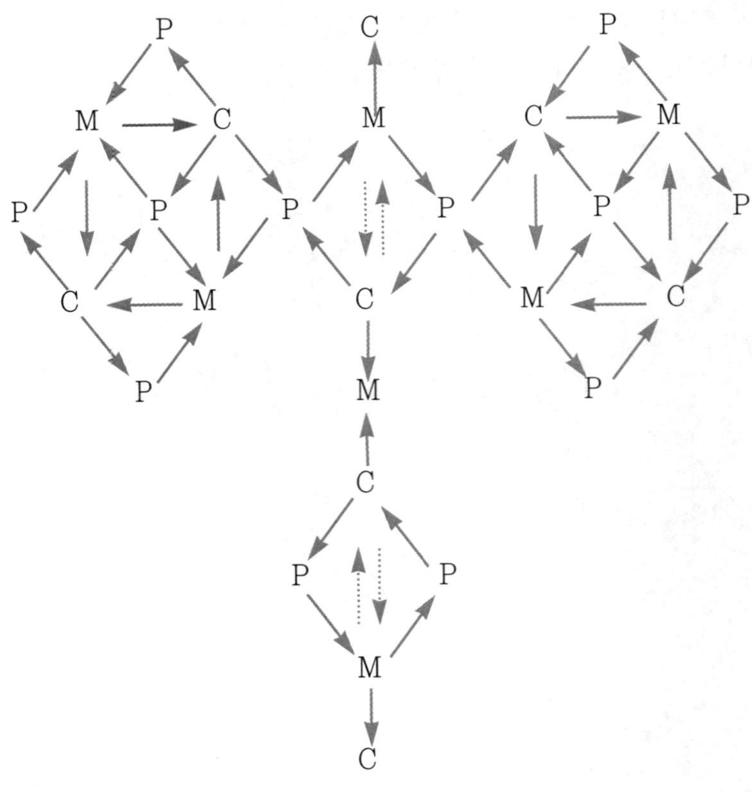

## 부록 7.

화폐량 코드를 보호하기 위한 암호체계를 이해하기 위해서 「적명」(인간과자연사, 2003년, 김제국 지음)의 관련 내용을 일부 인용하겠습니다. 참고로 여기에 나오는 암호체계는 암호를 통한 디지털 정보의 기술적인 보호 구조에 대한 이해를 돕기 위한 인위적인 사례입니다. 현실적인 구현을 위해서는 적합한 조정이 필요합니다.

디지털 암호체계의 표현은, 컴퓨터 프로그래밍 언어나 관계수식, 특수 수표(數表), 특수 철자표(綴字表), 각종 암호체계마다 가지고 있는 내부 규약 등으로 가능하다. 그러나 이렇게 하면, 표현은 될지언정 광범위한 이해를 기대할 수는 없다. 표현하고 있는 이러한 수단에 대해 전제되는 이해가 없는 사람에게는, 암호에 대해 분명히 설명하고 있는데도 그 설명은 또 하나의 이해할 수 없는 암호가 되고 만다. 결국 그 암호는 그 사람이 모르는 어디론가 다시 숨어버린다.

이러한 이유 때문에, 암호체계의 가장 광범위한 이해를 위해서는 '표현'이 아니라 '묘사'를 통해 접근해야 한다. 묘사는 '일상 언어'로 가능하기 때문이며, 그리고 '일상 언어'야말로 가장 광범위하게 많은 사람들에게 알려진 암호체계이기 때문이다.

지금부터 가장 적은 사람들에게만 알려져 있는 디지털 암호체계 하나를, 가장 많은 사람들이 알고 있는 암호체계인 일상 언어로 묘사해보겠다.

다음은, 김동하가 한국에 보낸 디지털 암호에다 미국이 그 디지털 암호를 한국이 열 수 없게 밀봉한 '범용성 암호보호용 공격 로직'과, 그 밀봉이 자동적으로 풀어질 수 있도록 해주는 암호 속의 프로그램 장치, 이렇게 두 가지를 묘사를 통해 설명해놓은 것이다. 김동하가 '숫자 N의 인식 불가능 면에 대한 탐색'이라는 자신의 이론을 이용해 만든 '범용성 암호보호용 공격 로직'부터 알아보겠다. 묘사를 통해 설명해 나간다는 전제를 다시 한번 주지하고 들어간다.

김동하의 숫자 N의 인식 불가능 면에 있는 그 숫자 N이란 쉽게 말하면, 바로 그 평면 내부에서는 숫자 N을 인식하는 것이 불가능하다는 의미다. 이것을 이용해 똑같은 효과를 내는 포장지를 만든다. 다시 말하면, 이 포장지는 임의의 평면에 있는 숫자 N을 바로 그 평면 내부에서는 인식하는 것이 불가능하다는 증명이 들어간, 그 증명의 속성을 100% 재료로 해서 만든 것이다.

그런 다음, 이 포장지로 디지털 암호를 포장한다.

이렇게 포장된 것을 디지털 암호 해독기, 즉 가장 평범한 말로 컴퓨터에 넣으면, 넣는 즉시 컴퓨터는 멈춰버린다.

이유를 설명하기 전에 암호 해독기, 즉 컴퓨터를 이해해야 한다.

디지털 암호 처리의 관점에서 컴퓨터를 묘사하자면, 컴퓨터는 크게 3부분으로 구성되어 있다고 말할 수 있다. 디지털 암호를 가장 처음 인식하는, 즉 0인지 1인지를 판독해내는 기계어 처리부가 있고, 이 기계어 처리부에서 인식된 내용들이 넘어가는 통로 같은 것으로 인계 처리부가 있고, '인계 처리부'에서 넘어온 디지털 암호를 드디어 해독해내는 해독 처리부가 있다. 이 해독 처리부는 해독하고자 하는 사람의 여러 가지 방법론들이 들어 있는 부분이다. 이 방법론에 따라 디지털 암호가 해독될 수도 있고, 해독되지 못할 수도 있다. 뭐 당연한 얘기겠지만.

포장된 디지털 암호가 해독기에 들어가면,

첫 사건이 포장지와 기계어 처리부가 0 또는 1로 접촉하는 일이다. 같은 순간, 포장지의 속성이 기계어 처리부를 모두 망가뜨린다고 보면 된다. 포장지는 숫자 N을 인식 못하게 하는 재료로 만들어져 있기 때문이다.

숫자 N은, 물론 0과 1 전부를 포함한다. 여기서는 간단히 말해, 모든 자연수라고 이해하면 된다. 어쨌든 이렇기 때문에 암호 해독기가 멈춰버린다.

그럼, 이렇게 포장을 한 디지털 암호를 같은 편에게 보냈을 경우라면, 그 같은 편은 포장을 어떻게 열고, 그 받은 암호를 해독할 수 있느냐가 문제다. 우선 포장된 디지털 암호를 같은 편이 아닌 다른 편이 받았거나 도둑을 당했다고 가정을 하면, 둘 모두 해독하려고 자신들의 해독기에 넣으면 바로 해독기는 멈춘다. 그러니 포장된 것이라고 확인되면 그냥 버려야 한다. 다른 편이나 도둑을 공격할 목적으로 보낼 경우에는 포장지를 암호와 구별이 되지 않는 패턴으로 교묘히 싸서 보내면 된다.

다음, 우리 편이 받으면 포장을 열고 암호를 해석할 수 있어야 한다. 우리 편이니까 당연히 암호를 해석할 프로토콜(=양쪽이 서로 약속한 암호 해독표)이 있을 테고, 문제는 포장을 어떻게 여느냐다.

그 방법을 살펴보겠다.

포장지와 기계어 처리부가 접촉하는 첫 사건의 순간, 똑같이 숫자 N을 인식 못하게 하는 재료로 만들어진 포장지를 달아놓은 제2의 해독기를 그 접촉지점에 닿게 하면, 그 순간 두 개의 포장지가 만나는 셈인데, 즉 0 또는 1로 서로 접촉한 상태에서 멈춘다.

이 경우의 접촉 상태는 두 가지뿐이다. 암호 포장지와 제2 해독기에 달린 포장지가 둘 모두 같은 숫자든지, 아니면 다른 숫자든 지다.

이때, 정상적인 작동상태에 있는 제3 해독기를 준비하여, 제3 해독기에서 제2 해독기의 포장지에다 0 또는 1 중의 하나만 쏘아보면, 암호 포장지와 제2 해독기에 달린 포장지가 접촉한 곳의 숫자가 서로 같은지, 다른지로 확인이 된다.

만약 0을 쐈는데, '같다' 로 나오면 암호 포장지와 제2 해독기 포장지의 접촉점이 둘 다 0이고, '다르다' 로 나오면 암호 포장지의 접촉점은 0이고, 제2 해독기 포장지의 접촉점은 1이 된다. 1을 쏘면 그 반대로 결과를 얻을 수 있다.

그러고 나서, 제3 해독기에서 확인해낸 결과 중 암호 포장지의 값을 가져다가 제3 해독기에 저장하고, 이 저장된 것을 제1 해독기의 '인계 처리부' 로 던져주면, 인계 처리부는 이것을 해독 처리부로 넘기는데, 그러면 암호 포장지의 첫 숫자 하나를 제1 해독기가 인식할 수 있게 된다. 첫 숫자를 인식하고 난 제1 해독기의 해독 처리부는 그 다음으로 넘기라고 인계 처리부를 통해 지시를 한다. 이 명령을 받은 기계어 처리부는, 사실 자신은 포장지의 첫 숫자를 확인하지 못하고 인계 처리부로 아무 결과도 못 넘겼지만, 해독 처리부의 명령에 따라 그냥 두 번째 숫자로 넘어간다. 그러나 이미 제1 해독기의 해독 처리부는 제3 해독기에서 보내준 걸로 첫 숫자를 알고 있는 것이다.

이런 방식으로 두 번째, 세 번째 숫자 등으로 계속 넘어가면서 끝까지 모든 숫자를 파악해낸다. 결국은 포장지에서부터 암호에 이르는 것까지 모든 내용을 읽어내는 것이다.

그 다음 암호를 해독해내는 작업에 들어간다.

그런데 만약, 같은 편에서 포장지를 열 수 있는 이와 같은 시스템이 없으면 어떻게 해야 할까?

그 시스템이 없으면 방법이 없었다.

김동하가 이 포장지를 만들고, 같은 편이 포장지를 풀 수 있는 시스템을 만들었는데, 바로 이 시스템이 없으면 다른 방법으로는 열지 못했기 때문에 미국에서 그렇게 좋아하고, 김동하에게 로시포르 메달까지 수여했던 것이다.그런데 김동하는 자신이 보내고 싶은 디지털 암호를 한국측이 열수 없도록 미국이 보안용으로 사용할 것이 분명한, 바로 자신이 만든 범용성 암호보호용 공격 로직이 자동적으로 풀어질 수 있도록 하기 위해 암호 속에 특정한 장치를 만들어 넣었다. 그리고 그는 한국에 말하고 싶은 내용을 디지털 암호로 만들어 그 장치 속에 함께 집어넣었다.

김동하는 제일 먼저, 자신이 한국에 말하고 싶은 내용을 암호로 만들었다. 그런 뒤 그 암호 안에다 추가 명령들을 만들어 집어넣었다. 명령들은 다음과 같다.

1번 명령은, 암호에 뭔가 포장지가 씌워지면 바로 암호를 1/2로 압축한 뒤, 그 암호를 똑같이 하나 더 '복사' 해두라는 것이다.

2번 명령은, 1번 명령 시행 후 생긴 똑같은 두 개의 암호 중 하나는 그대로 두고, 다른 암호를 가지고 '포장지 흉내' 를 내라는 지시였다. 이 흉내를 통해 '겉포장지' 에 대한 '속포장지' 를 하나 더 만드는 것이다.

흉내는 두 가지로 구성되었다. 우선 암호를 모두 0과 1로 가루를 낸 다음, 그 가루를 가지고 겉포장지의 겉과 속(또는 좌우)이 반대가 되도록 속포장지를 구성하는 것이다. 참고로 이 상태를 입체적으로 묘사하면 '겉/속' 이고, 평면적으로 묘사하면 '좌/우' 인데, 어느 경우든 관계없이 '복사' 는 이 상태가 완전히 일치되게(겉→겉, 속→속, 좌→좌, 우→우) 구성하는 것이고, '흉내' 는 그 반대가 되도록(겉→속, 속→겉, 좌→우, 우→좌) 구성하는 것을 의미한다. 따라서 '복사' 와 '흉내' 는 서로 구별된다.

포장지를 입체라고 상상을 하면, 겉포장지의 '속' 부분은, 겉포장지 안에 들어 있으면서 바로 그 겉포장지를 '흉내' 낸 속포장지

의 '겉' 과 만나는데, 이때 속포장지의 '겉' 은 겉포장지의 '속' 과

일치된 상태로 서로 만난다. 왜냐하면 속포장지의 겉과 속이 겉포장지와 반대로 구성되어 있기 때문이다.

이 경우, 두 만나는 면이 '동치' , 즉 같은 면이 닿아 있게 된다. 이것은 두 면의 관계로 말할 때 '합동' 이라고 묘사된다. 그런데 두 면은 속성상 포장지의 면이기 때문에 숫자 N의 인식불가능 면이다. 합동인 두 개의 인식불가능 면이 닿아 있다는 것은, 그 닿아 있는 부분의 숫자가 겉포장

지와 속포장지가 같도록 바로 놓여 있다는 뜻이다.

'바로 놓였다는 것'은, 비유해서 묘사하자면, 양쪽의 이가 꼭 들어맞았다는 의미이며, 똑같은 크기, 모양, 개수의 구멍이 뚫어져 있는 두 판자를 모든 구멍이 완전히 일치하게 겹쳐놓은 것과도 같은 상태를 나타낸다. 그래서 그 '바로 놓인 상태'의 겉포장지 숫자 0 또는 1과 닿아 있는, 속포장지의 모든 숫자들 0과 1이 그 자신과 같은 숫자들을 통과해서 모두 겉포장지의 바깥으로 빠져나오게 된다. 이것이 김동하의 이론에 따르면 '자귀(自歸) 인식' 상태인 것이다.

3번 명령은, 2번 명령 시행 후 이렇게 나온 0과 1들을 조합해서, 숫자 N의 인식 불가능 면 하나와 기계어 처리부와 동일한 기능로직 2개, 인계 처리부 및 해독 처리부와 동일한 기능의 기능로직 각 1개씩, 그리고 암호 포장지를 풀어내는 알고리듬 하나로 구성하도록 지시한 것이다.

결국 포장지를 열 수 있는 '간이 시스템'이 자동적으로 만들어지는 명령들이다.

이렇게 해서, 김동하는 자기가 한국에 말하고 싶은 내용을 디지털 암호로 만들어 이 추가 명령들 속에 집어넣었다.

미국이 김동하가 한국에 보내는 것에 범용성 암호보호용 공격 로직을 붙여서 보내더라도, 한국이 이것을 받아 일반 해독기, 쉽게 말해 컴퓨터에 넣으면 성능에 따라 시간차가 있겠지만, 잠시 뒤 자동적으로 모든 내용을 읽어내고 해독부에 뜰 수 있도록 만들었다. 암호가 들어 있는 내용과 형식에 따라 순수 암호문이 뜰 수도 있고 음악이 뜰 수도 있고, 또는 사진이나 글자가 나올 수도 있었다. 그러면 그것을 가지고 하나의 암호 체계로서 해독하면 되었다.

부록 끝